国际经济法

KOKUSAI KEIZAI HO
by NAKAGAWA Junji, SHIMIZU Akio, TAIRA Satoru, MAMIYA Isamu
©2003 NAKAGAWA Junji, SHIMIZU Akio, TAIRA Satoru, MAMIYA Isamu
All rights reserved.
Originally published in Japan by YUHIKAKU PUBLISHING CO., LTD., Tokyo.
Chinese (in simplified character only) translation rights arranged with
YUHIKAKU PUBLISHING CO., LTD. through THE SAKAI AGENCY.

《国际经济法》的日文原著由有斐阁出版有限公司于2003年出版，
此汉译本的出版获有斐阁出版有限公司（日本东京）的许可。

法学精品教科书译丛

国际经济法

〔日〕中川淳司　清水章雄　平觉　间宫勇　著
白巴根　译

北京大学出版社
北京·2007

著作权合同登记图字：图字 01 – 2007 – 2903 号

图书在版编目(CIP)数据

国际经济法/(日)中川淳司,清水章雄等著；白巴根译.—北京：北京大学出版社, 2007.11

(法学精品教科书译丛)

ISBN 978 – 7 – 301 – 10373 – 9

Ⅰ.国…　Ⅱ.①中…　②清…　③白…　Ⅲ.国际经济法 – 研究　Ⅳ.D996

中国版本图书馆 CIP 数据核字(2007)第 165673 号

书　　　名：	国际经济法
著作责任者：	〔日〕中川淳司　清水章雄　平　觉　间宫勇　著　白巴根　译
责 任 编 辑：	李燕芬
标 准 书 号：	ISBN 978 – 7 – 301 – 10373 – 9/D・1404
出 版 发 行：	北京大学出版社
地　　　址：	北京市海淀区成府路 205 号　100871
网　　　址：	http://www.pup.cn　电子邮箱：law@pup.pku.edu.cn
电　　　话：	邮购部 62752015　发行部 62750672　编辑部 62752027
	出版部 62754962
印　刷　者：	三河市新世纪印务有限公司
经　销　者：	新华书店
	730mm×980mm　16 开本　18.5 印张　332 千字
	2007 年 11 月第 1 版　2007 年 11 月第 1 次印刷
定　　　价：	32.00 元

未经许可,不得以任何方式复制或抄袭本书之部分或全部内容。

版权所有,侵权必究

举报电话：010 – 62752024　电子邮箱：fd@pup.pku.edu.cn

凡 例

1. WTO 协定的正文及其附件的全称表述为〔 〕中的简称。
   马拉喀什建立世界贸易组织协定 =〔WTO 协定〕
   马拉喀什建立世界贸易组织协定包括序言的正文第 1 条至第 16 条 =〔WTO 设立协定〕

附件 1
  附件 1A 货物贸易多边协定
    1994 年关税与贸易总协定 =〔GATT 1994〕
    农业协定 =〔农业协定〕
    实施卫生与植物卫生措施协定 =〔SPS 协定〕
    纺织品与服装协定 =〔纺织品协定〕
    技术性贸易壁垒协定 =〔TBT 协定〕
    与贸易有关的投资措施协定 =〔TRIMS 协定〕
    关于实施 1994 年关税与贸易总协定第 6 条的协定 =〔反倾销协定〕
    关于实施 1994 年关税与贸易总协定第 7 条的协定 =〔海关估价协定〕
    装运前检验协定 =〔装运前检验协定〕
    原产地规则协定 =〔原产地规则协定〕
    进口许可程序协定 =〔进口许可程序协定〕
    补贴与反补贴措施协定 =〔SCM 协定〕
    保障措施协定 =〔保障措施协定〕
  附件 1B 服务贸易总协定 =〔GATS〕
  附件 1C 与贸易有关的知识产权协定 =〔TRIPS 协定〕
附件 2 关于争端解决程序与规则的谅解 =〔DSU〕
附件 3 贸易政策审议机制 =〔TPRM〕
附件 4 诸边贸易协定
    民用航空器贸易协定 =〔民用航空器贸易协定〕
    政府采购协定 =〔政府采购协定〕
    国际奶制品协定(1997 年末中止)
    国际牛肉协定(1997 年末中止)

2. 将1948年1月1日生效的关税与贸易总协定,直接称为《关税与贸易总协定》。将为实施《关税与贸易总协定》而成立的事实上的国际组织表述为GATT。

3. GATT争端解决专家组以及WTO争端解决专家组和上诉机构报告的表述:

a. GATT争端解决专家组报告以其文件编号表述,这些文件可从WTO官方网站(http://www.wto.org)上下载。

b. WTO争端解决专家组和上诉机构报告以其文件编号表述,这些文件可从WTO官方网站上下载。

4. 在本书中被频繁引用的文献用下列简称表述。

GATT, Basic Instruments and Selected Documents 〔BISD〕

Journal of International Economic Law 〔JIEL〕

Journal of World Trade 〔JWT〕

日文版序

本书作为教科书其撰写目的在于系统而简要说明国际经济法的内容。国际经济法的涵盖范围和内容的变化迅速而激烈,试图准确把握其全貌并不容易。与其前身 GATT 多边贸易体制(1948 年 1 月 1 日—1994 年 12 月 31 日)不同,1995 年 1 月成立的 WTO 体制的规制范围远远超出货物贸易领域,已经涵盖了服务贸易和知识产权等问题。尤其是进入 20 世纪 90 年代以后,通过区域自由贸易协定来推动地区性的贸易和投资自由化的动向非常活跃,与此同时,在国际竞争法或国际经济活动的刑事规制领域里也出现了很多新的情况和问题。本书主要阐述 WTO 法,同时尽可能关注国际经济法的其他领域,试图将国际经济法的全貌展示给读者。

近年来有更多的大学开始开设国际经济法课程,而且实务部门所遇到的有关国际经济法的案件也在增多。本书作为大学国际经济法课程的教科书,也可以当作实务工作者掌握国际经济法的入门书籍。为简要说明国际经济法的复杂内容,书中插入了一些图表。为满足读者进一步学习的需要,各章列出了国内外主要参考文献。

本书由 4 名作者分工合作完成,为保证系统而简要说明国际经济法的内容这一撰写目的,我们曾多次开会,对全书的结构和内容细节进行了反复研究和调整。

毋庸置疑,国际经济法在今后将会有更加蓬勃的发展。无论从教学、研究还是从实务方面来看,整个社会对国际经济法的期待和要求将会变得更加强烈。我们喜悦地期待本书能为国际经济法的学习和研究做出微薄的贡献。

从本书的企划配酿开始一直到出版为止,有斐阁图书编辑部的神田裕司和林直弘两位先生提供了莫大帮助和支持,在此表示由衷的谢意。

作 者
2003 年 11 月

中文版序

　　本书作为教科书其撰写目的在于系统而简要说明国际经济法的内容。在日本已经出版的国际经济法教科书更多的是以阐述规制贸易关系的WTO法为其核心内容。为系统介绍国际经济法的全貌，本书对其他教科书没有涉及的内容也予以了阐述。随着国际经济法活动的发展和扩大，近年来国际经济法的涵盖领域也在迅速发展变化。原版问世之后已经过四年多的时间，在此期间，尤其是关于原版的国际投资法和国际经济犯罪的取缔方面，出现了不少需要增加的新的情况和问题。但是，在占本书绝大部分的国际贸易关系的规制领域里，对目前在WTO框架下进行的新的回合（多哈发展议题）仍然无法预料其完成谈判的准确时间，因此就目前来讲，我们认为本书的内容在大体上没有修改的必要。我们计划在WTO新的回合结束后，重新修订本书内容并将面目一新的国际经济法的体系展示给读者。我们衷心希望本书对中国读者理解和学习21世纪初期的国际经济法提供一些帮助。

　　在本书翻译出版的整个过程中，汕头大学法学院的白巴根副教授付出了艰辛的努力。另外，原版出版社日本有斐阁的伊东晋先生全面负责处理了与北京大学出版社之间的版权联系工作。在此深表由衷的谢意。

2007年11月

作　者

目 录

第1章 国际经济法的概念 ………………………………………… 1
1 国际经济活动　1
2 国际经济活动的法律规制　2
3 国际经济法的规制理念　4
4 国际经济法的规制对象　6

第2章 布雷顿森林/GATT体制的成立与发展 …………………… 8
1 布雷顿森林/GATT体制的起源　8
2 布雷顿森林会议与IMF和世界银行的成立　10
3 ITO构想的失败与GATT的成立　14
4 布雷顿森林/GATT体制最初25年的活动　17
5 20世纪70年代的布雷顿森林/GATT体制　24
6 20世纪80年代的布雷顿森林/GATT体制　27

第3章 WTO的结构与争端解决程序 ……………………………… 29
1 《WTO协定》的概要　29
2 WTO的结构　37
3 WTO的职能　45
4 WTO争端解决程序　48

第4章 《WTO协定》的国内实施 …………………………………… 56
1 国际法在国内法律秩序中的实现　56
2 《WTO协定》直接适用的可能性　58
3 《WTO协定》在美、欧、日的国内实施　61
4 小结　73

第5章 WTO体制的基本原则 ……………………………………… 75
1 非歧视原则　75
2 市场准入条件的改善　84
3 例外制度　90

第6章 WTO与贸易救济制度 ········· 93
1. 贸易自由化与贸易救济制度　93
2. 保障措施　94
3. 反倾销措施　104
4. 补贴与反补贴措施　114
5. 单边措施　119
6. 贸易救济制度与"不公平贸易"　124

第7章 WTO体制纪律的强化与扩大 ········· 127
1. 农产品贸易　127
2. 技术性贸易壁垒与卫生检疫措施　138
3. 服务贸易　148
4. 与贸易有关的知识产权协定　155
5. 政府采购　165

第8章 区域主义和WTO体制 ········· 177
1. 多边贸易体制与区域经济一体化　177
2. 区域经济一体化的类型与要件　181
3. 区域经济一体化的最新动向　191

第9章 WTO体制与发展中国家 ········· 198
1. 乌拉圭回合与发展中国家　198
2. 《WTO协定》与发展中国家　200
3. WTO体制内的发展中国家问题　208

第10章 WTO体制与非贸易价值 ········· 212
1. 贸易与环境　212
2. 贸易与劳动　222

第11章 国际投资法 ········· 229
1. 保护国际投资的传统国际法制度　229
2. 国际经济新秩序与国际投资的保护　232
3. 国际投资自由化与保护问题的发展　235
4. 展望　241

第12章 国际竞争法 ········· 243
1. 跨国企业活动的展开与竞争规制　243
2. 解决管辖权冲突的传统方法　243

3 效果理论与管辖权的合理规则　245
   4 调整竞争法冲突的尝试　249
   5 小结　253

第13章　国际经济刑法 …………………………………………… 256
   1 贿赂外国公务员行为的取缔　256
   2 跨国洗钱活动的取缔　258

日文参考文献 …………………………………………………………… 265
英文参考文献 …………………………………………………………… 271
国际经济法术语日中对照表 …………………………………………… 275
译后 ……………………………………………………………………… 284

第1章 国际经济法的概念

1 国际经济活动

国际经济法的规制对象是国际经济活动。国际经济活动是指以盈利为目的的货物、资本、技术、服务与劳动力的跨国流动,包括货物贸易、服务贸易、国际投资、国际技术转让、国际金融交易等形形色色的活动类型。

货物贸易,是指商品的跨国流通,即货物的输出和输入,其通常的形态是商品和货币的交换(买卖),但也存在物物交换的情况。

国际投资,是指资本的跨国流动,包括直接投资和间接投资以及证券投资。直接投资,是指以在外国开展创业活动为目的的,伴随企业经营管理活动的资本流动。直接投资也有各种形式,例如在外国创办企业、开设企业的分支机构或代表处,以及收购企业等等。间接投资,是指以获得分红或利息等利益(capital gains)为目的,不伴随企业经营管理活动的资本流动。间接投资包括购买外国股票、外国国债以及其他债券,还包括外国货币买卖(外汇交易)等情况。

国际技术转让是指将专利、商业秘密等技术或知识提供给外国的企业或机构,以许可对方使用为条件获取对价的交易。例如,将专利权出让给外国企业,以收取专利使用费为条件允许对方实施专利技术、将专利或商业秘密告知外国企业,并派遣技术专家进行技术指导等情况。

除上述国际经济活动以外,近年来,服务贸易,即服务的跨国转移有了飞跃的发展。服务贸易也有各种各样的类型,《服务贸易总协定》(GATS),是在GATT组织下进行的乌拉圭回合谈判的重要成果之一,该协定将服务贸易分为以下四种类型(mode):第一,一个国家服务提供者的服务转移至另外一个国家(跨境提供服务)。例如,律师通过电话等通信手段向在国外的服务消费者提供法律咨询就属于这一类型。第二,一个国家的人到外国接受当地服务提供者提供的服务(境外消费)。例如,旅游观光者或出差人员在外国消费当地提供的服务(餐饮、住宿和交通等)就属于这一类型。第三,一个国家的服务提供者通过在外国设立的商业机构为当地消费者提供服务(商业存在,commercial establishment)。例如,金融部门利用国外分支机构向当地客户所提供的金融服务、在国外开展的建筑业、电子通信业务等均属于该服务类型。第四,服务提供者本人移动至外国,在当地提供服务(自然人的流动)。属于此类服务类型还有诸如艺术家到外国开展艺术服务活动等。

最后,国际金融交易是指跨国金融交易,形形色色的国际经济活动需要国际金融交易的配合。例如,国际贸易货款的结算、作为间接投资购买外国债券时履行的支付、对服务贸易价款的支付等等。最近,随着国际金融交易规制的缓和,金融交易规模在迅速扩大。例如,1995年东京外汇市场日平均外汇交易额达到1613亿日元,将这一数字乘以250个交易日后得出的全年的外汇交易总额是40兆3250亿日元,这一数字是1995年日本进出口贸易总额7790亿美元的约52倍。

上述国际经济活动的范畴划分并不是相互排斥的。例如,属于服务贸易第三种类型的商业存在就包含了直接投资的因素。此外,直接投资或直接投资的结果也会引起一些贸易活动,例如投资者从投资国以外的国家进口生产设备和原材料来建设工厂,并将产品出口到外国。再如,以国际技术转移为目的,技术人员被派遣到外国进行技术指导的情形通常被分类为服务贸易的第四种类型,但是在某些情况下,这种技术人员的国外派遣是直接投资必不可少的环节之一。由此可见,私营企业及其他经济实体所展开的国际经济活动可能属于上述范畴的某一类型或几种类型的组合。

2 国际经济活动的法律规制

国际经济活动的主要主体是个人和私营企业。国家或国有企业以及国际组织也从事国际经济活动,尤其是在社会主义国家,国家和国有企业是国际经济活动的主要承担者。但是进入20世纪90年代以后,大多数社会主义国家开始向市场经济体制转型。此外,以市场经济体制为基础,同时承认国有企业等公共部门从事国际经济活动的,采用混合经济体制的国家也推行了国有企业的私有化政策,因此,国际经济活动中个人和私营企业所占的比重越来越大。与此相适应,对个人和私营企业所从事的国际经济活动的法律规制或秩序建构,将成为国际经济活动法律规制的主要内容。

无论现在还是过去,对国际经济活动进行法律规制的主要主体仍然是国家。最广义的国际经济法的定义应该是,国家对国际经济活动所实施的法律规制的总和(最广义的国际经济法)。着眼于规制的性质,最广义的国际经济法可分为公法规制和私法规制两大类。

对国际经济活动的公法规制，是指国家作为公共权力的主体，以实现公共利益为目的，对国际经济活动所实施的规制。例如，为维护公共利益而采取的进出口限制措施（为维护国防安全对高科技产品的出口限制）、为维护金融系统的稳定而实施的对短期资本流动的规制、为保护本国服务业，对以商业存在方式进行的服务贸易所实施的市场准入规制（电信领域外资的准入规制）、为维护公平的竞争条件所实施的反竞争活动的规制等等，均属公法规制的范畴。

国际经济活动的私法规制，是指对从事国际经济活动的交易主体之间的权利和义务关系进行规制的实体法和程序法的总和。例如，对由于货物贸易引起的买卖契约和运输契约的规制、对作为间接投资的交易活动（贷款、债券的发行或购买）的规制、对有关国际技术转移契约的实体法规制、对国际交易主体之间的争端解决程序及其准据法的规制等，这些形形色色的规制均属于私法规制。

国际经济法这一术语在更多的情况下是指前者，即指对国际经济活动的公法规制（广义国际经济法）。在此情况下，被用来指后者的概念是国际交易法（狭义国际交易法）。但是，关于上述概念的定义，学界尚未形成统一的意见。也有教科书将国际经济活动的公法规制（广义国际经济法）和私法规制（狭义国际交易法）合在一起（最广义的国际经济法）定义为国际交易法（广义国际交易法），以此为基础，与狭义国际交易法相结合，来说明国际经济活动的公法规制（广义国际经济法）。这是因为，持上述观点的教科书对规制的法律性质和分类不加以任何分析和考虑，而是着眼于作为规制对象的国际交易本身（本书所指的国际经济活动），试图综合地说明与国际交易有关的所有法律。有些教科书即使采取了这一方法，但他们所论述的核心内容通常是国际交易法，即国际经济活动的私法规制的部分。

本书所指的国际经济法的概念比上述每一个概念都要狭窄，特指国际经济活动的公法规制（广义国际经济法）中，根据国际法所展开的规制（狭义国际经济法）。

国际经济活动的公法规制包括国内法规制（所谓的涉外经济法）和国际法规制。涉外经济法，是指国内法中对国际经济活动进行规制的部分。例如，日本的关税法和关税税率法规定的是对进口产品征收关税的税率，关税税率法规定了有关对外国倾销进口产品征收反倾销税的规则，以及为保护国内产业免受外国进口产品增加造成的损害而临时征收紧急关税（紧急进口限制措施或保障措施）的内容。在直接投资方面，外汇与对外贸易法规定了引进外国直接投资的条件和程序。关于对国际投资收益征收税赋的问题，法人税法和其他法律作出了相应的规定。此外，关于服务贸易的各种类型，也有一些法律规定了在某一具体行业中允许外国服务提供者市场准入的条件和程序。涉外经济法是各国在其宪法体制下为反映每个时代的经济政策(更准确地说是为了实现每个时代的经济政策目标)而制定的法律,其内容因国家而有所差异。

与涉外经济法相对应,还存在对国际经济活动进行公法规制的国际法。例如,关于关税,作为《关税与贸易总协定》以及作为《WTO协定》附件的减让表,规定了每一个WTO成员对来自其他成员的进口产品征收关税的最高税率。关于国际投资,经济合作组织(OECD)的《资本自由化协定》(有关资本自由化的规约)广泛作出规定,试图缓和或撤销成员国国内法(涉外经济法)对国际投资(直接投资和间接投资)的规制。关于服务贸易,《GATS》除明确规定成员应该履行的提供最惠国待遇和保证规制的透明度等义务以外,在附件的承诺表中还指定了各成员承诺提供国民待遇和市场准入的服务贸易的具体类型。

与在内容上千差万别的各国涉外经济法不同,国际法(狭义国际经济法)是各国共同制定并负责实施的具有统一性质的法律规制。狭义国际经济法的目的在于,以承认各国对国际经济活动拥有规制权限为前提,从以下两个角度出发调整并制约国家的规制权限:一是国际社会的共同利益(国际经济活动的自由化带来的世界经济的繁荣与生活水平的提高,保证就业等);二是国家本身的利益,即抑止国内保护主义势力,实现国际经济活动的自由化将会增大一国整体经济福利。上述国际经济法的概念可以整理如下:

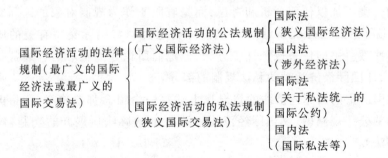

3　国际经济法的规制理念

国际经济法的目的在于,从国际社会的共同利益或国家本身的利益出发,调整并制约国家对国际经济活动的规制权限。那么,国际经济法所追求的国际社会的共同利益,或国家本身的利益是什么呢?

国际经济法的规制对象几乎涵盖了国家对国际经济活动进行规制的所有

领域,而且每一领域的规制内容和目的都有所不同。但是从整体上观察现今国际经济法的内容,可以发现以下三点共同的目的以及规制理念。

第一,国际经济活动的自由化。国际经济活动的目的在于利用生产要素价格在国家之间有所差异这一现实情况,追求利润的最大化。调整和限制国家对国际经济活动的限制和规制,最大限度地保证国际经济活动的自由,是实现上述目的所必需的条件。在此条件下全球市场得以形成,实现全球范围内资源配置的最优化,使人类得到最大的福利。在贸易领域里,亚当·斯密(Adam Smith)和大卫·里加图(David Ricardo)所倡导的学说,即使在今天仍然是得到最广泛拥护的,推动国际经济活动自由化的理论基础。可以说,国际经济活动的自由化是国际经济法的最基本的规制理念。这一理念的目标就是缓和或取消各国为保护或扶持特定国内产业而设定或维持的对自由化的种种限制。

第二,公平竞争条件的保证。即使在通过自由化的努力形成世界市场的情况下,如果公平竞争条件得不到保证,仍然会产生市场机制的扭曲结果,从而难以实现资源配置的最优化和福利的最大化。像反垄断法等国内经济法那样,国际经济法也在寻求对通过自由化的努力所形成的世界市场的公平竞争条件如何予以保证,并且试图规制并取消妨碍公平竞争条件确立的各种因素(国家的规制与限制、个人和私营企业所采取的反竞争性商业惯例)。公平竞争条件的保证与自由化不相矛盾,因为它是从经济合理化的观点出发试图保证自由化目标的圆满实现。因此,这一理念具有对自由化理念的补充性质。

第三,从不同观点和立场出发,对上述两个理念进行限制和纠正的理念。在理解当今世界的国际经济法时,有一个重要的理念必须予以关注,这就是南北问题。第二次世界大战后,发达国家和发展中国家之间的经济差距没有缩小,反而显现出了日益加剧的倾向。这是世界和平与人类福利所面临的重大问题,国际社会已认识到应采取一致行动来解决这一问题。从这里引申出对南北问题的关注与关心的理念。这一原理从平等、均衡、连带等观念出发,为促进发展中国家的经济发展,要求对自由公平的全球市场体系予以纠正。例如,在推动贸易自由化的过程中,要求发达国家给发展中国家提供更加优惠的待遇,另外,在实施保证自由化和公平竞争条件的规则时,要求发展中国家承担更加宽松的实施义务,或得到义务豁免。

最近,一些其他理念也开始陆续登场,这些理念向以自由化与公平竞争等经济合理化为基础的规制理念提出了挑战和纠正。例如,为实现环境保护和可持续发展而要求限制自由化,为保障人权和维护文化的多样性而要求限制自由化等等。

综上所述，现今的国际经济法一方面以推动自由化和保证公平竞争条件为基础，同时也吸收了南北问题、环境保护等理念，其体系结构显得非常复杂。

4 国际经济法的规制对象

国际经济法的规制对象几乎涵盖了对国际经济活动产生影响的国家规制权限的所有领域。根据国际经活动的形态可以做如下分类：关于货物贸易的国际经济法、关于国际投资的国际经济法、关于服务贸易的国际经济法（与上述两种类型有重复的部分）、关于国际技术转移的国际经济法、关于国际金融交易的国际经济法等等。

除上述类型之外，处理与国际经济活动有关的竞争法、竞争政策的国际竞争法、对国际经济活动实施刑事取缔的国际经济刑法、处理对国际经济活动课税问题的国际税法也被包括在国际经济法的范畴内。

本书囊括了上述国际经济法的绝大部分。下面介绍国际经济法的规制对象与本书的内容结构。

我们从哪里寻找现今国际经济法的起源呢？关于这一问题，可能会因为对其规制对象和规制内容的不同理解而存在各种不同的观点。本书以奠定现今国际经济法基本框架的布雷顿森林/GATT体制为出发点，首先考察其成立过程，以及其到20世纪80年代为止的发展历程（第2章）。然后，将目标转向20世纪90年代的发展情况，并以规制对象为基本单位分析现今国际经济法的内容。

第3章至第10章，以WTO为核心，考察关于贸易的国际经济法。第3章说明当今世界关于贸易问题的核心国际组织、WTO的结构和职能，以及其争端解决程序。

第4章，讨论《WTO协定》的国内实施问题，从国际经济法的规制给各国国内经济法（涉外经济法）带来的影响这一视角出发，比较研究一些贸易大国在其国内实施《WTO协定》的具体情况。

第5章，探讨通过《WTO协定》促进贸易自由化的基本原则，即非歧视原则（最惠国待遇原则、国民待遇原则）、市场准入条件的改善，以及这些原则的例外制度。

第6章，介绍违背WTO贸易自由化的理念，从保护国内产业和确保公平竞争条件的立场出发所采取的贸易救济措施（反倾销措施、反补贴措施、紧急进口限制措施或保障措施）以及单边措施，研究根据《WTO协定》的要求这些措施应该服从的纪律或规制。

第7章,关注GATT体制的规制对象扩展到货物贸易以外的领域(服务贸易和知识产权等)这一情况,分析其扩展的背景和现状以及今后的动向。

第8章,说明试图在全球范围内实现贸易自由化的WTO体制与区域经济一体化之间的关系,主要分析《WTO协定》对区域经济一体化的约束与限制。

第9章,着重阐述WTO体制内对发展中国家的关注,换言之,WTO体制处理南北问题的态度和立场。

第10章,讨论在WTO体制内部如何调整贸易自由化与环境保护以及劳动标准的提高等非贸易价值之间的关系问题。上述问题在GATT时代也曾受到关注与议论,但在WTO成立后,引起了更加深入而广泛的讨论,这是思考WTO体制的未来时应予以关注的重要课题。

第11章,分析关于国际投资的国际经济法。探讨第二次世界大战以前关于国际投资的保护、规制以及自由化的国际法规则的形成过程,另外还要探讨第二次世界大战后,尤其是20世纪80年代以后的变迁与发展情况。

第12章,分析国际竞争法。讨论主权国家国内竞争法对国际性反竞争行为(国际卡特尔或国际企业联合)的域外适用的法理、制度发展,以及有关争端解决的国际法的形成过程。

第13章,分析国际经济刑法。探讨对伴随国际经济活动而发生的犯罪行为进行国际法规制的具体内容,主要包括对贿赂外国公务员行为的取缔和跨国洗钱活动的取缔及控制问题。

第2章 布雷顿森林/GATT体制的成立与发展

1 布雷顿森林/GATT体制的起源

(1) 美国战后构想的酝酿

1944年7月举行的布雷顿森林会议,正式作出决定成立国际货币基金组织(IMF)和世界银行。此外,奠定GATT基础的多边关税减让谈判于1947年4月开始,并于同年10月30日,将包括关税减让谈判结果在内的《关税与贸易总协定》开放给各国签署。实际上早在1941年初,美国就已开始研究关于战后国际经济秩序的构想。

当时,在美国政府内部有两股力量参与了战后国际经济秩序的研究和筹划工作。一是赫尔(Cordell Hull)率领的国务院工作小组,他们负责研究、筹划战后贸易秩序;另一个是以财政部长摩根索(Henry Morgenthau, Jr.)为首的财政部的一组人,他们负责研究、筹划国际货币、金融与复兴开发等方面的问题。

自制定1934年《互惠贸易协定法》以来,赫尔就一直负责美国与拉丁美洲国家签订以相互主义和非歧视原则为基础的互惠贸易协定的工作,他根据自己的经验,强烈要求在战后贸易秩序的构筑过程中普遍采用相互主义原则与非歧视原则。与此同时,在财政部内部以怀特(Harry D. White)为核心的小组也开始运作,负责研究制定战后国际货币制度和资金的国际流动等方面的方案。

在关于建立一个什么样的战后国际经济秩序的问题上,上述两股势力所具有的共同理念是,以多边贸易体制和外汇、投资的自由化为基础,建设一个能够给世界带来经济繁荣的国际经济秩序,最终通过经济繁荣来保证世界永久和平。这一理念的基础,就是对两次世界大战期间的国际经济秩序的反省,即世界经济大萧条发生后各大国所采取的经济政策所导致的相互封闭、相互排斥的贸易集团的形成,以及以竞相压低本国货币汇率为手段的以邻为壑(beggar-they-neighbor)政策的横行。封闭的贸易集团和以邻为壑的经济政策,不仅使世界经济无法摆脱大萧条的困境,而且最终演变成导致第二次世界大战爆发的一个原因。与此同时,支撑这一理念的另一个因素就是美国对本国利益的认识,即只有建立多边贸易与外汇、投资自由化为基础的国际经济秩序,才能给美国带来最大的经济繁荣。

上述理念的提出,标志着一直到20世纪30年代中期为止,美国所奉行的传统国际经济政策发生了根本的变化。在此之前,美国所采取的国际经济政策的特征就是孤立主义和国家主义。1930年的斯穆特霍力法案所代表的,以保护国内产业为目的的高关税政策就是其典型的表现。从这一意义上讲,为取代斯穆特霍力法案而制定的1934年《互惠贸易协定法》才是真正的美国战后国际经济秩序构想的出发点。

总之,美国主导的战后国际经济秩序构想的目标在于,实现以多边主义为基础的贸易与投资的自由化,以及为实现此目的而建立国际货币与金融制度。对美国来讲,为实现这一构想,赢得其他同盟国的赞同与支持,尤其是赢得英国的赞同与支持是必不可少的条件。因为,导致20世纪30年代孤立的贸易集团的形成和竞相压低本国货币汇率的核心势力正是以英国为首的同盟国。

(2)《大西洋宪章》第四、五款

1941年8月,美国总统罗斯福(Franklin D. Roosevelt)和英国首相丘吉尔(Sir Winston Churchill)共同发表《大西洋宪章》,提出了关于战后世界经济秩序的八点构想。《大西洋宪章》第4条提出"对贸易与原料的均等接近"原则,提倡与相互封闭的经济体制诀别,实现世界贸易的自由化。第4条的原案正是美国提出的,但是英国为维护英联邦优惠关税制度,极力反对将第4条写入宪章。最后,《大西洋宪章》(以下简称《宪章》)第4条中插入"尊重原有协定规定的义务"的内容,这一条款承认了英联邦优惠关税制度的继续存在,因此,美国提倡的无条件贸易自由化的主张也不得不因此而大打折扣。另外,英、美在《宪章》第5款中提倡,为改善各国人民的劳动标准、确保经济发展和社会保障,英国推动经济领域里的国际合作。

上述规定极为抽象,使人无法了解战后国际经济秩序的具体面貌。但是,一般认为,这些规定预示着英、美两国奉行的国际经济政策将会发生重大转折。通过上述规定,美国将改变原来坚持的孤立主义立场,并在战后国际经济秩序的创建过程中发挥主导作用。英国虽然维持了英联邦优惠关税等例外制度,但也会赞同美国的立场,推动战后国际经济秩序的建立。

(3)《英美互助协定》第七条

在《大西洋宪章》发表的当时,美国仍未参加第二次世界大战。但是,在

1941 年 3 月通过的武器租赁法中,美国确定了向同盟国提供武器租赁和其他援助的方针。美国以 1941 年 12 月的对日宣战为契机,正式参加了第二次世界大战。

1942 年 2 月签订的《英美互助协定》(以下简称《协定》),以武器租赁法为蓝本,规定了美国向英国提供支援的具体政策。作为美国向英国提供武器租赁以及其他支援的回报,《协定》第 7 条提出了如下方针,即美、英两国共同宣告:"通过采取适当的国际措施和国内措施,以实现生产、就业和产品交换与消费的扩大(这是所有人民的自由和福利的本质基础),以及废除国际贸易领域里的所有歧视,削减关税为目标",采取共同行动,并号召其他国家也参加到这一行动中来。其后,美国在与其他同盟国签订的互助协定中也写入了同样内容的条款。

上述条款明确提倡废除"国际贸易领域里的所有歧视"。围绕这一表述,美、英之间展开了长期的谈判。美国主张,将这一条款作为战后国际贸易体制的原则予以明确规定。英国担心根据这一条款将承担废除英联邦优惠关税制度的义务,极力反对明确规定的做法。最后,罗斯福总统以非正式方式向丘吉尔作出保证,承认这一条款不是要求撤销英联邦优惠关税制度的规定,上述第 7 条的表述才得以实现。

美、英在废除贸易歧视问题上的分歧,也反映在公布武器租赁协定时两国政府所发表的声明中。英国政府强调协定中规定的美国给予英国的援助,却只字未提第 7 条的内容。与此相反,美国政府则特别强调,第 7 条表明了战后国际贸易体制的基本原则。美国关税委员会委员艾德敏斯特(Lynn R. Edminster)称,武器租赁协定"实际上是战后经济合作的宪章(Magna Carta)",这句话明显地表现了美国当时的立场。在其后举行的《国际贸易组织(International Trade Organization)宪章》与《关税与贸易总协定》的谈判过程中,美英之间的意见分歧依然没有得到消除,双方不得不重新调整彼此的立场。

2 布雷顿森林会议与 IMF 和世界银行的成立

(1) 怀特方案

1942 年 5 月,以怀特为首的美国财政部工作小组向罗斯福总统提交了"关于联合国稳定基金与同盟国复兴银行建议草案",即所谓的"怀特方案"。1943 年春,凯恩斯(John M. Keynes)率领的英国财政部工作小组也公布了"国际清算联盟方案",即所谓的"凯恩斯方案",从此开始,为调整这两个方案美国和英国进行了反复的谈判。

以固定汇率制度为基础建立战后国际货币制度,并为维持这一制度,建立一个国际组织对遇到暂时国际收支困难的国家提供短期资金,对于这一问题英美方案之间达成了共识。英美反省在战前各国竞相压低本国货币汇率,这一政策不仅引起贸易的萎缩与经济的混乱,而且成为导致第二次世界大战爆发的部分原因的惨痛教训,双方都认为有必要防止类似事态的再度发生。但是在如何保证国际流动性的问题上双方意见发生了分歧:"凯恩斯方案"主张,为最大限度地保证国际流动性的提供,创设类似银行存款并拥有结算与借款功能的货币(bancor)。"怀特方案"则担心国际流动性的过剩提供将引发美国国内的通货膨胀,因此主张设立一个较小规模的基金以维护汇率的稳定。最终成立的《设立国际货币基金组织协定》(简称《IMF 协定》)基本上反映了美国"怀特方案"的要求。

必须注意的是,"凯恩斯方案"建议的是为专门维护货币稳定而设立一个国际基金,该方案并不包括相当于"怀特方案"中提出的"联合国以及同盟国复兴银行"构想的内容。从这一意义上讲,建立世界银行的构想应该说是美国的独创。

奠定"怀特方案"原型的是 1941 年末完成的"关于联合国家稳定基金与同盟国复兴银行临时草案",即第一方案。该方案所提出的银行的目的中不包括发展问题。1942 年 3 月完成的第二方案首次将发展问题追加进银行的目的中,从此开始世界银行被构想成为战后复兴提供援助,同时以对发展中国家经济发展提供援助为使命的国际组织。这是因为,"怀特方案"提出的战后构想包括了发展中国家,尤其是中南美洲发展中国家的外汇稳定与发展合作问题。

1942 年 5 月,经过若干修改之后的第二方案(实际上是第三方案)被提交到罗斯福总统手中。作为世界银行的目的,除复兴资金的提供以外,第三方案提出了以下内容:民间机构很难提供的短期贸易信用的提供、世界性金融危机以及经济衰退的避免和缓和、重要原料价格的稳定、成员国生产效率与生活水平的提高等等。为实现上述目的,当时所设想的银行业务是,最初建立一个拥有 100 亿美元资本金的银行,向成员国政府和公共机构以及私营企业提供长短期贷款、向民间投资者提供债务担保、黄金和成员国所发行证券的买卖、成员国政府以及中央银行所发行票据的兑现与再兑现、针对成员国以其 50% 的黄金储备为保证所提供担保的债券发行见票即付银行券。

"怀特方案"的第三方案所设想的银行职能,实际上是建立一个世界范围的中央银行,向成员国提供系统性支援,以保证其在不陷入对外储备不足和金融危机的情况下能够追求完全就业的经济政策。因此,构想中的银行业务范围变得非常宽泛,超出了随后成立的世界银行和 IMF 所承担的实际业务,甚至还包括了应由民间金融机构和进出口银行承担的业务。但是,这一追求"罗斯福新政国际化"的野心勃勃的构想,遭到了来自美国政府内部的批判。民间金融机构也对这一构想表示了强烈不满,担心它将会强化政府对银行业务的管制以及银行业务将受到来自政府的竞争。到最后,最初设想的银行业务范围被压缩了很多。

民主党在 1942 年的美国国会选举中失败后,较为保守的共和党势力得到了增强,美国政府内部支持"罗斯福新政国际化"的势力受到了削弱,鉴于这些原因,怀特对第三方案进行了修改。1943 年 8 月完成的草案中,银行券的发行业务从业务范围中被删除了。此后经过数次修改和美、英两国政府之间的调整,于 1943 年 11 月,公布了《联合国以及同盟国复兴开发银行草案》。对此案再做若干修改之后形成的文件,作为《国际复兴开发银行协定案》被提交到了布雷顿森林会议上。该案中所提出的银行的目的如下:支援成员国复兴与发展事业;通过向给成员国提供贷款的民间投资者提供保证来促进民间对外投资;鼓励成员国的国际投资;援助实现从战时经济向平时经济的顺利过渡。为实现上述目的,银行将实施以资本金(100 亿美元)和借入资金为资金来源,为成员国提供直接贷款,并对民间投资者的贷款提供担保等业务。

(2) 布雷顿森林会议与《世界银行协定》

1944 年 7 月 1 日,由 44 国代表参加的布雷顿森林会议召开了。7 月 6 日,《设立国际货币基金组织协定》(以下简称《IMF 协定》)和《设立国际复兴开发银行协定》(以下简称《世界银行协定》)草案被提交到了会议上。参加会议的代表们就银行的贷款额度和银行总部所在地的选择等问题展开了争论。关于其他方面的问题,在草案的内容基本上保持不变的情况下协定获得了通过。关于贷款总额,预计成为借款方的会议参加国(除美国以外的多数国家)提出了较高的上限额度,根据反映国会意向而作出的美国提案最终达成的协议是,将贷款和提供担保的总额控制在以银行原有资本(已募集完的资本、准备金和剩余金的合计)100% 的限度内。关于银行总部所在地问题,英国刚开始提议设立在美国以外的国家,但为防止该提议被否认,英国要求的第二个方案是,为避免受到美国国会和各国外交使团的影响,建议将银行总部设在纽约。但是这一提案遭到了美国的反对,为实现"将世界金融中心从伦敦和华尔街转移至美国财政部"(财政部长摩根索)的夙愿,美国执意要求将总部设立在华盛顿,最终说服了英国,达到了最初的目的。

关于与复兴问题并列的,作为银行第二大目标的发展援助问题,布雷顿森林会议没有展开实质性的讨论。协定中仅规定,银行在使用银行资金和收益时,有义务公平考虑发展计划和复兴计划。[1] 关于银行发展援助方面的职能,在包括美国在内的会议参加国都没有提出明确方案的情况下,会议就结束了。这一问题的解决只能交给银行成立后的机构了。

上述两个协定得到通过之后,美国政府为寻求国会批准协定,在国会内外展开了强烈的说服活动。美国政府强调,IMF 与世界银行将为世界带来和平与繁荣,是为美国产品争取出口市场所必需的国际组织。1945 年 7 月,美国国会参众两院以压倒多数的票数通过了《布雷顿森林协定法》,1945 年 12 月,《IMF 协定》和《世界银行协定》同时生效。

(3)《IMF 协定》

国际货币基金组织的目的,是通过货币领域里的国际合作、外汇的稳定以及外汇交易的自由化来促进国际贸易的均衡发展。[2] 为实现此目的,《IMF 协定》规定了三个手段:第一是固定汇率制。协定要求成员承担维持以黄金和美元(根据 1947 年 7 月的含金量计算,1 盎司黄金等于 35 美元)表示的本国货币兑换外币汇率(平价)的义务,但允许 1% 以内的浮动。[3] 第二是外汇交易的自由化。协定要求成员承担对以贸易为中心的经常性支付不实施限制的义务。[4] 但是,关于资本交易(间接投资),认识到它有可能成为扰乱国际收支的原因,协定允许成员对其进行规制。[5] 第三是为解决成员所面临的短期国际收支失衡问题,协定规定,以用本国货币进行交换为条件,成员享有从基金账户上取得不超过本国配额 200% 的外汇(美元)的权利。[6]

关于固定汇率制度,当成员面临国际收支基本失衡时,允许成员经过和 IMF 磋商后变更汇率[7],这意味着 IMF 所推行的是可调整的固定汇率制。关于外汇交易的自由化,认可了在战后过渡期内对外汇实施限制的例外。[8] 由此可见,以固定汇率制为基础的外汇交易的自由化是作为 IMF 将来要实现的目标而被提出的。实际上,到了 1958 年欧洲资本主义国家才开始实施外汇交

---

[1]《世界银行协定》第 3 条第 1 款(a)。
[2]《IMF 协定》第 1 条。
[3]《IMF 协定》第 4 条第 3 款。
[4]《IMF 协定》第 8 条第 2 款。
[5]《IMF 协定》第 6 条。
[6]《IMF 协定》第 5 条。
[7]《IMF 协定》第 4 条第 5 款。
[8]《IMF 协定》第 14 条。

易的自由化。

3 ITO 构想的失败与 GATT 的成立

(1) 互惠贸易协定法

如上所述,美国关于战后国际贸易体制构想的起源,可以追溯到1934年制定的《互惠贸易协定法》。根据该法律,美国总统在行使国会(根据宪法规定,关税谈判权限属于国会)授权的关税谈判权限时,可以对1930年《斯穆特霍利关税法》所规定的关税税率进行50%的削减。根据《互惠贸易协定法》,从1934年到1945年,美国主要与拉丁美洲国家缔结了32个双边贸易协定。这些协定的规定给随后签订的《国际贸易组织宪章》(以下简称《ITO宪章》)和《关税与贸易总协定》带来了很大的影响。例如,1942年的《美国墨西哥互惠贸易协定》(以下简称《美墨贸易协定》)就包括了以下规定:关于关税减让的无条件最惠国待遇原则[9]、关于进口产品国内税与国内规制的国民待遇原则[10]、关于进口数量限制的最惠国待遇[11]、关于国家贸易垄断的公平待遇[12]、根据特定国内政策目标允许数量限制的例外[13]、保护特定产品生产者的紧急进口限制措施[14]。

在《ITO宪章》和《关税与贸易总协定》中也存在与上述条款内容相对应的条款,但是前者并没有原原本本地继承上述条款的内容。在《ITO宪章》和《关税与贸易总协定》的谈判过程中,对上述条款的规定进行了更加细致的修改,同时追加了新的规定。

(2) 《ITO 宪章》的起草

与 IMF 和世界银行一样,战后国际贸易体制的成立也是在美国主导下完成的。如上所述,1941年《大西洋宪章》阐明的与贸易相关的原则被1942年的《美英互助协定》第7条所继承。该条款倡导为实现贸易机会的扩大以及取消贸易歧视、削减关税及其他贸易壁垒等目标美英共同采取行动,同时还倡导

---

[9] 《美墨贸易协定》第1条。
[10] 《美墨贸易协定》第2条。
[11] 《美墨贸易协定》第3条。
[12] 《美墨贸易协定》第6条。
[13] 《美墨贸易协定》第14条。
[14] 《美墨贸易协定》第17条。

为实现上述目标英、美尽快开始协商具体措施。根据该条款,于1943年,美、英在华盛顿举行了最初的协商。在随后的协商过程中,美、英就贸易政策和就业政策以及竞争政策等议题进行了广泛的意见交换。经过协商,就在上述领域里制定多边规则、建立专门处理这些问题的国际组织等内容,美、英之间基本上达成了协议。通过继续谈判,1945年秋完成了《关于召开国际贸易与就业会议的建议》。但美、英两国政府并没有立即公布该建议的内容,而是到了1945年12月,在缔结《美英金融协定》时才予以公布。

由于当时联合国已经成立,由联合国经济及社会理事会(简称经社理事会)主办了美、英提议召开的会议。在1946年2月举行的经社理事会第一次会议上,美国建议召开联合国贸易与就业会议,并根据美国的建议决定设立筹备委员会。1946年10月,筹备委员会第一次会议在伦敦举行,在此之前,美国已经公布了《联合国国际贸易组织宪章草案》。该草案的主体是美国国务院工作小组,是经过他们与国会和其他利害关系方以及英国之间的协商和调整后完成的。该草案为联合国贸易与就业会议的讨论议题奠定了基础,并最终形成了《ITO宪章》。

在联合国贸易与就业会议之前,筹备委员会举行了三次会议。1946年10月至11月,筹备委员会举行了第一次会议。1947年1月至2月,筹备委员会举行了起草委员会会议。1947年4月至10月,筹备委员会召开了第二次会议。经过上述筹备委员会的准备工作,联合国贸易与就业会议于1947年11月在古巴哈瓦那召开。56个国家参加了这一会议,并于1948年3月通过了《ITO宪章》(也称作《哈瓦那宪章》)。

《ITO宪章》共有9章,由106条构成,除贸易政策(第4章)以外,还包括了完全就业(第2章)、经济发展(第3章)、反竞争性商业惯例的规制(第5章)、政府间商品协定(第6章)等广泛的实体规则,以及有关ITO的组织结构与权限的规定。

(3) GATT 的成立

1945年,美、英提出了召开联合国贸易与就业会议的建议。在该建议中已经包括了与该会议同步进行谈判,讨论为扩大贸易互相削减关税,废除优惠关税等内容。根据该建议,1947年4月,各国在召开筹备委员会第二次会议的同时,也在日内瓦举行了谈判。23个国家参加了这一谈判,根据美国的提案,采用了同时、并行展开双边关税削减谈判的方式。该谈判于同年10月结束。

参加多边关税削减谈判的国家考虑的是,为实现扩大贸易的目的,应该尽量提早实施关税减让谈判的成果(减让表)。基于这一考虑谈判各方决定,从仍然在谈判过程中的《ITO宪章》中抽出对实施关税减让谈判成果来讲必不可少的相关规定并与减让表合在一起,争取在《ITO宪章》生效之前使之生效并得到实施。从《ITO宪章》被抽出的部分就是《关税与贸易总协定》。其具体内容由三部分构成:第一部是适用关税减让表的原则;第二部是为保证关税减让谈判成果必需的实体规则;第三部是程序规则。第一部分包括无条件最惠国待遇原则以及有关关税减让的原则,第二部包括国民待遇原则、对倾销与补贴等扭曲市场机制现象的规制。照顾到对无条件自由化抱有抵触感的多数国家的意向,该部分包括了一些对这些原则的例外规定。例如,为维护国际收支平衡而采取的数量限制、为防止特定产品的进口激增给国内产业造成严重损害而采取的紧急进口限制措施(保障措施)、允许对农产品实施数量限制、允许为特定公共政策目的而采取贸易限制措施。此外,还包括了有关缔约国之间争端解决的规定。上述内容规定在《关税与贸易总协定》的第二部里。第三部包括关于关税减让的停止、撤销以及减让表的修改等方面的程序性规定。

缔约国在实施上述规定时遇到了如下难题:第一,当时,因为成为《关税与贸易总协定》蓝本的《ITO宪章》仍然处于谈判过程中,协定的规定与《ITO宪章》的规定之间可能产生矛盾;第二,参加谈判的多数国家的国内法律和制度与《关税与贸易总协定》的原则规定相冲突,原原本本接受《关税与贸易总协定》的规定势必遭到来自国内的抵触和反对;第三,各国实施《关税与贸易总协定》的国内程序大相径庭,及时而迅速实施协定显然有很大困难。

为解决上述难题,所采取的对策就是让各缔约国签署《关税与贸易总协定》的《临时适用议定书》(Protocol for Provisional Application)。根据这一办法,到《ITO宪章》生效为止临时适用《关税与贸易总协定》,等《ITO宪章》正式生效之后取代《关税与贸易总协定》第二部的规定。此外,在《临时适用议定书》中插入了所谓的"祖父条款"(Grandfather Clause),关于《关税与贸易总协定》第二部,以开始适用的时间为准,如果缔约国国内法律和制度与第二部的内容相冲突或矛盾,则国内法律和制度得到优先适用,以排除第二部规定的适用。因为《关税与贸易总协定》是通过《临时适用议定书》这一简略形式的国际协议而生效,所以实施的迅速性得到了保证。包括美、英在内的9个国家于1948年1月1日签署了《临时适用议定书》,同一天,《关税与贸易总协定》正式生效并开始得到适用。

(4)《ITO宪章》的失败

1948年3月,《ITO宪章》得到通过后被送到各国国内批准,但是没有得到生效所必需的批准数。第二次世界大战后,在美国国会保护主义倾向开始抬头,国会以《ITO宪章》将会大大制约美国农业保护政策等国内政策为理由,拒绝了宪章的批准。因为《ITO宪章》禁止创设新的优惠制度,并要求各国为撤销旧的优惠制度而进行谈判,所以宪章在英国也同样遭到了批判。1950年12月6日,美国总统发表声明,宣布不再向国会提出批准《ITO宪章》的要求,最终导致了《ITO宪章》胎死腹中的结局,当时批准《ITO宪章》的只有利比里亚和澳大利亚两个国家。

4 布雷顿森林/GATT体制最初25年的活动

(1) IMF体制的变迁

(a) 大国货币兑换的回复

《IMF协定》为建立自由、非歧视的多边贸易自由化制度而设想的三大基础(固定汇率制、外汇交易的自由化、对短期国际收支失衡提供贷款),并没有立即得到实现。对于因战争而陷入经济疲惫状态并缺乏美元的国家来说,停止外汇管制,在固定汇率下实现经常性交易的自由化几乎是不可能的。1947年7月,尽管英国回复了英镑与外币的兑换,但经过一个月后,英国的外汇储备便陷入了枯竭状况,因此英国政府不得不停止英镑与外币的兑换。因美元不足而感到困惑的欧洲国家,于1950年成立欧洲支付同盟(European Payment Union, EPU),在日常交易的层次上使用同盟各成员的货币,只有在最终结算时使用美元以达到节约美元的目的。欧洲大国摆脱战后过渡期,其货币兑换真正得到回复还是在1958年末。

(b) 固定汇率制的终结

欧洲各大国的货币兑换得到回复后,取消了对经常性交易支付外汇所实施的限制,其结果,向IMF体制所设想的利用固定汇率使世界紧密相连的理念更接近了一步。但是,欧洲大国的货币兑换得到回复的20世纪60年代连续发生的"美元危机",导致了IMF体制开始走向动摇。

在IMF体制下,支撑外汇可兑换性的是美元。为此,有足够的美元供给是必需的。但是,增加美元供给将必然引起美国国际收支赤字的增大。美国国际收支赤字的连续增大导致了对美元的信赖下降,最终会给外汇可兑换性的维持带来困难(Triffin Dilemme)。在整个20世纪60年代,美国国际收支赤字的增大,导致了对美元的信赖下降,其表现形式是以美元计算的黄金价格的上涨(美元危机)。为解决这一问题,IMF于1969年创设了特别提款权制度

(SDR),作为提供新的国际流动性的手段,并于 1970 年进行了首次分配。然而,美国的国际收支赤字状况并没有因此而得到改善,1971 年 8 月,美国宣告停止黄金与美元的兑换(尼克松声明)。同年 12 月,各大国通过压低本国货币对美元的平价,试图回复固定汇率制度(史密斯协议),但是美元实际汇率下滑的局面并没有因此而得到阻止。1973 年,各大国停止了对外汇市场的干预。从此,作为 IMF 体制一大支柱的以黄金和美元为本位的固定汇率制宣告终结,国际货币制度向浮动汇率制转变。

(2) 世界银行的活动与变迁

(a) 从复兴向发展转移

世界银行成立后不久,对有关银行两大目标之一的复兴援助的规定进行了大幅度的修改。世界银行所能提供的援助复兴的资金,远远不能满足欧洲各国所需要的资金总量,美国不得不在世界银行的框架外提供巨额复兴资金给欧洲。不通过世界银行扩大贷款总额,而是在世界银行的框架外寻求解决问题的办法,美国这样做有其政治上的原因。在美、苏对立的格局已经变得日益明朗的情况下,美国作为冷战中西方阵营的领导,考虑到了有必要拿出强力支援欧洲复兴的姿态,以对抗前苏联。

1947 年,英国向美国提出了由美国代替英国向希腊和土耳其提供援助的要求。同年 3 月,美国总统杜鲁门(Harry S. Truman)在国会发表的演说中表示,针对极权主义的渗透,美国有必要通过援助第三国来予以抗衡(杜鲁门计划)。1947 年 6 月 5 日,美国国务卿马歇尔(George C. Marshall)在哈佛大学演讲时发表了向欧洲追加提供大规模援助的设想。这一设想在第二年的 4 月作为 1948 年的《经济援助法》,即所谓的马歇尔计划开始得到实施。

因为马歇尔计划的实施,世界银行的工作重点开始从复兴转移到发展问题上来了。但是,世界银行对发展中国家的经济发展所能提供的援助受到了多方面的制约:第一,世界银行没有足够的用于支援发展的贷款来满足发展中国家的资金需求;第二,支援发展的贷款对象仅限于政府部门,对民间部门提供直接贷款的项目没有得到认可;第三,贷款条件与商业银行利率不相上下,对借款方的发展中国家来讲是个沉重的负担。为克服上述困难,有必要设立新的贷款项目以扩大世界银行的职能,使它能够向发展中国家的民间部门提供直接贷款,以及为发展中国家提供低息贷款。前者是通过国际金融公司(International Financial Corporation, IFC),后者是通过国际开发协会(International Development Association, IDA)来完成的。

设立 IFC 和 IDA 的方案,是由 1951 年美国总统杜鲁门任命的咨询小组提出的。该方案是作为实现总统在 1949 年的就职演说中所阐明的"将科学的进步与产业的发展带来的利益运用到落后地区的改善和发展的新计划"(所谓的"四个要点")的一个环节而被提出来的。该方案的目的在于给发展中国家,尤其是给前苏联周围的发展中国家提供援助,以对抗和阻止前苏联向这些国家的渗透。但是美国政府对上述方案的回应显得非常迟钝,一直到 1956 年和 1960 年,IFC 和 IDA 才先后得以成立。其原因在于该方案出台时正赶上朝鲜战争还在持续,美国政府内部对扩大对外援助开支持消极态度者占了上风,再加上以国会为核心的反对强化多边援助的消极论者也非常的强硬。

但是,到了 20 世纪 50 年代中期以后,上述情况发生了变化:第一,发展中国家要求联合国创设比世界银行更优惠的发展贷款制度的呼声更加强烈了。第二,20 世纪 50 年代后期,美国的国际收支情况进一步恶化,1958 年和 1959 年,其国际收支赤字分别达到 29 亿美元和 22 亿美元。此外,由于欧洲和日本经济复兴的进展顺利,为均匀分配发展援助所带来的负担,应该提高多边援助比重的意见得到了支持。第三,从 1950 年起,前苏联开始增大对发展中国家的经济援助(和平攻势)。美国为对抗前苏联的和平攻势,更进一步认识到了强化援助发展中国家的必要性。1960 年,认可美国参加 IDA 的法案在众议院和参议院以压倒多数的票数得到了通过。

(b) 20 世纪 60 年代的世界银行和美国

IFC 和 IDA 的设立,确立了世界银行在发展领域里的制度基础。在整个 20 世纪 60 年代,美国始终保持了世界银行最大援助国的地位。20 世纪 60 年代初期,肯尼迪政府强化对外援助政策,强烈认识到对抗和遏制前苏联势力向发展中国家扩张(以古巴危机为象征)的必要性。肯尼迪政府通过创设和平部队(Peace Corps)和"进步同盟"(Alliance for Progress)强化了对中南美洲的援助,此外,还通过设立国际开发机构(Agency for International Development, USAID)试图强化双边援助体制。与此同时,美国还强化了对世界银行等多边援助机构的支援。尽管遇到了国会的反对,美国政府还是承担了 IDA 第一次和第二次所增资金的绝大部分。美国政府对世界银行在当时提出的新的援助方针也予以了强有力的支持。例如,世界银行推出的扩大受援国地理范围、增加对低收入国家的援助、支援以"绿色革命"为代表的农业生产率提高计划等方针都得到了美国的支持。肯尼迪(Jhon F. Kennedy)总统在 1961 年 9 月召开的联合国大会上提议,将 20 世纪 60 年代定为"联合国发展的十年",并建议联合国成员国相互协调有关对发展中国家经济发展提供援助的政策。

在整个 20 世纪 60 年代,世界银行和美国之间能够保持蜜月关系的决定性因素有如下几点。首先,美国是世界银行最大的出资者。其次,世界银行的历届总裁全部是由美国选送的。再次，美国财政部和世界银行的职员建立了日常性联系。因此，在世界银行的政策决定过程中，美国发挥了很强的影响力。有人认为世界银行是美国国际发展援助政策的工具，不得不说这一认识在一定程度上反映了实际情况。另外，与对待双边援助的情况不同，国会并没有对美国政府给世界银行提供缴资和出资提出异议。虽然美国的国际收支逐渐在恶化，美国依然保持着世界最大债权国的地位，针对美国政府对国际组织的缴资，国会还是采取了宽容的态度。

(3) GATT 体制的发展

(a) 组织化的企图及其失败

1948 年 1 月 1 日，《关税与贸易总协定》正式生效并开始适用。因为刚开始 GATT 并没有被设想成一个永久性的国际组织，因此其组织基础非常脆弱。《关税与贸易总协定》是为了赶在《ITO 宪章》生效之前实施多边关税削减谈判的结果而签订的协定，至于组织方面的问题，协定只有全体缔约国（缔约国团）举行会议作出意思决定的程序规定（协定第 25 条第 1 款），以及将缔约国之间的争端提交到缔约国团加以解决的程序规定（第 23 条第 2 款）而已。

在哈瓦那会议上通过《ITO 宪章》的同时，作为设立 ITO 的准备工作，设立了负责行政事务的办公部门，即国际贸易组织临时委员会（Interim Commission for the ITO, ICITO），当时就是委托 ICITO 来负责 GATT 秘书处的职能的。后来因为 ITO 没有成立，ICITO 就作为 GATT 的秘书处被保留下来了。

在 ITO 的成立已经变得不可能的情况下，GATT 取代了 ITO，并开始以永久性国际组织的身份展开活动。鉴于这一实际情况，1954 年至 1955 年召开的 GATT 缔约国团第 9 次会议上展开讨论，试图修改《关税与贸易总协定》的规定，建立一个与 GATT 的实际活动相称的国际组织。会议通过了《贸易合作组织（Organization for Trade Cooperation, OTC）协定》，并提交给各国批准。根据该协定所要成立的 OTC，在组织上比 ITO 还要精干。美国国会仍然拒绝批准《OTC 协定》，致使《OTC 协定》未能生效。美国国会拒绝批准的理由与对待《ITC 宪章》的态度一样，即不轻易放弃保护主义和传统孤立主义的立场。还有更直接而重要的理由就是，由于《关税与贸易总协定》是通过临时适用议定书而生效的，未能参与《关税与贸易总协定》的生效与国内实施过程的美国国会担心，因 OTC 的成立，其宪法上的更多权限被剥夺。试图给 GATT 以永久性国际组织地位的努力失败后，一直到 1995 年世界贸易组织（World Trade Organization）成立为止，GATT 在没有正式条约上的法律根据的情况下，根据需要设立了秘书处和争端解决程序等制度基础，作为事实上的国际组织得到了发展。

（b）GATT 初期的活动及其成果

GATT 在不具备正式国际组织应该具备之形式的情况下就开始了运作，但是 GATT 开始运作之后缔约国逐渐增加，它为推动贸易自由化的发展做出了重大贡献。刚开始 GATT 只有 23 个国家参加，到 20 世纪 50 年代末，其缔约国增加至 37 个国家。进入 20 世纪 60 年代后加入 GATT 的发展中国家激增，1970 年 5 月，增加到了 77 个国家，其中发达国家占 25 个，发展中国家占 52 个。

在关税削减领域里 GATT 取得了重大的成果。继导致 GATT 诞生的 1947 年多边关税减让谈判之后，1949 年在法国阿努锡（Annecy）举行了第 2 次多边关税削减谈判，1950 年在英国 Torquay 举行了第 3 次谈判，1956 年在日内瓦举行了第 4 次谈判，1961 年至 1962 年在日内瓦举行了第 5 次谈判（迪伦回合）。1964 年至 1967 年举行的第 6 次谈判（肯尼迪回合）具有划时代的意义。肯尼迪回合上将发达国家工矿产品的关税税率一律削减了 50%，其结果使发达国家工矿产品的平均关税税率降低到了 6% 至 10% 的水准，这比 19 世纪后半期的自由贸易时代的平均关税税率还要低，创下了历史最低水准的纪录。

与关税削减相比，取消非关税壁垒的步伐被大大延误了。除农产品外，《关税与贸易总协定》规定普遍取消数量限制（第 11 条）的同时，另一方面作出例外规定以允许在特定情况下采取数量限制措施。在 GATT 初期，被频繁利用的就是为维护国际收支平衡而实施的数量限制（第 12 条），根据第 12 条的规定，缔约国"为防止货币储备严重下降的迫近威胁和抑止货币储备严重下降"，或"货币储备很低的缔约方，为实现其储备的合理增长率"，可以实施数量限制和价格限制。

《关税与贸易总协定》第 12 条与《IMF 协定》第 14 条（允许经济实力没有完全回复而且国际收支失衡的国家过渡性地实施外汇限制）经常被合在一起适用。在 GATT 初期，因为多半个缔约方都面临着国际收支上的困难，这些国家同时适用《IMF 协定》第 14 条和《关税与贸易总协定》第 12 条，以维护国际收支的平衡为理由实施了进口数量限制措施。

从 20 世纪 50 年代后期至 60 年代前期，因为多数发达国家缔约方的国际收支情况得到了改善，这些国家从第 14 条国家转变成第 8 条国家（取消了与经常交易有关的外汇限制），并且撤销了根据《关税与贸易总协定》第 12 条实施的数量限制。另一方面，多数发展中国家缔约方继续保持了为维护国际收支而实施的数量限制措施。

（c）发展中国家的挑战

《关税与贸易总协定》在刚开始生效时几乎没有包含有关发展中国家经济

发展问题的条款,仅有第 18 条认可缔约方为保护幼稚产业可以提高关税减让的税率或实施数量限制。《ITO 宪章》虽然包括了给发展中国家提供新的优惠待遇的规定[15],但是美国没有同意将这一条款写入《关税与贸易总协定》中。协定第 18 条规定,以保护幼稚产业为理由实施数量限制的国家必须事先接受缔约国团的审查,并以得到缔约国团的同意为条件。可以说,对发展中国家来讲,第 18 条是一个利用起来非常困难的规定。

20 世纪 50 年代后期,加入 GATT 的发展中国家继续增加,到了 60 年代,发展中国家开始形成 GATT 的多数派。1964 年举行的第 1 次联合国贸易与发展会议上,发展中国家以"不要援助要贸易"为口号,强烈呼吁实现对发展中国家有利的国际贸易政策和规则。在这一背景下,对《关税与贸易总协定》中与发展中国家有关规则开始进行修改。1957 年 10 月,GATT 部长会议委托专家小组研讨有关促进发展中国家贸易的策略,1958 年,专家小组提交了一份报告(哈巴拉报告)。报告中指出,为促进发展中国家的经济发展,增加出口收入是必不可少的条件,因此发达国家有必要给发展中国家开放其市场。从此开始,GATT 发展中国家政策的重点从满足发展中国家要求的义务豁免或减轻[16],转向由发达国家向发展中国家单方面开放市场。

1964 年,GATT 通过了以"第四部贸易与发展"为题的 3 个新增条款,明确提出,"需要快速而持续地扩大发展中国家缔约方的出口收入"(第 36 条第 2 款),为此,要求发达国家采取措施撤销和减轻发展中国家缔约方出口依存度较高产品的贸易壁垒。[17] 但是,第四部并没有规定发达国家必须承担的明确的法律义务。例如,关于撤销或减轻特定产品的贸易壁垒,附加了"除可能包括法律原因在内的无法控制的原因使其无法做到外"的条件,这一规定虽然具有一定的法律义务的性质,但根据这一条款即使发达国家违反义务也不必承担任何法律责任。

发展中国家向发达国家提出的要求是,对发展中国家的产品适用优惠税率,并且不要求发展中国家提供回报(反向优惠)。与英联邦优惠关税制度等旧宗主国和殖民地之间的区域性优惠制度相区别,这一优惠制度被称作普遍优惠制(Generalized System of Preference,GSP),是在 1964 年的第一次联合国贸易与发展会议(UNCTAD)上被提出的。以题为"关于规制有利于发展的贸易关系以及贸易政策的一般原则"通过的决议,要求"新的优惠减让无论是否采取关税的形式都要适用于所有发展中国家",这里第一次提出了普遍优惠制

---

[15] 《ITO 宪章》第 15 条。
[16] 《关税与贸易总协定》第 18 条。
[17] 《关税与贸易总协定》第 37 条第 1 款。

的想法。从此开始,UNCTAD 反复要求发达国家导入普遍优惠制。

针对普遍优惠制的要求,无论是在 UNCTAD 的场合还是在 GATT 内部,美国都采取了一贯反对的立场。但是,从 1967 年开始美国改变了以往立场,明确提出支持普遍优惠制的方针。美国之所以这样做,其原因在于为了牵制当时 EEC 试图向地中海国家以及非洲国家扩大区域性优惠制度的做法。1968 年召开的第 2 次 UNCTAD 决定采用普遍优惠制,在其后召开的历次联合国贸易与发展会议上,普遍优惠制的实施细节得到了研究和审议。1970 年实施细节得到确定后,1971 年,GATT 以 10 年为期限作出了义务豁免(第 25 条第 5 款)的决定,正式承认了普遍优惠制。根据义务豁免决定,发达国家针对发展中国家的出口产品设定普遍适用的优惠税率,并且不向发展中国家提出以相互主义为条件的回报。但是必须予以注意的是,这一决定将实施普遍优惠制作为发达国家的自由裁量事项来处理,因此,是否实施普遍优惠制,对哪些产品提供什么样的优惠等问题纯属发达国家的自由裁量事项。

(d) 自愿出口限制

GATT 为撤销或削减发达国家的贸易壁垒以及促进发展中国家的出口,在研究实施相应措施方面取得了一定的成果。但是在另一方面,1950 年以后,产生了严重侵蚀 GATT 自由贸易原则的做法,即:为保护国内产业免受进口激增带来的损害,进口国和出口国通过互相协商来管理进口数量,这一做法就是所谓的"自愿出口限制"(voluntary export restraint, VER),或被称作"市场秩序维持协定"(orderly market arrangement)。

造成这种做法产生的背景是,在日本和部分发展中国家发展工业化的过程中,某些特定产品的竞争力急剧提高,导致了对发达国家的出口激增。其结果,20 世纪 50 年代在纺织品领域里,60 年代在钢铁和家电产品领域里,日本和其他出口国与发达国家进口国(尤其是美国)之间频繁发生了贸易摩擦。

《关税与贸易总协定》第 19 条规定,允许缔约方为避免进口激增给国内产业造成严重损害而发动紧急进口限制措施(safe guard)。但是,实施紧急进口限制措施的缔约方,原则上必须事先以缔约国团和利害关系方(主要出口国)进行磋商,并且必须向利害关系方提供补偿。还有,缔约方在实施紧急进口限制措施时,必须遵守非歧视原则,即不得以特定国家的进口产品为对象实施进口限制(选择性适用)(请参照本书第 6 章 2(1))。进口国满足紧急进口限制措施的条件是一个很困难的事情,为避免或克服这一困难,产生了进口国与出口国通过协商对出口数量和价格进行管理的做法。尤其是在劳动力集约性强,作为发展中国家龙头产业(take-off industry)具有重要地位的纺织品服装领域里,从 20 世纪 50 年代开始普遍采用了自愿出口限制措施。1961 年以后,根据双边磋商实施自愿出口限制的做法得到了国际上的认可，成立了将自愿出口限制置于特定国际监督之下的多边条约。同样的做法蔓延到了纺织品以外的领域，其结果导致违反《关税与贸易总协定》的灰色措施的范围得到了扩大。

5 20世纪70年代的布雷顿森林/GATT体制

（1）IMF职能的变化

随着汇率制度从固定汇率向浮动汇率的转变，《IMF协定》最初制定的稳定外汇汇率的目标已经变得名存实亡，被誉为"货币守护神"的IMF失去了它的大半个职能。经过《IMF协定》的第2次修改（1978年4月生效），浮动汇率制得到正式承认之后，IMF开始承担监视成员国外汇汇率的义务，除此之外没有增加其他新的义务。从此开始，外汇汇率的上下浮动，原则上交给市场机制来决定。

进入20世纪70年代以后，IMF作为发展中国家贷款机构的性格变得更加浓厚了。设立IMF的最初设想是建立一个为解决成员国际收支暂时失衡而提供短期贷款的制度（一般贷款），成员得到贷款的限度取决于其出资额。但是到了20世纪60年代，因为发展中国家的借款需求增加，除一般贷款项目以外，IMF创设了以下几个特别贷款制度。1963年设立的是，以和IMF进行磋商为条件，对由于外部原因出口收入暂时减少而陷入国际收支失衡的成员，提供除一般贷款项目以外的出口收入变动补偿贷款制度。1969年创设的是，以为维持初级产品国际价格稳定而实施的缓和库存制度为对象提供资金的缓和库存贷款制度。1974年设立了对因1973年石油危机陷入国际收支失衡的非产油发展中国家提供中期贷款的"石油便利"制度，同年又创设了满足大额长期资金需求的扩大信用提供机制（Extended Fund Facility）。

IMF在对借款国提供贷款时所提出的附加条件（conditionality）如下：为回复国际收支的失衡，借款国制定宏观经济政策目标（货币供应量、银行存贷款利息、外汇汇率）并实现所制定的目标。虽然在《IMF协定》中不存在有关附加条件的明确规定，但是自20世纪50年代以来，在实施一般贷款项目时，附加条件作为惯例一直被延续了下来。借款国在得到贷款之前，必须向IMF提交意向书（letter of intend）其中记载贷款期间所采取的措施。关于意向书记载的政策目标，设定衡量其实现程度的标准（performance criteria），IMF与借款国之间举行定期磋商来检查政策目标的实现程度，在没有达到标准的情况下贷款则被停止。

附加条件是 IMF 实施所有贷款项目时遵循的通用惯例,发展中国家则强烈要求根据其本身的具体情况缓和附加条件的内容。发展中国家这样做的理由是:首先,附加条件所要求的宏观经济政策目标在短期内难以实现;其次,由于实施附加条件所提出的要求导致了国内政治与社会的混乱。后来 IMF 听取了发展中国家的这一要求,在 1979 年制定有关附加条件的指导方针时作出规定,要求 IMF 对借款国的社会政治以及经济等方面需要优先考虑的事项必须予以足够的关注与照顾。

(2) 20 世纪 70 年代的世界银行

在 1968 年就任世界银行总裁的麦克纳马拉(Robert S. McNamara)的领导下,世界银行的发展援助政策发生了巨大的转变。一直到 20 世纪 60 年代末为止,世界银行提供贷款的重点集中在电力、运输等经济基础设施的建设方面。进入 20 世纪 70 年代后,人们开始认识到,经济增长并不能必然促进公正的收入分配,也不能解决发展中国家城市与农村所出现的严重的贫困问题。世界银行开始提出并注重农村发展与粮食、卫生保健、营养、教育等人的基本需求(basic human needs, BHN)的满足问题,积极推出支援以社会基础的建设与社会制度的建设为目标的贷款项目。但与此同时,因为原有对经济基础设施的贷款仍然得到了维持,导致世界银行的贷款规模和职员人数在这一时期迅速扩大。

(3) 国际经济新秩序

进入 20 世纪 70 年代后,以发展中国家为主流,国际社会开始批判原有国际经济秩序并强烈要求建立一个对原有秩序进行变革的国际经济新秩序(New International Economic Order, NIEO)。国际经济新秩序的理论基础是作为国际关系理论一个分支的从属论。该学说认为,通过容纳发展中国家的形式发展起来的资本主义世界经济体制,是导致发展中国家落后状态的原因。为摆脱贫穷落后的状态,发展中国家要求变革支撑资本主义世界经济的国际法制度,尤其是强烈要求变革贸易、投资、国际金融、技术转移领域里的国际法制度。1973 年,石油输出国组织(OPEC)提高原油价格(第一次石油危机)获得成功后,发展中国家的士气得到极大鼓舞,他们在以联合国为中心的各种场合主张国际经济新秩序,试图从法律上实现自己的主张。

1974 年举行的联合国能源特别大会上,在发展中国家的倡导下通过了以天然资源的永久主权为核心,关于建立国际经济新秩序的宣言和行动计划。

同年12月，联合国大会通过了以权利义务的形式表述国际经济新秩序内容的《国家经济权利义务宪章》。宪章反映发展中国家的诉求，包括了以下内容：对天然资源的永久主权和对跨国企业的规制权利（第2条）；参加初级产品生产国组织的权利（第5条）；奖励发展中国家缔结国际商品协定（第6条）；保证发展中国家充分有效参加国际经济组织的决策过程（第10条）；促进向发展中国家的技术转移（第13条）；发达国家考虑发展中国家的特殊情况并承担努力实现公平的南北贸易关系的义务（第14条）；非互惠、非歧视优惠待遇的扩大以及保证发展中国家特殊而优惠待遇（第18条）；发展援助的增加（第22条）；为保证发展中国家进出口商品交易条件的公正性和公平性的价格指数（indexation）（第28条）等。

关于国际经济新秩序的一系列国际文件在性质上属于联合国大会的决议，其本身并没有法律约束力，只是个政策性宣言而已。虽然决议得到了通过，但其内容并没有立即得到实现。但是，上述事项中也有一部分作为多边制度得到了实现，例如，前述普遍优惠制，以及为确保和改善发展中国家初级产品出口收入为目的的初级产品共同基金（1986年6月通过设立协定，1989年6月生效）。关于其他事项，因发达国家持消极态度而未能得以实现。关于价格指数，因为不符合市场机制，没有得到发达国家的赞同。关于技术转移，发达国家坚持了原则上交给市场机制来决定的立场。关于发展援助，发达国家坚持这是发达国家提供给发展中国家的援助而不是义务。1970年联合国大会作出决议要求将发达国家国内生产总值（GDP）的0.7%用于发展援助，由发达国家组成的经济合作组织（OECD）发展援助委员会也支持了这一决议，但该决议内容仍然是各国努力的目标而不是国际义务。

(4) GATT东京回合

1973年至1979年举行的GATT东京回合（第7次多边关税削减谈判），在削减关税的同时，在非关税壁垒的削减和规制方面也取得了着实的进展。根据谈判结果，发达国家的工矿产品关税被平均削减33%，平均关税税率降至4.9%。在补贴与反补贴措施、倾销与反倾销措施、政府采购、海关估价、进口许可程序、产品标准和认证制度等方面，签订了进一步明确《关税与贸易总协定》规定的各别协定（东京回合协定）。这些协定的大部分是给《关税与贸易总协定》的解释与适用提供明确指南，在实体上虽然属于《关税与贸易总协定》的组成部分，但在法律上是独立于《关税与贸易总协定》的条约，只约束接受个别协定的缔约方。此外，将GATT争端解决程序的惯例变成明文规定，以此为基础达成了关于磋商和争端解决的谅解（1979年争端解决谅解）。

关于发展中国家的问题,1971 年以 10 年时间为期限开始的普遍优惠制,作为永久性制度得到了正式承认(授权条款)。同时根据美国的强烈要求,宣告经济发展得到实现的国家应该退出发展中国家的地位,承担和发达国家同样的义务(毕业条款)。

6　20 世纪 80 年代的布雷顿森林/GATT 体制

(1) 累计债务问题与 IMF 和世界银行

1982 年,以墨西哥发生的债务偿还困难为契机,以拉丁美洲中等收入国家为主,发展中国家所面临的累计债务问题浮出了水面。一般被认为,此次累计债务产生的原因有以下三个方面:第一,这些国家从 20 世纪 70 年代开始一律积极推行工业化政策和收入再分配政策,导致公共部门的膨胀。第二,发达国家,尤其是美国的私人银行对这些国家提供的贷款的扩大。特别是在第一次石油危机后发生的初级产品生产过热过程中,对初级产品生产国的贷款大幅度增加了。第三,20 世纪 80 年代初期发生的发达国家经济衰退和需求减少导致初级产品的价格跌落,从而引起了世界宏观经济情势的恶化。

IMF 和世界银行在处理债务危机的过程中发挥了重要作用。为救济债务危机,除原有的贷款项目以外,1986 年 IMF 新设了贷款期间和偿还期限更长的结构调整贷款制度(Structural Adjustment Facility, SAF),并于 1987 设立了扩大结构调整贷款制度(Extended Structural Adjustment Facility, SAF)。

世界银行也于 1979 年除原有以发展援助项目为核心的贷款以外,为填补借款国国际收支赤字提供资金,设立了非项目型结构调整贷款制度(Structural Adjustment Lending, SAL)和部门调整贷款制度(Sector Adjustment Lending, SAL)。这些新的贷款制度的设立是基于以下认识的,即在由于 20 世纪 70 年代发生的两次石油危机给世界经济环境带来严重困难的情况下,个别发展援助项目的成功与否受借款国宏观经济政策运行好坏左右的程度大大提高了。

其结果,IMF 负责为短期国际收支提供贷款,世界银行承担为长期发展项目提供援助这一 IMF 和世界银行之间的传统分工已变得模糊,他们的贷款政策开始相互接近。从这两个国际组织提供贷款时要求借款国实现的附加条件(内容的类似性)也可以看出,其政策方针越来越接近了。除原来的宏观经济政策目标以外,两者都将国有企业的私有化、贸易自由化、外汇限制的放宽等国内经济结构的改革内容列入了附加条件中。附加条件本来是 IMF 和世界银行提供贷款的交换条件,但是它对借款国产生了很大的强制力。因为争取到

IMF 和世界银行的贷款是决定能否得到来自其他国家政府和民间贷款的前提条件。

累计债务问题以及 IMF 和世界银行的干预,大大改变了发展中国家针对贸易和投资等国际经济活动所采取的政策。首先,在 20 世纪 70 年代,多数中等收入国家所采取的进口替代工业化战略以失败而告终,他们转而采取出口导向型工业化战略。在这一转换过程中,这些国家被迫改变针对工业产品的高关税政策,IMF 和世界银行的附加条件要求的贸易自由化政策加速了这一改革步伐。其次,经济活动中公共部门所占比例减少,以及为解决国内资金和技术短缺问题,开始采取积极引进外资的政策,对外国投资的规制也得到了缓和(请参阅本书第 11 章 3)。

(2) 乌拉圭回合

东京回合结束后,尤其是第二次石油危机以后,在世界性的经济停滞这一大背景下,各国的贸易政策产生了保护主义的倾向。美国等发达国家强烈要求,在 GATT 框架没有得到规制的服务贸易、与贸易有关的投资措施和知识产权等领域里也制定国际规则和制度。1982 年就已出现发起新的多边谈判的动向,在 1986 年 9 月举行的 GATT 部长级会议上,达成了开始举行新的回合(乌拉圭回合)的协议。虽然刚开始设定的谈判期限是 4 年,由于谈判议题的大幅度增多以及在各种谈判领域里发达国家和发展中国家之间产生的意见分歧,调整和协调各方之间的矛盾消耗了大量的时间,其结果,谈判为达成最终协议花费了 8 年时间。1994 年 4 月 15 日,在摩洛哥马拉喀什举行了最后文件的签字仪式,正式达成了谈判协议。1995 年 1 月 1 日,被附加到最后文件的《马拉喀什建立世界贸易组织协定》(简称《WTO 协定》)正式生效,作为国际组织的 WTO 正式开始运作。

第3章 WTO的结构与争端解决程序

1 《WTO协定》的概要

(1)《WTO协定》的结构

规定多边贸易体制的制度与规则的《马拉喀什建立世界贸易组织协定》(Marrkesh Agreement Estebalishing The World Trade Organization,简称《WTO协定》),是乌拉圭回合多边贸易谈判的成果,1994年4月15日,在摩洛哥马拉喀什签署,1995年1月1日生效。日本是创始成员国(1995年条约第15号)。

《WTO协定》由前言、协定正文、解释性说明以及4个附件构成。比较简短的协定正文包含关于WTO的基本组织结构和运作程序的16个条款的规定,《WTO协定》中不存在关于这部分规定的固有名称,为便于叙述,本书将这些条款称作《WTO设立协定》。附件1的多边贸易协定和附件4的诸边贸易协定,主要由关于约束和限制各国实施的贸易规制措施的实体规则以及相关程序规则构成。附件2和附件3的多边贸易协定分别规定了解决成员间贸易争端的程序规则和有关成员贸易政策的审议规则。

《WTO协定》的基本结构是,以《WTO设立协定》为依据设立世界贸易组织(WTO),以此为基础将包括实体规则在内的各项协定附加到附件中。这一安排反映了乌拉圭回合谈判的特殊情况,与其他诸多国际组织的设立协定相比较具有突出特点。这一结构的优点在于,事后对现行协定进行修改或在新的领域里缔结新的协定时,在很多情况下只对《WTO设立协定》或附件中的某一部分进行修改即可,不必因部分规定的修改而牵动或影响整个协定。

《WTO设立协定》的规定与任何一个多边贸易协定的规定相互产生抵触时,应以前者的规定为准。[1] 关于义务豁免这一事项,《WTO设立协定》第9条第3款和《GATT 1994》第25条第5款作出了不同规定,在产生类似抵触的情况下,应以《WTO设立协定》为准。在乌拉圭回合的谈判过程中,《WTO设

---

[1]《WTO设立协定》第16条第3款。

立协定》的谈判和多边贸易协定的谈判是分别展开的,可能产生抵触的条款并没有完全得到调整,一旦产生抵触,应以前者为准。

WTO成员不得对《WTO设立协定》的任何条款提出保留。[2] 关于附件所附各协定条款的保留问题,《TBT协定》第15条第1款,《反倾销协定》第18条第2款,《海关估价协定》第21条、附件2、3、4款,《进口许可程序协定》第8条第1款,《SCM协定》第32条第2款,《TRIPS协定》第72条,以及《民用航空器贸易协定》第9条分别作出规定,未经其他所有成员的同意,不得对这些协定的条款提出保留,即如果得到其他所有成员的同意提出保留是可能的。对除上述协定以外的附件所附协定的条款,成员不能提出保留。但是,诸如《农业协定》的规定,出现关系到成员减让和承诺范围的问题时,禁止保留的意义将是有限的。

(2) 多边贸易协定和诸边贸易协定

附件1、2及3包括的共17个多边贸易协定对所有WTO成员具有约束力[3],与此相反,附件4中所列诸边贸易协定只对接受该协定的成员具有约束力。[4] 诸如1974年签订的《国际纺织品贸易多边安排》(Multi-Fibre Arrangement, MFA)以及在东京回合上签订的各项协定(东京回合协定)等,在GATT时代也签订过独立于《关税与贸易总协定》的一些个别协定,各国有权决定是否接受这些协定。因此,接受某一协定的缔约国与不接受该协定的缔约国之间的权利义务在内容上出现差异而引起了一些问题。例如,只接受部分协定的国家同样享受其他协定利益的"搭便车"现象引起了人们的担心。为解决这一问题,乌拉圭回合采取了"一揽子接受"(single undertaking)的原则,要求所有WTO成员一律接受多边贸易协定,享有同样的权利并承担同样的义务。

诸边贸易协定是"一揽子接受"原则的例外,这些协定所涉及的规定局限于只有少数国家接受并参与的贸易领域。诸边贸易协定中包括的协定都是以东京回合谈判所达成的个别协定为基础,这些协定的谈判是在乌拉圭回合谈判的框架外进行的,但是在谈判结束时被纳入了《WTO协定》中。对一些包含新的内容的协定,在多数成员还没有充分做好有关接受方面的准备的情况下,作为诸边贸易协定在一部分国家之间开始先行适用,随后可以期待新成员的增加。但是,能否在《WTO协定》附件4中追加新的诸边贸易协定的决定,需

---

[2] 《WTO设立协定》第16条第5款。
[3] 《WTO设立协定》第2条第2款。
[4] 《WTO设立协定》第2条第3款。

要经过部长级会议以协商一致的方式来作出。[5]

(3) 货物贸易多边协定

《WTO协定》附件1A的货物贸易多边协定大致可以分为以下四个部分：第一部分是GATT时代的《关税与贸易总协定》（在1995年1月《WTO协定》生效后被简称为《GATT 1947》）和对其进行充实的基础上产生的《1994年关税与贸易总协定》（相对《GATT 1947》被简称为《GATT 1994》）；第二部分是在GATT时代没有被纳入多边贸易体制的农产品和纺织品领域里的3个协定；第三部分是超过GATT的规制范围在其各自的领域里制定规制的5个协定；第四部分是关于关税与进出口管理制定了详细规则的4个协定。下面将概述这些协定的基本情况。

(a)《GATT 1994》

(i)《GATT 1947》与《GATT 1994》

1947年10月签署,1948年1月1日开始临时生效的《关税与贸易总协定》,即现在所说的《GATT 1947》（日本于1955年加入）,经过1995年一年的过渡期,最终结束了其效力。但是《GATT 1947》的大部分内容被纳入了《GATT 1994》。[6] 在法律上《GATT 1994》不同于《GATT 1947》[7],《GATT 1947》的缔约国（截至1995年12月有128个国家和独立关税领土）只有变成WTO的成员才能享受根据《GATT 1994》产生的权利,这一点是非常明确的。

(ii)《GATT 1994》的内容

乌拉圭回合上并没有对《GATT 1947》的内容进行修改。谈判参加者担心的是,如果根据乌拉圭回合上达成的协议内容和GATT缔约国团所做的决定对《GATT 1947》的条款进行修改,有可能遇到针对已经达成协议的内容必须重新进行谈判的难题。鉴于上述原因,将《GATT 1994》作成了一个简短的协定,该协定只列举了内容上属于它的规定和解释性条款。《GATT 1994》包括以下内容：

第一,《GATT 1947》的规定。这里所指的《GATT 1947》包括《WTO协定》生效之前在GATT框架下通过各种法律文件加以更正或修改的内容。[8]

第二,GATT框架下作成的法律文件包括关税减让议定书、加入议定书、豁

---

[5]《WTO设立协定》第10条第9款。
[6]《GATT 1994》第1款(a)。
[7]《WTO设立协定》第2条第4款。
[8]《GATT 1994》第1款(a)。

免决定以及缔约国团所作出的其他决定。[9] 这里所说的GATT缔约国团的决定是指,涉及缔约方权利义务的具有约束力的决定,并且标明对所有缔约国一律适用的法律文件。[10] 缔约国团的其他规定只是作为WTO的指南[11],不具有法律约束力。[12]

第三,在解释上一直存有争议的《GATT 1947》的条款中,在乌拉圭回合上达成协议的6个条款以谅解的形式被编入了《GATT 1994》。[13] 其中,解释《GATT 1947》第24条(关税同盟与自由贸易协定)和国际收支相关规定的2个谅解在某种程度上明确了GATT基本原则的重要例外,应引起重视。

第四,关于各成员在乌拉圭回合谈判中削减关税税率和非关税壁垒后所做出的减让与承诺的《1994年关税与贸易总协定马拉喀什议定书》[14],各成员的关税减让表附在该议定书中。

(iii)《GATT 1947》的临时适用

如在第2章中所述,《GATT 1947》从未正式生效过,只是通过临时适用的连续维持了其法律效力。原始缔约国根据1947年10月30日签署的临时适用议定书,其后加入的缔约国根据各自的加入议定书分别适用了《GATT 1947》。为结束临时适用状态,《GATT 1994》明确规定,其内容不再包括临时适用议定书和加入议定书中有关临时适用的规定。[15] 临时适用的重要意义在于,GATT缔约国可以在不违反在其加入(根据临时议定书或加入议定书)时有效的国内法的限度内遵守《GATT 1947》第2部的规定。例如,美国的约翰法(the Jones Act)就是临时议定书生效之前存在的国内法(祖父条款),该法律的效力一直延续到1994年。根据该法律,在美国国内从事船舶运输业必须使用美国的船只。《WTO协定》生效后美国要求继续维持该法的祖父条款地位,《GATT 1994》第3款(a)中规定的特别条款认可了美国的要求。但是,部长级会议应该进一步审查需要该项豁免的条件是否存在。

(b) GATT纪律的进一步贯彻

(i)《农业协定》

GATT时代,《关税与贸易总协定》的规制没有被彻底贯彻到农产品贸易领域里,各国利用进口限制保护国内农业和利用出口补贴扭曲农产品市场的

---

[9]《GATT 1994》第1款(b)。
[10] "FSC案"专家组报告,WT/DS108/R,para.7.63。
[11]《WTO设立协定》第16条第1款。
[12] "FSC案"专家组报告,WT/DS108/R,para.7.78。
[13]《GATT 1994》第1款(c)。
[14]《GATT 1994》第1款(d)。
[15]《GATT 1994》(a)(b)(ii)。

现象几乎是司空见惯的事情。为改变这一状况,WTO 成员以建立一个公正的市场导向的农业贸易体制为长期目标,为实现通过对农业的保护和支持作出承诺的方法来推动农产品贸易和农业政策的改革目的,签订了《农业协定》。

(ii)《SPS 协定》

根据《农业协定》废除限制农产品进口的非关税壁垒推动农产品贸易自由化的过程中,最大的障碍是成员滥用卫生与植物卫生措施扩大对农产品进口的限制。因此,签订《SPS 协定》的目的在于,承认成员为保护人类与动植物的生命与健康有权采取必要措施,同时最大限度地减少这些措施对贸易造成的影响(第 7 章 2)。

(iii)《纺织品与服装协定》

WTO 成立之前,在纺织品和服装领域里,通过 MFA 或与《关税与贸易总协定》的规则相违背的措施,主要是利用数量限制来管理贸易的做法非常普遍。签订《纺织品与服装协定》的目的在于,利用 10 年的过渡期结束纺织品服装贸易的数量管理制度并将该领域的贸易纳入自由贸易体制的正常轨道(第 6 章 2)。

(c) GATT 规则的发展

(i)《TBT 协定》

各国为了维护国防安全的需要、防止欺诈行为、保护人类、动物和植物的生命与健康、保护环境、保证产品质量等正当目的,对进口产品提出必须满足的技术规格和标准。该协定的目的是,保证国家对进口产品所实施的技术规格和标准不对国际贸易造成不必要的障碍。该协定对东京回合结束时签订的《技术性贸易壁垒协定》进行了修改和补充(第 7 章 2)。

(ii)《TRIMS 协定》

在 GATT 时代,各国在引进外国投资时采取过满足当地含量要求和进出口平衡等贸易限制措施。该协定明确规定上述措施违反《关税与贸易总协定》的规则,在现阶段在规制与贸易有关的投资措施方面所取得的成果虽然是非常有限的,但《TRIMS 协定》为在该领域里的进一步谈判奠定了基础。(第 11 章 3)

(iii)《反倾销协定》

肯尼迪回合(1964 年至 1967 年)上签订的《1967 年反倾销协定》,对《关税与贸易总协定》第 6 条规定的关于反倾销的规则首次进行了细化。经过东京回合(1973 年至 1979 年)对《1967 年反倾销协定》进一步修改和充实而产生的是《1979 年反倾销协定》。乌拉圭回合对《1979 年反倾销协定》进行全面的修改和充实,形成了现在的《反倾销协定》。关于 WTO 成员发起反倾销措施的程序,该协定作出了更加严格的规定。

(ⅳ)《SCM 协定》

东京回合上签订的《补贴与反补贴措施协定》虽然对《关税与贸易总协定》第 16 条和第 6 条的规定进行了一些修改和完善,但并没有从实质上修改这些规定。乌拉圭回合从根本上改变了对补贴的规制方法,《SCM 协定》大大强化了各国政府运用补贴时应遵守的纪律。与反倾销程序相同,该协定对反补贴措施的程序规则也作出了严格的规定。

(ⅴ)《保障措施协定》

在 GATT 时代,《关税与贸易总协定》第 19 条规定的保障措施(safeguard,也称作紧急进口限制措施)很少得到利用,尤其是 1979 年以后该制度被自愿出口限制措施(VER)和市场秩序安排(OMA)等双边灰色措施所取代。东京回合试图解决这一问题,但是签订新的紧急进口限制措施协定的努力以失败告终。该协定的目的在于,禁止和取消灰色措施,明确成员采取紧急进口限制措施的要件和程序(第 6 章 2)。

(d) 海关与进出口行政管理

(ⅰ)《海关估价协定》

在海关估价方面为取消实务上的差异和任意的保护主义程序,以保证进口货物完税价格的可预见性,东京回合结束时签订了《海关估价协定》。乌拉圭回合对旧海关估价协定进行了最低限度的修改之后形成了现在的《海关估价协定》。

(ⅱ)《装运前检验协定》

为防止利用进口货物报关价格(价格的过大或过小评估)的欺诈行为,有些发展中国家采用了委托出口国民间专门机构检验针对本国的出口货物,并以此作为进口条件的检验制度。该协定的目的在于,防止歧视性运用装运前检验制度,保证有关法律规则的透明度,解决出口企业和检验企业之间发生的纠纷。

(ⅲ)《原产地规则协定》

该协定的目的在于,在各国实施最惠国待遇、反倾销税、反补贴税、保障措施(紧急进口限制措施)、歧视性数量限制、关税配额等非优惠性的贸易政策措施的过程中,对其确定货物原产地的法令与行政措施进行协调,并为此提供行动指南(第 8 章 2(3))。

(ⅳ)《进口许可程序协定》

考虑到在实施数量限制以及其他进口限制措施时所采用的非自动许可程序和主要为统计目的而采用的自动许可程序等许可程序本身会成为贸易壁垒

这一问题,在东京回合上签订的《进口许可程序协定》中规定了一定的原则和详细规则。乌拉圭回合谈判中在对东京回合的成果进行若干修改的基础上产生了现在的协定。

(v) 货物贸易多边协定之间的抵触

吸收《GATT 1947》后形成的《GATT 1994》的规定与其他货物贸易多边协定(以《GATT 1947》的规定为基础,为发展和充实 GATT 的纪律制度而制定)的规定之间发生相互矛盾的可能性是当然存在的,为此,附件 1A 的前面插入了解释性说明,明确规定如果《GATT 1994》的规定与附件 1A 中其他协定的条款产生抵触,则以该其他协定的条款为准。

除下述规定得到适用的情况以外,《GATT 1994》以外的其他货物贸易多边协定相互之间不存在优劣关系。《农业协定》在第 21 条中规定了该协定优先于其他货物贸易多边协定,同时在特殊保障措施(第 5 条)和国内支持(第 13 条)等个别规定中排除了其他协定相关规定的适用。《SPS 协定》规定,对于不属于该协定范围内的措施,该协定的任何规定不得影响各成员在《TBT 协定》项下的权利。[16]《TBT 协定》的规定不适用于《SPS 协定》规定的卫生与植物卫生检疫措施。[17]《保障措施协定》的任何规定,对《GATT 1994》第 19 条(保障措施或紧急进口限制措施)和第 24 条第 8 款(关税同盟以及自由贸易区的定义)之间关系的解释,不作出预见性判断。[18]

这里所讲的货物贸易多边协定的各协定之间产生抵触,是指成员遵守某一协定的规定时违反其他协定的状态。即使同一事项成为几个协定的规制对象,在成员遵守某一协定不引起违反其他协定义务的情况下,也不会引起抵触问题。对可能发生抵触的规定进行解释时,应尽量采取不产生抵触的方法。

(4)《GATS》

(a)《GATS》的内容

为实现服务贸易的自由化,《GATS》以 GATT 的原则为范本制定了有关服务贸易的规则,在附件中关于特定领域或特殊问题作出了详细规定。同时,在附件中包括了记载各成员自由化承诺内容的承诺表。

(b)《GATT 1994》和《GATS》的关系

《GATS》和《GATT 1994》的适用对象不同。因此,对只适用《GATS》的措施,《GATT 1994》不能适用,反之亦然。问题是在某些情况下,对同一措施

---

[16]《SPS 协定》第 1 条第 4 款。
[17]《TBT 协定》第 15 条。
[18]《保障措施协定》第 2 条注释。

《GATS》和《GATT 1994》同时可以适用。《GATT 1994》所关心的是一项措施给货物的进口所带来的影响，《GATS》则考虑一项措施对服务提供所带来的影响。[19] 针对一项措施，《GATS》和《GATT 1994》双方同时适用的情况下，即使该项措施符合一方协定，也不能因此而不考虑它是否违反另一个协定，一项措施必须同时符合两个协定。

(5)《TRIPS 协定》

该协定设定了保护知识产权的最低标准并要求成员履行为实现保护知识产权必须制定国内程序的义务。成员必须遵守《保护工业产权巴黎公约》和《保护文学艺术作品伯尔尼公约》的规定，除此之外，该协定还试图强化对其他知识产权的保护(第7章4)。

(6) 附件2的协定:《关于争端解决规则与程序的谅解》(《DSU》)

在乌拉圭回合上谈判各方关于强化争端解决程序达成协议后签订了该协定(本章4)。

(7) 附件3的协定:《贸易政策审议机制》(《TPRM》)

该协定规定关于定期审议各成员贸易政策和惯例的制度(本章3(5))。

(8) 附件4的协定:诸边贸易协定

(a)《民用航空器贸易协定》

东京回合上签订的《民用航空器贸易协定》(1979年4月签署，1980年1月生效)的目的在于，最大限度地实现该领域的贸易自由化(民用航空器及其零部件关税的取消)。有关各国试图将继承东京回合《民用航空器贸易协定》的法律文件作为附件编入诸边贸易协定中，但是实现这一过程的法律文件至今没有得到通过。因此，在法律地位没有得到明确的情况下，东京回合上签订的《民用航空器贸易协定》(包括其后的修改)一直持续到了现在。

(b)《政府采购协定》

以东京回合结束时签订的《1979年政府采购协定》为基础，有关各方与乌拉圭回合同步进行谈判，签订了作为诸边贸易协定的《1994年政府采购协定》，该协定大幅度扩大了政府采购对贸易的开放程度(第7章5)。

---

[19] "香蕉案"上诉机构报告，WT/DS/AB/R, para.221。

(c)《国际奶制品协定》和《国际牛肉协定》

这两个协定是对东京回合上签订的《国际奶制品协定》和《国际牛肉协定》进行最低限度的修改后形成的,作为诸边贸易协定被编入了《WTO 协定》。前者包括部分奶制品的最低价格的条款,并于 1995 年 10 月停止了适用。后者只规定了一些有关牛肉贸易的信息交换和评估条款。因为《农业协定》和《SPS 协定》能更加经济而有效地发挥《国际奶制品协定》和《国际牛肉协定》所能发挥的作用,故于 1997 年末这两个协定终止适用并被删除于诸边协定。

2 WTO 的结构

(1) 机构

(a) 部长级会议

由所有成员的代表组成的部长级会议,是 WTO 的最高决策机构。部长级会议履行 WTO 的职能,并为此采取必要的行动,而且有权对任何多边贸易协定项下的所有事项作出决定。[20] 部长级会议至少每 2 年召开一次,到现在为止已经召开的会议有:1996 年的新加坡会议、1998 年的日内瓦会议、1999 年的西雅图会议、2001 年的多哈会议、2003 年的坎昆会议。以往部长级会议的主要议题是由各成员的部长级代表就种种问题发表演说,今后期待部长级会议能够发挥政治上的领导作用并作出一些重要决定。在多哈会议上作出了开始新一轮多边贸易谈判的决定。

(b) 总理事会:争端解决机构和贸易政策审议机构

在部长级会议休会期间,其职能由总理事会行使。另外,总理事会还能行使《WTO 设立协定》规定的其他职能。[21] 实际上总理事会对 WTO 的日常行政业务负责,而且在必要的时候还代表 WTO 作出决策。总理事会由所有成员的代表(多数是成员驻日内瓦的大使)组成,每年大概召开 6 次会议。WTO 的总理事会不同于 IMF 和世界银行,后者是由少数成员代表组成的理事会来负责整个组织的行政事务。总理事会还担负着其他两项职能。《DSU》规定的作为争端解决机构(DSB)的职能,[22] 以及《TPRM》规定的作为贸易政策审议机构(TPRB)的职能。[23] 总理事会在作为上述两个机构进行活动时可分别另行

---

[20]《WTO 设立协定》第 4 条第 1 款。
[21]《WTO 设立协定》第 4 条第 2 款。
[22]《WTO 设立协定》第 4 条第 3 款。
[23]《WTO 设立协定》第 4 条第 4 款。

设置主席。DSB 每月召开一次会议,TPRB 召开会议的次数更频繁。DSB 根据争端解决程序设立专家组和常设的上诉机构。

在总理事会下设立了若干个分支机构。除根据《WTO 设立协定》第 4 条第 7 款的事先规定成立的贸易与发展委员会、国际收支限制委员会、财务与行政委员会等 3 个委员会以外,1995 年 1 月,总理事会设立了贸易与环境委员会,1996 年 2 月,设立了区域贸易协定委员会。1995 年 7 月,贸易与发展委员会设立了最不发达国家委员会。上述常设委员会的成员资格对所有成员代表开放。

1996 年召开的部长级会议设立了贸易与投资的关系、贸易与竞争政策的相互作用、政府采购的透明度等 3 个工作组。受到某一国家加入 WTO 的申请时,总理事会将设立工作组。

(c) 货物贸易理事会、服务贸易理事会、与贸易有关的知识产权理事会

货物贸易理事会、服务贸易理事会、与贸易有关的知识产权理事会分别负责监督 3 个领域的贸易协定的实施。同样,3 个理事会的成员资格对所有成员代表开放。

上述理事会有权设立分支机构。有的分支机构(委员会)是根据多边贸易协定设立的,也有重新设立的委员会,如 1995 年 1 月设立的市场准入委员会。为实施 1996 年 12 月公布的关于信息技术产品关税削减的部长宣言,1997 年 4 月,根据信息技术领域的协定(Information Technology Agreement, ITA)设立了委员会。除常设委员会以外,还可以根据情况的需要设立临时工作组。服务贸易委员会也设立了若干个委员会和工作组,但是与贸易有关的知识产权委员会还没有设立任何分支机构。上述分支机构向所有成员代表开放。

根据《纺织品与服装协定》设立的纺织品监督机构(TMB)亦属于货物贸易委员会的分支机构,TMB 由包括 1 名主席在内的 11 名成员组成,成员以私人身份履行职责。

(d) 根据诸边贸易协定设立的委员会

根据《民用航空器贸易协定》第 8 条第 1 款和《政府采购协定》第 21 条第 1 款分别设立了由协定各接受国代表组成的民用航空器贸易委员会和政府采购委员会。

(e) 秘书处以及财政预算

《关税与贸易协定》没有关于设立秘书处的明文规定,WTO 设立协定明文规定设立秘书处。与 GATT 一样,WTO 的秘书处也设在瑞士日内瓦。

WTO 秘书处由总干事领导。[24] 总干事由部长级会议任命。[25]

秘书处职员由总干事任命[26],总干事和秘书处职员履行职责时应保持国际官员的中立身份。[27]

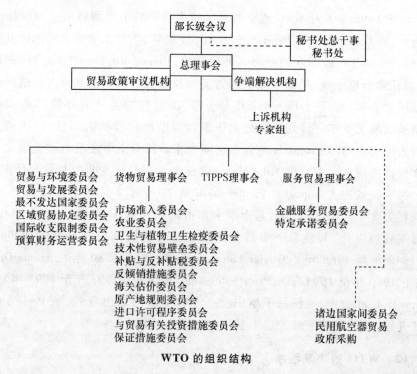

WTO 的组织结构

截至 2001 年,秘书处拥有的职员总数达到 550 名,其人员规模远远小于国际货币基金组织的 2500 名职员。秘书处协助向成员提供会议准备和文件材料的作成等技术性援助以及后勤支援工作。WTO 的决策活动不是由秘书处而是由成员主导下完成的。决策活动的实质上的参与者是各成员政府驻日内瓦的相关主管职员,秘书处只是协助他们完成工作而已。

WTO 的几乎所有经费来自成员所缴纳的会费,各成员承担的会费分摊比例是根据其进出口总额在所有成员货物和服务贸易总额中所占的比例来决定。

2002 年的秘书处预算是 1 亿 4031 万 3850 瑞士法郎。该年度分摊比例较多的 5 个国家是:美国 15.723%、德国 9.291%、日本 6.629%、英国 5.862%、

---

[24] 《WTO 设立协定》第 6 条第 1 款。
[25] 《WTO 设立协定》第 6 条第 2 款。
[26] 《WTO 设立协定》第 6 条第 3 款。
[27] 《WTO 设立协定》第 6 条第 4 款。

法国 5.541%，最低的会费分担比例也不得低于 0.015%（2 万 1315 瑞士法郎）。

(f) WTO 总干事

由于 1995 年 1 月 WTO 成立时总干事人选仍然未得到确定，一直到同年 4 月为止，原 GATT 总干事 Peter Sutherland（爱尔兰，主管竞争政策的原欧共体委员）履行了 WTO 总干事的职务。5 月开始，Renato Ruggiero（意大利，贸易部长）被任命为总干事，任期 4 年。因为美国和多数发展中国家要求非欧洲出身者出任总干事，而反对 Ruggiero 任总干事，最后作为妥协的办法，Ruggiero 的任期被削减了 1 年。计划下一任总干事由非欧洲出身的人担任，但因选拔工作陷入困境，一直到 Ruggier 的任期届满为止新任总干事还没有被选出。最后从 2 位最终候选人中选出 Mike Moore 就任总干事，从 1999 年 9 月起任期为 3 年。另一位候选人 Supachai Panitchpakdi 从 2001 年 9 月开始就任总干事，任期同样为 3 年。GATT 时期，总干事全部由欧洲人担任，而且除最后一位总干事任期较短以外，其他总干事的任期都很长。例如，Eric Wyndham White（英国，1948 年至 1968 年）、Olivier Long（瑞士，1968 至 1980 年）、Arthur Dunkel（瑞士 1980 年至 1993 年）、Peter Sutherland（爱尔兰，1993 年至 1994 年）。到 Arthur Dunkel 为止，历任总干事中没有一位是政治家出身的，从 Peter Sutherland 开始，政治家被任命为总干事是一大特色。

(2) WTO 的决策程序

WTO 在决策方法方面继承和维持了 GATT 的做法，原则上以协商一致的方法作出决定。[28] 协商一致是指："如在作出决定时，出席会议的成员均未正式反对拟议的决定，则有关机构应被视为经协商一致对提交其审议的事项作出了决定"。[29]

根据协商一致的做法，只要参加会议的成员代表不作出正式反对的意思表示，协商就能成立，从这一点来看，协商一致与全体一致的决策方法有所不同。

无法经协商一致作出决定时，根据"一成员一票"的原则以过半数的多数就争论的事项作出决定。但是，已经得到共识的通过投票方式作出决定的范围只限于部长级会议和总理事会的决策程序，在分支机构的决策过程中无法达成协商一致的情况下，争论的事项应被提交到上级机构决定。

---

[28]《WTO 设立协定》第 9 条第 1 款。
[29]《WTO 设立协定》第 9 条第 1 款注释 1。

通过对《WTO 设立协定》以及多边贸易协定所做的解释,应由成员的 3/4 多数作出[30],有关对《WTO 设立协定》以及多边贸易协定要求一成员承担的义务给予豁免[31]的决定,应由成员的 3/4 多数作出。有关接受新成员的决定,应由 2/3 的多数批准关于加入条件的协议。[32] 但是,1995 年 11 月,关于义务豁免的决定和申请加入的批准,总理事会已达成协议,即原则上要求经过协商一致的方式作出决定,只有在无法经过协商一致作出决定的情况下,方采用投票方式。达成上述协议的原因在于,随着 WTO 成员的增加,不参加投票的成员也有所增加,在作出有关义务豁免和加入申请的决定时,即使没有成员反对的情况下都很难保证必要的赞成票数。

WTO 没有采用类似 IMF 和世界银行的,以反映成员经济实力为原则的加重投票制度。但是,由于原则上采用了协商一致的决策方式,在决策过程中具有经济实力的成员的意见占据主导地位,其结果保证了避免作出不切实际、不现实的决策。

因为原则上采用协商一致的决策方式,在 WTO 的非正式会议上进行的磋商具有非常重要的意义。从参加特定会议的全体成员举行的非正式会议到由几个成员召开的非正式会议,通过协商一致进行表决之前的磋商在不同规模的非正式会议上进行。从 GATT 时代起,成员在所谓的"绿色会议室会议"(乌拉圭回合上参加会议的国家最多达到近四十个)上,就各种重要问题进行过非正式磋商。在 1999 年举行的西雅图部长级会议期间,为打开某些议题上的谈判僵局而举行的"绿色会议室会议"遭到了部分发展中国家的强烈反对。当时,阻碍部分发展中国家参与决策过程以及非正式会议透明度欠缺等问题,引起了发展中国家的不满。今后在短期内有必要为消除上述问题而改变现在的惯例,但从长远来看,为引导全体成员协商一致的形成过程,有必要根据贸易

---

[30] 《WTO 设立协定》第 9 条第 2 款。
[31] 在例外情况下,部长级会议有权决定对成员根据《WTO 设立协定》和多边贸易协定所承担的义务予以豁免(waiver)。成员得到义务豁免意味着可能合法维持本来是违反《WTO 协定》的国内措施。GATT 时代,缔约国团履行了在例外情况下对缔约国义务的豁免职权。义务豁免本来属于例外情况下的制度,但是在 GATT 时代相当数量的义务豁免得到了认可,例如 1955 年,美国农产品义务豁免几乎得到了无限期认可,变成导致 GATT 纪律松弛的一个原因。无期限义务豁免几乎等同于保留,以所有成员为对象的义务豁免实质上发挥了和修改法律同样的效果。WTO 为严格控制义务豁免,要求以 3/4(GATT 是 2/3)的多数作出决定,同时规定义务豁免的内容必须明确,期限超过 1 年的义务豁免必须每年审议一次。最近几年赋予义务豁免的对象有引进关税 HS 系统期限的延长、新的减让表作成期限的延长、减让表重新谈判期限的延长、有关赋予优惠待遇《GATT1947》第 1 条第 1 款义务的豁免等等。
[32] 《WTO 设立协定》第 9 条第 3 款。

量和地理分布等标准,设立一个由少数成员组成的委员会。

(3)《WTO 协定》的修改

WTO 的任何成员有权提出关于修改《WTO 设立协定》与《WTO 协定》附件1多边贸易协定条款的提案,提案应提交部长级会议。关于将拟议的修改是否提交各成员接受,部长级会议应经过议协商一致作出决定。[33] 在部长级会议上未能协商一致,则部长级会议应以 2/3 多数决定是否将拟议的修改提交各成员接受。修改的生效要以一定数的成员的接受为条件,其成员数因所要修改的条款的重要性而有所不同。关系到基本原则的《WTO 设立协定》第9条(义务豁免)、《GATT 1994》第1条和第2条(最惠国待遇与减让表)、《GATS》第2条第1款(最惠国待遇)以及《TRIPS 协定》第4条(最惠国待遇)的修改,须经所有成员接受方可生效。[34]

《WTO 设立协定》、货物贸易多边协定以及《TRIPS 协定》的条款中改变成员权利义务的规定的修改,则经成员的 2/3 多数接受后,应对接受修改的成员生效。部长级会议可以成员的 3/4 多数决定,向在部长级会议对每种情况指定的期限内未接受修改的任何成员提出退出 WTO 的要求。根据同样的决定,经部长级会议同意,未接受根据本款生效的任何修改的成员仍有可能保留 WTO 成员的地位。[35]《WTO 设立协定》、货物贸易多边协定以及《TRIPS 协定》的条款中不改变成员权利义务的规定的修改,则经成员的 2/3 多数接受后,应对所有成员生效。[36]

WTO 任何成员均可提出修改《DSU》和《TPRM 协定》条款的提案。部长级会议批准《DSU》条款修改的决定须经协商一致作出,批准《TPRM 协定》修改的决定,应根据《WTO 设立协定》第9条第1款规定的决策程序作出。[37]

对一某诸边贸易协定的修改应按该协定的规定执行。关于终止某一诸边贸易协定的决定,应根据《WTO 设立协定》第9条第1款规定的决策程序作出。[38] 在附件4中追加新的诸边贸易协定的决定,只能经协商一致作出。[39] 如上所述,1997年末,《国际奶制品协定》和《国际牛肉协定》已终止适用。

---

[33] 《WTO 设立协定》第10条第1款。
[34] 《WTO 设立协定》第10条第2款。
[35] 《WTO 设立协定》第10条第3款。
[36] 《WTO 设立协定》第10条第4款。
[37] 《WTO 设立协定》第10条第8款。
[38] 《WTO 设立协定》第10条第9款。
[39] 《WTO 设立协定》第10条第10款。

(4) WTO 的法律人格与特权豁免

WTO 是正式国际组织,具有法律人格。[40] 关于 GATT 是否是一个国际组织,因为没有条约上的明确规定,所以它被认为是"习惯法上的国际组织"和"事实上的国际组织"。

WTO 每一成员均应给予 WTO 履行其职能所必需的法定资格。[41] 每一成员都明确承认 WTO 是权利义务关系的主体。GATT 是以缔约国团、国际贸易组织临时委员会(Interim Commission for the International Trade Organization, ICITO)、ICITO/GATT 等名义履行法律行为的。WTO 每一成员均应给予 WTO,WTO 官员和各成员代表履行其职能所必需的特权和豁免。[42]

WTO 有权与所在国签订总部协定,并于 1995 年 6 月,WTO 与瑞士联邦缔结了总部协定,该协定于同年 11 月生效。协定规定瑞士政府向 WTO 提供设施,给予特权和豁免。

(5) WTO 的成立

(a) 创始成员

成为 WTO 创始成员的条件如下[43]:第一,《WTO 设立协定》生效之日的《GATT 1947》缔约方和欧共体(the European Communities);第二,接受《WTO 设立协定》和多边贸易协定;第三,在货物贸易领域里作出减让和在服务贸易领域里作出承诺。《WTO 设立协定》为满足上述条件的国家的接受一直开放到 1996 年年底,这一期限被稍加延长之后到 1997 年 3 月为止,所有 GATT 缔约方都加入了 WTO。[44]

---

[40]《WTO 设立协定》第 8 条第 1 款。
[41] 同上。
[42]《WTO 设立协定》第 8 条第 2、3 款。
[43]《WTO 设立协定》第 11 条第 1 款。
[44] WTO 成立后加入的成员如下:厄瓜多尔(1996 年 1 月 21 日)、保加利亚(1996 年 12 月 1 日)、蒙古(1997 年 1 月 29 日)、巴拿马(1997 年 6 月 9 日)、吉尔吉斯(1998 年 12 月 20 日)、拉脱维亚(1999 年 2 月 10 日)、爱沙尼亚(1999 年 11 月 13 日)、约旦(2000 年 4 月 11 日)、格鲁吉亚(2000 年 6 月 14 日)、阿尔巴尼亚(2000 年 9 月 8 日)、阿曼(2000 年 11 月 9 日)、克罗地亚(2000 年 11 月 30 日)、立陶宛(2001 年 5 月 31 日)、摩尔多瓦(2001 年 7 月 26 日)、中国(2001 年 12 月 11 日)、中国台湾地区(2002 年 1 月 1 日)、阿尔美尼亚(2003 年 2 月 5 日)。

(b) 加入和退出

任何国家或独立关税区[45]都可按它与 WTO 之间议定的条件加入 WTO。在此所说的加入的意思是指,接受《WTO 设立协定》和所有多边贸易协定。[46]对新成员加入的附加条件的理由是,因为老成员履行了《WTO 协定》的义务,也要求新成员和老成员同样履行《WTO 协定》的义务。当然,根据申请加入的国家的情况不同,WTO 和申请加入国之间会就不同内容的条件达成协议。

国家和独立关税地区(本节中简称为"国家")提出加入申请后,总理事会将设立专门的工作组来处理这一申请。[47]

工作组(为所有成员开放,根据工作组的不同,会有 20 至 70 个左右的国家参加)以申请加入的国家提出的有关本国经济与贸易制度的文件、相关法律法规等资料以及参加工作组的国家与申请加入国之间进行的答辩材料为基础,审查申请加入国的贸易制度,促使申请加入国就按照 WTO 的规则必须制定和建立的国内制度和措施作出具体承诺。与多边谈判同步,参加工作组的国家可以和申请加入国之间进行双边谈判,谈判内容主要集中在货物贸易方面的减让(包括与农业和农产品有关的承诺)和服务贸易领域里的承诺问题上。完成上述谈判的基础上,得出向申请加入的国家发出加入邀请的结论后,工作组将提交报告。工作组报告包括总理事会作出的关于加入的决定、附加货物贸易减让表和服务贸易承诺表在内的加入议定书。在总理事会上承认加入的决定得到通过后,从申请加入的国家接受加入议定书之日后第 30 日起,加入议定书生效,申请加入的国家成为 WTO 的成员。

任何成员均可退出 WTO。[48]此退出是指退出《WTO 设立协定》和多边贸易协定,在 WTO 总干事收到退出通知之日起 6 个月期满后生效。退出 GATT

---

[45] 独立关税地区并非指独立的国家,它是指对《WTO 协定》和多边贸易协定规定的事项拥有完全自主权的地区。独立关税地区独立于与其所属的国家而成为 WTO 的成员。在 GATT 框架下,独立关税地区也可以成为缔约方。例如,我国香港地区和澳门地区在分别属于英国和葡萄牙殖民地时代是作为独立关税地区加入 GATT 的。香港于 1986 年 4 月,澳门于 1991 年 1 月加入了 GATT。这两个地区都是 WTO 的创始成员,中国恢复行使主权,这两个地区变成中国特别行政区后,他们仍然使用中国香港(Hong Kong, China)和中国澳门(Macau, China)的名称,以独立关税地区的身份保持着 WTO 成员的地位。2001 年 1 月,中国台湾地区是以台湾、澎湖、金门、马祖独立关税地区(Chinese Taipei)的身份加入了 WTO 的。

[46] 《WTO 设立协定》第 12 条第 1 款。

[47] 现在已经就 26 个国家的申请分别设立了工作组。阿尔及利亚、安德拉、阿塞拜疆、巴哈马、白俄罗斯、不丹、波斯尼亚货和黑塞哥维纳、柬埔寨、佛得角、哈萨克斯坦、老挝、黎巴嫩、马其顿、尼泊尔、俄罗斯、萨摩亚、沙特阿拉伯、塞舌尔、塔吉克斯坦、汤加、苏丹、乌克兰、乌兹别克斯坦、瓦努阿图、越南、也门。

[48] 《WTO 设立协定》第 15 条第 1 款。

的国家有,中国(1950年5月)、叙利亚(1951年8月)、黎巴嫩(1952年2月)以及利比亚(1953年6月)。但到现在为止还没有国家退出WTO。

(c) 多边贸易协定在特定成员间的不适用

由于政治上的原因,任何成员不同意彼此之间适用《WTO协定》[49]时,《WTO设立协定》规定允许该两个成员之间的不适用,但是,对新加入成员彼此之间要求不适用《WTO协定》时,必须在部长级会议批准关于加入条件的协议之前作出通知。[50] 新加入的成员也可以援用上述规定要求在与其他任何成员彼此之间不适用《WTO协定》。对于原来属于GATT缔约方的WTO创始成员,只有在这些缔约方过去已经援引《关税与贸易总协定》第35条,且在《WTO协定》对其生效时该条款在他们之间有效的前提下,《WTO设立协定》第13条的规定方可在该两成员之间适用。[51]

在蒙古、吉尔吉斯斯坦、格鲁吉亚和摩尔多瓦加入WTO时,美国曾援引上述第13条的规定拒绝在与这些国家之间适用《WTO协定》。但是,于1999年7月、2001年9月、2001年1月,先后撤销了对蒙古、吉尔吉斯斯坦和格鲁吉亚的《WTO设立协定》第13条的适用。

GATT时代也存在过认可缔约方相互之间不适用《关税与贸易总协定》的制度。[52] 日本于1955年9月加入GATT时,就有以西欧国家为首的15个国家援引《关税与贸易总协定》第35条,拒绝在他们与日本之间适用该协定。随后加入GATT的多数国家仍然对日本援用了第35条的规定。当然,除日本之外还有一些其他国家也遇到了被援引第35条的问题,随后多数援引被撤销。

3 WTO的职能

WTO多边贸易体制的基本目标是提高成员生活水平、保证充分就业、保证实际收入和有效需求的大幅度增长以及扩大货物和服务的生产和贸易,实现世界资源的最佳配置。[53] 这里所描述的WTO的目标和《关税与贸易总协定》前言所提出的目标(货物贸易的自由化)几乎是一致的。但是,《WTO设

---

[49] 《WTO设立协定》与附件1和附件2所列多边贸易协定。
[50] 《WTO设立协定》第13条第1款。
[51] 《WTO设立协定》第13条第2款。
[52] 《关税与贸易总协定》第35条。
[53] 《WTO设立协定》前言。

立协定》的前言[54]反映了时代的发展并提出了一些新的内容,即不单纯是资源的完全利用,而是提倡保护和维护环境,提倡符合可持续发展目标的资源的最佳配置,并明确提出以保证发展中国家在国际贸易增长中获得与其经济发展需要相应的份额。

为实现上述目标所采取的手段与《关税与贸易总协定》相同,即实质上削减关税和其他贸易壁垒,为废除贸易关系中的歧视性待遇而缔结互惠互利的贸易协定。为制定透明而可预见的有关国际贸易的国际法规则,通过扩大国际贸易来实现上述目标,《WTO 设立协定》规定 WTO 应履行以下职责:

(1)《WTO 协定》的实施

WTO 的首要职能是为《WTO 设立协定》和多边贸易协定的实施、管理和运用提供便利,并促进其目标的实现。[55] 负责诸边贸易协定的实施和运用的主体是根据每个协定的相关规定设立的委员会,但是 WTO 应为诸边贸易协定提供实施、管理和运用的体制框架。

(2) 提供谈判场所

WTO 应该履行的职能是提供谈判场所。[56] 谈判场所有两种情况:一是与现行《WTO 协定》项下的事项有关的多边贸易关系的谈判场所,另一个是与尚未成为《WTO 协定》对象的事项有关的多边贸易关系的谈判场所。有关前者的谈判场所仅限于 WTO。有关后者的谈判须服从部长级会议的决定,其谈判场所也可能在 WTO 的外部进行,WTO 可能对其谈判结果的实施提供体制框架。

(3) 争端解决

WTO 的第三个职能是解决成员之间因《WTO 协定》的解释和适用而引起的争端。[57] 这一职能是通过运用《DSU》来完成的。详见本章 4。

---

[54] 争端解决机构上诉机构认为,WTO 设立协定的前言给成员的权利和义务增添色彩、质感和阴影,作为特定条款(关税与贸易总协定第 20 条前言)上下文的一部分予以考虑是恰当的。参见"对虾海龟案"上诉机构报告,WTO/DS58/AB/R,para.155。

[55]《WTO 设立协定》第 3 条第 1 款。

[56]《WTO 设立协定》第 3 条第 2 款。

[57]《WTO 设立协定》第 3 条第 3 款。

(4) 贸易政策审议机制

WTO 的第 4 个职能是运用贸易政策审议机制(TPRM)监督成员的贸易政策。[58] 贸易政策审议机制的目的在于,通过对成员贸易政策和做法进行定期的集体评价和评估(peer review)提高其透明度,从而保证 WTO 成员更好地遵守《WTO 协定》的规则,以实现多边贸易体制的更加顺利运作。[59] 在乌拉圭回合中期审议会议(1988 年)上决定从 1989 年开始临时实施贸易政策审议机制后,根据《WTO 协定》的规定,该机制变成了永久性制度。

为实施贸易政策审议机制设立了贸易政策审议机构(TPRB)。[60] 在贸易政策审议机构所举行的会议上审议成员的贸易政策和做法。各成员贸易政策和做法的审议频率是,美国、欧共体、日本和加拿大每 2 年审议 1 次,其他贸易量较大的 16 个国家每 4 年审议 1 次,剩下的其他成员每 6 年审议 1 次。[61] 贸易政策审议机构以成员所提交的报告和 WTO 秘书处作成的报告为基础,审议成员的贸易政策和做法。[62]

(5) WTO 与 IMF 和世界银行的合作

WTO 的第 5 个职能是与 IMF 和世界银行(包括相关机构)进行合作。[63] 这三个国际组织的职能之间存在相互重复的部分,为实现全球性经济政策的更大一致性,三者之间的合作是必要的。通过三者之间的合作,防止国际货币政策、国际金融政策和国际贸易政策之间产生差异。通过 WTO 成立后立即进行的谈判,WTO 和 IMF(1996 年 12 月)、WTO 和世界银行(1997 年 4 月)分别签订了单独协定。

此外,虽然没有作为 WTO 的职能予以规定,WTO 也可为同其他政府间组织和非政府组织进行有效合作而作出适当安排。[64] 根据该条款的规定,WTO 和联合国秘书处为展开有效合作并作出全面安排互换了文件。但是,在 1994 年召开的 WTO 筹备委员会会议上就 WTO 与联合国之间没有必要建立制度上的关系这一问题各方曾经达成协议,因此 WTO 不是联合国的专门机构。在 WTO 筹备委员会会议上明确提出,并在《WTO 协定》中予以规定,在职能上与

---

[58] 《WTO 设立协定》第 3 条第 4 款。
[59] 《贸易政策审议机制》A 款(i)。
[60] 《贸易政策审议机制》C 款(i)。
[61] 《贸易政策审议机制》C 款(ii)。
[62] 《贸易政策审议机制》C 款(v)。
[63] 《WTO 设立协定》第 3 条 5 款。
[64] 《WTO 设立协定》第 5 条。

WTO 有联系的国际组织是 IMF、世界银行、WIPO、世界海关组织、食品法典委员会、国际兽医组织、国际植物保护公约秘书处以及作为非政府组织的国际标准化组织等。

4　WTO 争端解决程序

(1) 违反申诉与非违反申诉

WTO 争端解决程序中提出的申诉大多数属于以下情况,即某一成员(申诉国)主张另一成员(被申诉国)所采取的措施违反《WTO 协定》附件 1 中所列协定(适用协定)的规定,致使它在这些协定项下获得的利益受到了丧失或减损。被称作违反申诉的此类申诉属于《GATT 1994》第 23 条第 1 款(a)规定的申诉类型。此外,根据 WTO 争端解决程序规定,即使被申诉国的措施不违反适用协定,如果由于该项措施的实施,申诉国在适用协定项下获得的利益受到了丧失或减损,也可以提起申诉。被称为非违反申诉的此类申诉属于《GATT 1994》第 23 条第 1 款(b)规定的申诉类型。

与违反申诉一样,WTO 争端解决程序所规定的非违反申诉也是从 GATT 争端解决程序中继承而来的,再往前可追溯到 1942 年的《美墨互惠贸易协定》,因为从该协定中也可以发现规定非违反申诉的条款。包括《关税与贸易总协定》在内的贸易协定考虑到,缔约国之间进行谈判,根据相互主义原则所达成的关税减让的价值不仅被违反协定的措施所损害,而且也存在被不违反协定的措施所损害的可能性,因此导入了非违反申诉的申诉类型。GATT 历史上由专门的工作组或专家组审理的非违反申诉案件发生过 8 件,其中最著名的是认定因为不违反《关税与贸易总协定》规定的补贴的撤销(或导入),致使申诉国因关税减让而获得的利益丧失或减损的案件。[65] 还有一个受到关注的案件是"日本胶卷案",WTO 成立后美国申诉日本政府在胶卷和相纸的流通方面所采取的非违反措施导致美国因关税减让而获得的利益受到了丧失和减损,但是美国没能提供充分的证据而败诉。[66]

---

[65] "澳大利亚进口硫安补贴案"、"欧共体油粮种子补贴案",参见松下满雄、清水章雄、中川淳司编:《GATT/WTO 案例研究》,日本有斐阁 2000 年版,第 255—258 页、第 271—275 页。

[66] "欧共体油粮种子补贴案",参见松下满雄、清水章雄、中川淳司编:《GATT/WTO 案例研究》,日本有斐阁 2000 年版,第 271—275 页。

在违反申诉案件中,利益的丧失和减损被推定为存在。[67]《DSU》规定被申诉方可以提出反证推翻丧失和减损存在的推定[68],但是对国内产品和进口产品之间竞争关系的维持进行证明更加重要,单靠提出违反协定的措施没有给贸易量带来影响的证明不足以推翻利益的丧失和减损存在的推定。[69] 到现在为止,还没有提出反证获得成功的案件。

在非违反申诉案件中,申诉方必须提供详实的根据,证明不违反适用协定的措施导致了利益的丧失和减损。[70] 即要求申诉方证明,政府适用了非违法措施、在谈判关税减让等承诺时不能合理预见非违反措施、非违反措施和利益的丧失和减损之间存在因果关系等事项。[71]

在违反申诉案件中,专家组和上诉机构认定一项措施与适用协定不一致时,建议被申诉国使该措施符合该适用协定。[72] 在一个具体案件中,如不能达成争端双方同意的解决办法,争端解决机制的首要目标通常是保证撤销被认为与任何适用协定的规定不一致的有关措施,被申诉国承担撤销违反措施的义务。[73]

与此相反,根据非违反申诉,即被申诉国的一项非违反措施被认定造成有关申诉国利益的丧失和减损,被申诉国也没有必要承担撤销该措施的义务。[74]

此外,即使适用协定项下的申诉国利益没有受到丧失和减损,但是,如果被申诉国的非违法措施在妨碍该协定任何目的的实现,仍然可能被提起非违反申诉。即使不属于能够提起违反申诉与非违反申诉的情况下,也可以主张由于存在某种状态的结果,造成适用协定项下的利益丧失和减损,或适用协定的目的受到妨碍的申诉。[75] 这种申诉被称作状态申诉,属于《GATT 1994》第23条第1款(c)规定的类型。此种申诉并不以他国采取的措施为申诉对象,而是在由于经济情势的变化造成利益丧失和减损,或协定的任何目的的实现

---

[67] "发达工业国家进口限制案",参见松下满雄、清水章雄、中川淳司编:《GATT/WTO 案例研究》,日本有斐阁 2000 年版,第 259—262 页。《DSU》第 3 条第 8 款第 1 句、第 2 句。
[68] 《DSU》第 3 条第 8 款第 3 句。
[69] "美国石油产品进口税案",参见松下满雄、清水章雄、中川淳司编:《GATT/WTO 案例研究》,日本有斐阁 2000 年版,第 43—47 页。
[70] 《DSU》第 26 条第 1 款(a)。
[71] "日本胶卷流通措施案",参见松下满雄、清水章雄、中川淳司编:《GATT/WTO 案例研究》,日本有斐阁 2000 年版,第 276—285 页。
[72] 《DSU》第 9 条第 1 款。
[73] 《DSU》第 3 条第 7 款。
[74] 《DSU》第 26 条第 1 款(b)。
[75] 《DSU》第 26 条第 2 款。

受到妨碍的情况下,可以利用的申诉制度。

在服务贸易和与贸易有关的知识产权领域里所提起的非违反申诉和状态申诉的意义并不明确,《GATS》的争端解决条款并没有提到状态申诉[76],《TRIPS协定》规定WTO成立后5年内不承认上述两种申诉。[77]

(2) 争端解决程序的诸环节

(a) 磋商

关于一成员所采取的某一项措施是否与适用协定相一致而引起的争端中,提出申诉的成员应该事先向争端当事方提出磋商请求。受到磋商请求的成员应对对方的磋商请求给予积极考虑,并提供充分的磋商机会。[78] 任何成员应在受到磋商请求之日起10天内对该请求作出答复,并应在受到请求之日起30天的期限内开始进行磋商,除非双方另有议定。[79] 所有此类磋商应通知争端解决机构(DSB)及有关理事会和委员会,但是争端双方应保密磋商内容。

从WTO成立到2003年2月为止,共发生282件申诉案件,其中有40个案件通过磋商达成了双方满意的解决,还有24件因为被诉方撤销了存有争议的措施,申诉方撤销了申诉。

(b) 设立专家组

如果受到磋商请求的成员未在受到请求之日起10天之内作出答复,或未在受到请求之日起不超过30天的期限内或双方同意的其他时间内进行磋商,或在受到磋商请求之日起60天内,通过磋商未能解决争端,申诉方可向DSB请求设立专家组。[80] 申诉方提出请求之后,DSB应最迟在此项请求首次作为一项议题列入DSB议程的会议之后的DSB会议上设立专家组。设立专家组的决策因采用"反向的协商一致"的方式,即除非经过协商一致决定不采取一项行动(或不作出一项决定),就被认为决定采取该项行动的决策方式。[81]

设立专家组之后20天内除非争端双方另有议定,专家组应具有标准的职权范围(决定审议对象的范围)。[82] 专家组设立后60天之内选定专家组成员。作为专家组成员应充分具备的资格是:"曾在专家组任职或曾向专家组陈

---

[76] 《GATS》第23条。
[77] 《TRIPS协定》第64条。
[78] 《DSU》第4条第2款。
[79] 《DSU》第4条第3款。
[80] 《DSU》第4条第3、4款。
[81] 《DSU》第6条第1款。
[82] 《DSU》第7条第1款。

述案件的人员、曾任一成员代表或一《关税与贸易总协定》缔约方代表或任何适用协定或其先前协定的理事会或委员会的代表的人员、秘书处人员、曾讲授或出版国际贸易法或政策著作的人员,以及曾任一成员高级贸易政策官员的人员"。[83]

争端方或参加争端解决程序第三方的公民原则上不得担任专家组成员。[84] 专家组应由 3 名成员组成(如果争端方同意也可由 5 名成员组成)[85],专家组成员应以其私人身份任职。[86] 如在专家组设立之日起 20 天内,争端方未就专家组的成员达成协议,WTO 秘书处总干事在与争端各方磋商后,决定专家组的组成。[87] 专家组成员的多数由成员公务人员来承担,但有时也有学者专家等非公务人员被选定为成员。

(c) 专家组程序

专家组的职能是协助 DSB 履行《DSU》和适用协定项下的职责,为此,专家组应对其审理的事项作出客观评估,包括对该案事实背景以及有关适用协定的适用性和与有关适用协定一致性的客观评估,并作出可协助 DSB 提出建议或提出适用协定所规定的裁决的其他调查结果。[88] 专家组为履行其职能,一般采用以下程序:

(i) 制定专家组的工作程序和时间表。

(ii) 受理争端各方的书面陈述。

(iii) 召集第一次实质性会议,争端各方提出口头陈述,专家组提问。

(iv) 与参加争端解决程序并有实质性利害关系的第三方会晤,向第三方提出问题,争端方也可出席该会议。

(v) 受理争端各方提出书面辩驳。

(vi) 召集第二次实质性会议,争端各方进行口头陈述,专家组提出问题。

(vii) 向争端各方提交专家组报告的说明部分,对此争端方应在 2 周内提出各自意见。

(viii) 向争端各方提交中期审议报告(由专家组的认定和结论构成),争端方可以在 1 周内请求专家组重新审议中期审议报告。如果争端方提出请求,专家组应与争端各方举行新的会议。

---

[83] 《DSU》第 8 条第 1 款。
[84] 《DSU》第 8 条第 3 款。
[85] 《DSU》第 8 条第 5 款。
[86] 《DSU》第 8 条第 9 款。
[87] 《DSU》第 8 条第 7 款。
[88] 《DSU》第 11 条。

(ix) 向争端各方提交最终报告。

(x) 向所有 WTO 成员提交最终报告。

在上述程序的(ii)与(viii)之间,专家组适当召集协助专家组及其成员的 WTO 秘书处法务官员,以及专家组秘书参加的内部会议,讨论问题并起草专家组报告。自专家组的组成和职权范围议定之日起,原则上应在 6 个月内,向争端各方提交最终报告[89],但实际上最终报告的提交都超过了这一期限。

(d) 上诉机构的审议

争端各方向上诉机构提出申诉(上诉)的问题限于专家组报告涉及的法律问题和专家组所做的法律解释。[90] 与专家组不同,上诉机构是常设机构,并由 7 人组成。[91] 上诉机构应由具有被公认的权威并在法律、国际贸易和各适用协定所涉主题方面具有被公认的专门知识的人员组成,他们不得附属于任何政府。[92] DBS 应任命在上诉机构任职的人员,任期 4 年,每人可连任一次。[93] 任何一个案件应由 3 名上诉机构成员来审理。与专家组不同的是,具有争端方国籍的人员也有可能参加特定上诉案件的审理。上诉机构对上诉方的书面陈述、被上诉方的书面陈述、争端双方的口头辩论以及对上诉机构成员所提问题的回答、有第三方参加的情况下第三方提出的书面陈述和口头辩论等进行审理的基础上,起草上诉机构报告。自一争端方正式通知上诉决定之日起至上诉机构散发其报告之日止,原则上不得超过 60 天。[94]

(e) 专家组和上诉机构报告的通过

在没有争端方作出上诉决定的情况下,在专家组报告散发各成员之日起 60 天内,在 DSB 会议上以"反向的协商一致"的决策方式通过专家组报告。[95] 如争端一方作出上诉决定, DSB 以"反向的协商一致"的决策方式,在上诉机构报告散发各成员之日起 30 天内,通过上诉机构报告和被上诉机构修改的专家组报告。[96] 专家组和上诉机构报告得到通过之后,其内容将成为 DSB 的建议和裁决。WTO 成立后到 2003 年 2 月为止已有 69 份报告获得了通过。

(f) 建议和裁决的实施

DSB 作出建议和裁决,要求被申诉方使本国措施与适用协定相一致后,被

---

[89]《DSU》第 12 条第 8 款。
[90]《DSU》第 17 条第 4、6 款。
[91]《DSU》第 17 条第 1 款。
[92]《DSU》第 17 条第 3 款。
[93]《DSU》第 17 条第 2 款。
[94]《DSU》第 17 条第 5 款。
[95]《DSU》第 16 条第 4 款。
[96]《DSU》第 17 条第 14 款。

申诉方应迅速实施建议及裁决。如立即遵守建议和裁决不可行,应在合理期限内实施建议和裁决。关于合理期限争端双方之间不能达成协议时,通过仲裁来决定合理期限。[97]

(g) 关于建议和裁决遵守的争议

申诉方认为被申诉方为遵守建议和裁决所采取的措施与适用协定不一致时,可以通过争端解决程序来解决这一分歧。[98] 如果可能,此争端也可求助原专家组(第 21 条第 5 款专家组)来解决。专家组应在此事项提交其后 90 天内向争端各方散发其报告[99],对"第 21 条第 5 款专家组"报告涉及的法律问题也可向上诉机构提出申诉。被申诉方根据"第 21 条第 5 款专家组和上诉机构"报告采取新的执行措施的情况下,针对这一新的措施还有可能再次向专家组和上诉机构提起申诉。实际上发生过第 21 条第 5 款程序被重复利用的案件。

(h) 补偿

如被申诉方不能在合理期限内执行 DSB 的建议和裁决,在受到申诉方请求时应在合理期限期满前开始谈判,以达成双方均可接受的补偿。[100] 就补偿问题争端各方之间达成协议,被申诉方可以根据所达成的协议内容延期决议和裁决的执行期限。

(i) 报复措施

如在合理期限结束之日起 20 天内,争端双方未能议定相互满意的补偿,申诉方可向 DSB 请求授权中止对被申诉方实施适用协定项下的减让或其他义务。[101] 中止减让和其他义务的范围不仅限于争端发生的同一领域,有些情况下申诉方可寻求中止其他领域的减让和义务,即交叉报复。[102] 实际上发生过在货物贸易领域发生的争端中承认在知识产权领域采取报复措施的案件。[103]

DSB 授权中止减让和义务的决定仍然通过"反向的协商一致"作出,但是被申诉方有权就中止减让和其他义务的程度(应等于利益丧失或减损的程度)以及申诉方是否遵守交叉报复的程序和原则等问题提起仲裁。如果可能,

---

[97] 《DSU》第 21 条第 3 款(c)。
[98] 《DSU》第 21 条第 5 款。
[99] 同上。
[100] 《DSU》第 22 条第 2 款。
[101] 《DSU》第 22 条第 2 款。
[102] 《DSU》第 22 条第 3 款。
[103] "欧共体香蕉案",参见松下满雄、清水章雄、中川淳司编:《GATT/WTO 案例研究》,日本有斐阁 2000 年版,第 201—208 页,第 209—211 页。

此类仲裁应由原专家组作出,或由经总干事任命的仲裁员作出。

GATT 时代只发生过一件报复措施得到承认的案件[104],WTO 成立后至 2003 年 2 月止,已有 5 个案件中的交叉报复得到承认。即使报复措施得到承认后,也有不实施报复措施的情况。在更多的情况下,争端双方就是否实施报复措施进一步磋商以期达成相互满意的解决办法,因此,报复措施不应该被理解为结束争端的最终手段。

(3) 争端解决程序的目的和意义

乌拉圭回合谈判对《关税与贸易总协定》第 23 条规定的争端解决程序进行了全面修改,并就强化程序的强制性因素(所谓的"司法化")达成了协议。在此协议基础上形成的《DSU》对争端解决程序的每一环节作出了期限要求,并采用"反向的协商一致"决策方式排除了争端各方单方面随意阻止程序的可能。根据这一规定,成员之间发生的争端能够按规定程序得到迅速解决,同时,禁止成员针对其他成员违反《WTO 协定》规定的义务以及造成利益的丧失或减损情况发动单边措施。[105]

《DSU》适用于各成员之间因为《WTO 设立协定》、多边贸易协定、诸边贸易协定以及《DSU》本身规定的权利义务而引起的争端解决过程。[106] GATT 争端解决程序由于缺乏统一规定(程序条款分散于《关税与贸易总协定》以及东京回合签订的各别协定中)在法律适用上出现过混乱。WTO 对其框架下的所有协定规定了统一的争端解决程序从而解决了 GATT 遗留的问题。《DSU》的适用协定[107]本身包括特殊的争端解决条款,并且这些条款的规定和《DSU》的规定相互抵触时,应以适用协定的规定为准。[108]《DSU》与特殊争端解决条款之间不发生抵触时,两者应该得到共同适用,特殊争端解决条款在整体上不能取代《DSU》。[109]

---

[104] "美国奶制品进口限制案",参见松下满雄、清水章雄、中川淳司编:《GATT/WTO 案例研究》,日本有斐阁 2000 年版,第 289—292 页。
[105] 《DSU》第 23 条。
[106] 《DSU》第 1 条第 1 款。
[107] 《DSU》附件 2。
[108] 《DSU》第 1 条第 2 款。
[109] "危地马拉水泥案 I"上诉机构报告,WT/DS60/AB/R, paras. 65—67。

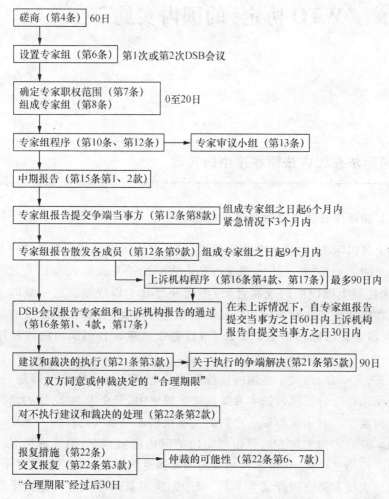

WTO 争端解决程序（《DSU》条款）

第4章 《WTO 协定》的国内实施

1 国际法在国内法律秩序中的实现

(1) 国际法在国内法律秩序中的地位

今天的国际法(这里主要是指条约)不仅规制国家的国际性活动以及调整国与国之间的关系,而且还向国家与私人之间的关系或私人与私人之间的关系(原来纯属于国内法的规制对象)渗透并对其予以规制。这一倾向尤其显著表现在国际经济法和国际人权法的领域里。因此,在保证国际法的实效性时,不仅需要在国际层面上的实施,而且更加依赖在各国国内法律秩序中的实现。

但是,另一方面,关于在国内法律秩序中怎样实现国际法的问题,一直以来是国际法留给各国国内法本身加以决定的事项,到今天为止,这一情况仍然没有任何改变。对国家与私人之间的关系或私人与私人之间的关系予以规制的条约本身对国内实施方法作出规定的情况也确实存在,但此种情况仍然是罕见的。即使在今天,在国家缔结条约同意接受国际义务约束的情况下,国际法只能要求国家遵守国际义务而已,至于国家对其国际义务应该赋予什么样的国内法上的效力,国际法并没有提出任何特定要求。一般而言,采用什么样的方法在其国内法律秩序中实现国际法是属于国家自由裁量范围内的事项,因此,国际法在国内法律秩序中的地位,也因每个国家的情况而有所不同。

如上所述,现在各国在本国国内法律秩序中实现国际法的规定时,一般首先在其宪法体制中规定具体方法。各国宪法规定的关于国内法律秩序中的国际法的地位,一般包括如下几方面内容:即在国内法律秩序中接受国际法的方法、国际法在国内法上的效力以及国际法与包括宪法在内的其他国内法之间的效力关系(国际法的地位)。例如,关于条约,现在,包括日本在内的多数国家采用的是原封不动全面接受的制度,并承认其在国内法上的效力(全面纳入理论或全面接受理论)。但是,有部分国家不承认条约本身的国内法上的效力,通过将条约改变成法律或法令等固有的国内法形式之后,试图在国内法律秩序中实现条约的内容(转换理论)。采用全面纳入理论并承认条约在国内法上的效力的国家中,条约在该国国内法律秩序中的地位也因国家而有所不同。例如,有的国家给条约赋予宪法之上的效力,有的国家给条约赋予宪法之下法律之上的效力,有的国家则给条约赋予与法律同等的效力。

(2)"可直接适用的"条约

在采用上述"全面纳入理论"并承认条约国内效力的国家的法律秩序中,条约并非原封不动地得到适用。确实,有些条约的规定显得非常明确,几乎达到了要求成员在其国内法律秩序中原封不动地适用条约的程度,或者还有条约干脆明确提出了必须直接适用条约的义务,但是,此种情况毕竟是少有的。作为国际谈判的产物,在多数情况下条约本身只规定一些抽象的国际义务而已,而将具体的国内实现方法交给缔约国本身来处理,因为条约的语言有多重含义且含糊不清,所以,为了在国内实施条约内容,明确而具体的国内立法是必不可少的。根据条约在国内的实施方法,应对以下两种条约予以区别:一是条约内容是原封不动的"可直接适用的"(directly applicable)条约或"自动执行"的(self-executing)条约,另一个是通过国内立法等某种国内措施间接适用的条约。

上述两种条约之间的区别体现在以下方面:前者与一般的国内法规一样直接规制国内的权利义务关系,国内法院可将其作为独立的判案根据予以适用。赋予条约超过立法机构制定的法律之上的地位的国家里,可直接适用的条约将约束立法机构,私人可以在国内法院提起诉讼指控违反条约的法律无效。在欧共体这一性质被称作"直接效果"(direct effect)。与此相反,非可直接适用的条约,即间接适用的条约只有通过立法等国内措施才有可能得到实施,如果不存在此种国内措施,它得不到在国内的实施,其结果可能引起违反国际义务的问题。在此情况下,私人无法在国内法院直接援引条约提起诉讼,只能通过国内立法寻求救济,但是,此类条约能够为国内立法提供解释上的根据。

判断一个条约是否属于可直接适用的条约,除了根据条约本身规定缔约方有义务直接适用的情况(存在国际法上的根据)以外,还要根据各缔约国国内法规定的标准。例如,一般来讲,国内法上有无明确的规定,条约的所有规定是否可直接适用、是否要求建立充分的国内实施程序、条约的内容是否违反本国宪法上的权力独立原则(例如,有关带来国家经费支出的措施,宪法是否要求立法机关制定法律)等等都会成为判断的标准。基于这些标准的评价是相对的,评价结果也因各国而有所不同。

在各国国内,法院是作出最终法律判断的主体,但日常的判断应该由作为条约国内实施机关的行政和立法机关等政治性机构来作出。但是,在给条约赋予超越法律的国内效力的国家,行政机关和立法机关对于条约直接适用性的认可持非常消极的态度。因为一旦认可了一项条约的直接适用可能性,将一直受该条约的约束,作为政治性机构的裁量权将受到显著制约。尤其是立法机关将不能制定违法条约的法律,其活动将受到很大的限制。即使尊重分权原则的国内法院也担心司法判断会制约政治机关的自由,而往往追随政治机关所采取的消极态度。其结果,多数条约直接适用的可能性将被否定,条约内容只能通过国内立法才得以实施。再一个结果就是,私人直接根据条约在国内法院提起诉讼的道路被堵死,私人监督条约的国内实施将会变得很困难。在没有制定国内法的情况下,除引起国际法上的责任以外,甚至会出现条约在国内无法得到实施的情况。可以说,不论根据上述哪种情况,对直接适用可能性未被承认的条约来讲,其义务的实效性得不到保证的可能性将会增大。

2 《WTO 协定》直接适用的可能性

(1) 《WTO 协定》直接适用的意义

如在本章第一节中所述,关于条约的国内实施不论采取什么样的方法,即直接适用还是通过国内立法来间接适用,都将对保证条约义务的实效性具有重要意义。尤其是规制国家与私人之间关系,或私人与私人之间关系的条约,如果能够得到直接适用,私人根据条约本身的规定在国内法院提起诉讼将会变得可能,因此可以期待私人在监督条约的国内实施过程中发挥一定的作用,以增强条约义务的实效性。

在研究《WTO 协定》的国内实施问题时,从保证《WTO 协定》的实效性这一角度考虑,能否直接适用的问题将成为重要论点。在此首先讨论直接适用《WTO 协定》的意义。

WTO 体制所倡导的自由贸易原则的理论基础主张根据比较优势原理进行国际分工和产品的自由交换,从而实现最大限度增大各国人民利益的经济学理论。这里所说的产品的自由交换,是指最大限度地减少政府对私人(私人和私营企业)经济活动的干预,通过保证私人经济活动的自由来实现自由竞争和资源配置的最优化,从而保证市场机制的运作。WTO 所追求的最终的自由贸易体制是,建立一个排除政府干预,保证自由竞争的市场机制,让私人意志得到最大限度尊重的经济体制。《WTO 设立协定》的前言也将"提高生活水平,保证实际收入和有效需求的大幅度稳定增长"作为一项目标而提出,从这里可以看出,WTO 体制的最终受益者是每个成员的国民。由此可以得出的结论是,每一成员是否在遵守 WTO 的自由贸易原则对成员国的私人来讲是个至关重要的事项。考虑到市场原理只有以私人为主要主体才能有效运作这一事实,应该期待私人能够发挥监督者的作用,以督促各国政府(具有容易采取保护主义贸易政策的倾向)遵守 WTO 自由贸易原则。

各成员直接适用《WTO 协定》的意义还在于,如果私人(WTO 体制的主要受益者同时又是市场机制的主角)来监督各国政府遵守《WTO 协定》的情况,而且私人能够提起诉讼指控政府违反协定,其结果将会大大增强《WTO 协定》的实效性。但是,在成员出于某种理由拒绝《WTO 协定》的直接适用可能性的情况下,与私人在市场机制中所发挥的作用相比,在《WTO 协定》的国内实施过程中私人所能发挥的作用将大大缩小,因此,《WTO 协定》的实效性也将会受到损害。

《WTO 协定》在国际层面上的实施所面临的局限性,也能说明直接适用《WTO 协定》的意义。WTO 争端解决程序,因为采用"反向的协商一致"的决策方式(程序的自动化)、导入上诉机构程序、设定程序环节的时间限制,以及增大采取报复的可能性等等,已经具备了司法化的性格。与 GATT 的争端解决程序相比,可以说其实效性已有了飞跃性的增强。但是,WTO 争端解决程序的最大局限性在于针对违反协定的后果不能提供足够救济。根据《DSU》第 3 条第 7 款的规定,争端解决机制的首要目标"通常是保证撤销被认为与任何适用协定的规定不一致的有关措施"。此外,"补偿"只是在"立即撤销与适用协定不一致的措施不可能的情况下,并到撤销为止的时间内可采取的临时措施"。而且《DSU》所规定的"最终手段"是"通过得到争端解决机构的承认,可歧视性中止适用协定项下的减让和其他义务的履行"。因此,对违反协定的救济,着眼于违反行为的事后矫正和撤销,为救济因违反行为而受损害的成员以及私人利益,并没有制定可溯及的特定履行和损害赔偿制度(违法征收关税的退还、政府采购中违法投标的撤销与重新实施)。WTO 的争端解决程序对特定履行和损害赔偿不予承认,无疑从事实上否定了因政府违反行为而受到直接损害的私人应该得到的有效救济。WTO 争端解决程序作为解决国家间争端的机制具有上述局限性,是因为它沿袭了将私人救济纳入国家外交保护的传统国际法制度,当然不是 WTO 特有的现象。但是值得关注的是国内实施可以补充国际实施的局限性。通过国内司法程序进行救济,不仅对违法行为予以事后取消,还能保证可溯及的特定履行和损害赔偿。如果《WTO 协定》得到直接适用,将打开私人通过国内司法程序得到救济的大门。如果作为违反

《WTO 协定》行为的直接受害者的私人能够寻求有效救济的制度得以确立，《WTO 协定》的实效性将会有一个飞跃性提高。

(2)《WTO 协定》关于国内实施义务的规定

条约本身对缔约国国内实施方法作出规定，尤其是就在国内直接适用条约义务作出规定的情况，虽然比较少见但确实存在。以下考察《WTO 协定》关于这一问题所表明的态度。

多数学者承认，《WTO 协定》的每个条款总结了《关税与贸易总协定》的经验，其内容十分明确而没有妥协余地，而且能够成为司法裁判的根据。此外，WTO 的争端解决程序已从外交谈判为核心的政治性程序转变成具有高度司法性质的相当精细的法律程序。但是，《WTO 协定》本身没有明确规定要求成员承担直接适用协定的义务。《WTO 设立协定》第 16 条第 4 款规定："每一成员应保证其法律、法规和行政程序与所附各协定规定的义务相一致。"这一条款也有可能被解释为在规定成员的义务，要求制定符合《WTO 协定》的国内实施法规。实际上，这一条款只是确认成员保证其法律、法规与协定规定的义务相一致这一当然的义务而已，正确的解释应该是该条款在表明协定的态度，即将国内实施的具体方法交给成员自己来处理。当然，这一条款也没有否定《WTO 协定》的直接适用可能性。

在乌拉圭回合《WTO 协定》的起草过程中，为改善《关税与贸易总协定》规则的国内实施状况，瑞士曾经提出过如下有趣的提案。根据瑞士的提案，使 GATT 每个缔约方选择特定的《关税与贸易总协定》规则，并要求成员依据相互主义原则在其本国内部直接适用所选择的规则。该提案的意图在于，给每个成员提供一个关于直接适用可能的《关税与贸易总协定》规则的选择权，同时，在其本国承认同样的《关税与贸易总协定》规则的范围内，给私人提供一个直接援引进口国所选择的《关税与贸易总协定》规定并在进口国内法院提起诉讼的机会。瑞士曾经提议将上述内容写进《WTO 协定》的文本中，但该提案并没有引起参加谈判国家的足够重视，最终没有被采纳。尽管如此，以这一事实为根据断定起草者试图否定《WTO 协定》的直接适用可能性是不切实际的。总之，关于整个协定或协定的部分条款是否能够直接适用，《WTO 协定》本身没有明确作出规定，而将判断的权利留给了每个成员。

在一个具体案件中，WTO 争端解决机构设立的专家组曾经作出过如下认定："成员根据《WTO 协定》所承担的义务，尤其是在特定案件中经过《DSU》规定的争端解决程序后应该承担的义务，是否为私人创造了一个通过国内法院必须得到保护的权利，仍然是个悬而未决的问题。迄今为止，事实上 WTO

的机构关于任何义务从未作出它会产生直接效果的解释,这一点并不排除在某一成员国内法律体系中,根据该国宪法原则某一义务被认定为赋予私人权利的可能"。[1]

3 《WTO 协定》在美、欧、日的国内实施

本节讨论形成 WTO 体制三个重要势力的美国、欧共体(EC)以及日本所采取的有关《WTO 协定》的国内实施方法。尤其是重点考察《WTO 协定》在这些国家内部能否得到直接适用的问题。而且在必要的限度内,论述以上各国一般的关于条约的国内接受体制以及对《WTO 协定》的前身《关税与贸易总协定》的接受情况。

(1) 美国

(a) 条约的国内接受体制

根据《美国宪法》第 6 条第 2 款规定,众议院以 2/3 的赞成票承认的"条约"(treaty)(美国缔结的国际协定中得到众议院承认的被称作条约),和宪法和法律一样属于"国家的最高法规"(supreme of the land)。这一规定被解释为,美国国内法律秩序原封不动地接受了条约并承认其国内法上的效力,就"条约"与其他国内法的关系而言,条约至少应该被赋予与联邦制定法同等的地位。因此,美国需要制定"条约"与联邦制定法的规定产生矛盾时被用来解决问题的规则,自最初的最高法院的判例之后,适用后法优先(lex posterior derogant priori)的原则已经得到了确立。

如上所述,在美国,"条约"一词所具有的意思是限定性的。在不必经过众议院承认的广义的条约或国际协定(international agreement)中,总统签署的协定被称作"行政协定"(executive agreement)。在美国总统事先得到国会授权后缔结的,或总统缔结后国会通过制定法律予以承认的"行政协定",被赋予与联邦制定法同等的法律效力。以此相反,在国会没有任何形式的参与的情况下总统根据宪法上的固有权限缔结的"行政协定"的地位将处于联邦制定法之下。

由此可见,在美国法律中调整国际协定和国内法优劣关系的决定性因素是国会的立法意志。能够变更联邦法的是得到国会某种形式的承认的国际协定,国会保留了通过制定新的法律将此类国际协定的内容予以变更的权限。

---

[1] "美国 301 条款案"专家组报告,WT/DS152/R, para. 7.72 note 661。

当然,即使新的联邦制定法否定了被接受为美国法律的国际协定的效力,美国国际法上的义务仍将继续存在,不履行义务时将构成违反国际法。

本章中所称的"可直接适用的条约"理论,在美国法律上被称作国际协定的"自动执行"理论。根据美国法律,自动执行的国际协定是指约束美国的同时协定本身直接而且立即在美国国内可以得到适用。与此相反,约束美国的协定本身能够在美国国内得到直接适用时,需要通过新的国内立法才能得以实现的国际协定属于"非自动执行"的国际协定。国内立法不一定完全采用国会立法的形式,也采取总统命令(executive order)或总统公告(proclamation)的形式。从理论上讲,约束美国的所有国际协定只有通过国内法规定的接受程序才能获得国内效力,因此没有通过国内立法程序的"非自动执行"的国际协定无法在国内得到实施,事实上等于不具备国内效力。

关于约束美国的国际协定是否属于自动执行的协定这一问题,在美国国会还没有作出决定予以明确的情况下,将由法院作出判断。但是,美国法院还没有审查过某一国际协定在整体上是否属于"自动执行"的协定这一问题,而只是审查协定特定条款的"自动执行"问题而已。迄今为止,法院主要审查的是,为弄清"签署成员在条约内容中所表明的意图"分析该条款,审查该条款是否"指向美国政府的司法部门",是否给美国公民赋予权利,或只是"要求美国政府作出一定的行为",等等。

(b)《WTO 协定》的国内实施方法

《美国宪法》第1条第8款规定,"国会有权赋课并征收关税",并"管理对外贸易"。因此,一般来讲,美国总统在与外国进行贸易协定的谈判和缔结,以及在国内实施贸易协定时,需要国会的合作与配合。通常情况下国会的合作是通过以下形式完成的,即国会授权总统、对总统签订的协定国会予以事后承认,或制定国内法律实施协定内容。尤其是在采取制定国内法律的方法时,国会在立法中承认贸易协定,并授权总统批准该协定。规定国会授权总统贸易政策权限的最初的贸易法是1934年《互惠贸易协定法》。根据该法律,总统被授予了为相互削减关税与外国政府缔结互惠贸易协定的权限。但是,自制定该法以来,国会将授权的期限限制在1至3年以内,以监督总统行使权限。

《关税与贸易总协定》也是总统经过国会授权后签订的协定,但是对此国会并没有予以承认,无论是作为正式条约,还是通过事后制定国内法。因此,作为行政协定的《关税与贸易总协定》是经过总统公告后被纳入国内法的。因为1934年《互惠贸易法》规定的美国国会的授权范围不明确,再加上国会拒绝承认《关税与贸易总协定》,致使其在美国国内法律中的地位变得含糊不清。有些州法院宣告了违反《关税与贸易总协定》的州法无效,但是联邦法院从未作出过任何判决判断《关税与贸易总协定》的地位将高于与其内容相违背的联邦法律。其原因在于联邦法院认为,没有得到国会承认的《关税与贸易总协定》的地位应次于联邦法律。其结果,《关税与贸易总协定》是否属于"自动执行的条约"这一问题从未得到过法院的充分审查。例如,曾经有一家美国法院作出过如下判决:"即使我们同意(当然我们不会同意)商务部的解释与《关税与贸易总协定》相抵触这一说法,但是,我们也不会认为《关税与贸易总协定》是决定性的因素。我们承认国会遵守美国根据《关税与贸易总协定》所负的责任时所得到的利益,但是,只有国会实际上作出的决定(而不是国会应该做的决定或我们认为可能要做的决定)才对法院有约束力。《关税与贸易总协定》的地位低于国内立法,本案中在成文法的规定与《关税与贸易总协定》相互矛盾的情况下,作出决定和救济的责任在于国会而不在于法院"。[2]

其他法院在审查国内法和国内行政机关的行为时,为了事实上无视《关税与贸易总协定》的遵守问题,经常援引这一判决。

1974年《贸易法》第一次明确授予总统签订非关税壁垒协定的权限,此前的贸易法只是给总统授权关税减让的谈判权限。但是作为对扩大权限应负出的代价,该贸易法要求总统在贸易谈判过程中必须经常与国会和国内的利益团体进行磋商,以及任何贸易协定都必须通过国会制定的法律才能得到实施。作为实现这一要求的手段,国会创设了比正常承认程序更迅速的,承认有关非关税壁垒贸易协定的快车道程序。

自1974年《贸易法》制定以来,必须经过国会事前或事后承认才能签订和实施贸易协定这一做法已经变成永久性制度了。国会为实现一定的目标将部分贸易协定的谈判权授予了总统,但是接受贸易协定的条件是,必须经过在众议院和参议院的过半数投票制定一项国内实施的法律。东京回合结束后签订的非关税壁垒协定,以及乌拉圭回合的结果签订的《WTO协定》都是通过此种谈判方式而达成的。

东京回合非关税壁垒协定是根据1974年《贸易法》授权给总统的谈判权限签署的,并通过1979年《贸易法》的承认后开始得到实施。因此,这些非关税壁垒协定被赋予了与联邦法律同等的地位,但这并不意味这些协定是自动执行的条约。国会明确宣布这些非关税壁垒协定是非自动执行的条约,1979年《贸易法》就是在国内实施这些非关税壁垒协定的立法。

乌拉圭回合(谈判结果是签订了《WTO协定》)的谈判权限是根据《1988年综合竞争力法》授权给总统的。当时,乌拉圭回合谈判正式开始已经过了2

---

[2] Suramerica de Aleaciones Laminadas, C. A. United States, 966 F. 2d 660 (Fed. Cir. 1992).

年的时间。1993年12月15日,美国总统表明了缔结《WTO协定》的意图,这一天比1994年4月15日在马拉喀什正式签署《WTO协定》只提前了120天,是总统根据1993年得到延长的快车道程序行使谈判权限可以缔结协定的最后一天。1994年12月1日,国会通过《乌拉圭回合协定法》对《WTO协定》予以承认,同时对国内实施的方法也作出了规定。1947年以来,美国国会第一次明确承认《关税与贸易总协定》是《WTO协定》的组成部分,对《关税与贸易总协定》在国内法上的地位作出了规定。在乌拉圭回合上对几乎所有东京回合非关税贸易壁垒协定进行了修改,这些协定作为《WTO协定》的组成部分,其国内法上的地位也和《WTO协定》一起得到了明确的承认。

关于《WTO协定》和美国法律之间的关系,《乌拉圭回合协定法》首先规定如下:"乌拉圭回合各项协定的每一个规定,或这些规定对任何人或任何情况的适用,在违反美国任何法律的情况下,都不具有任何效力"。[3] 关于私人申请救济的效果,《乌拉圭回合协定法》进一步规定,美国以外的任何国家的公民,"在乌拉圭回合各项协定项下,不具有任何提起诉讼的理由或提出辩护的权利",同时规定,"不得以美国联邦政府,州政府或州的政治性分支机构的任何作为与不作为违反乌拉圭回合各项协定为理由提起诉讼"。[4]

《乌拉圭回合协定法》中规定的《WTO协定》在美国国内法上的地位是低于法律,并在私人提起行政诉讼的情况下,否定了《WTO协定》的自动执行的性质。因此,在美国《WTO协定》只有通过国内立法,即《乌拉圭回合协定法》才能得到实施,可以说其直接适用可能性被完全否定了。这也同样意味着私人没有权利监督联邦政府或州政府是否在遵守《WTO协定》。

关于《乌拉圭回合协定法》更加值得关注的是,该法与联邦其他法律之间的关系。本来根据后法优先的原则,当先行存在的联邦法律与《乌拉圭回合协定法》发生矛盾时,理应判定以后者为准,但是国会却大大限制了该原则的作用。《乌拉圭回合协定法》第102条(a)(1)规定如下:

"解释——对本法的任何规定都不得作出出于以下目的的解释。
(A)修改和变更包括与下列问题有关的一项法律在内的美国法律:
(i)人、动物或植物的生命与健康的保护;
(ii)环境的保护;或
(iii)劳动者的安全;或
(B)包括1974年《贸易法》301条款,任何美国法所赋予的任何权限

---

[3] 《乌拉圭回合协定法》第102条(a)(1)。
[4] 《乌拉圭回合协定法》第102条(c)(1)。

的限制,但是,本法另有规定的除外"。

上述规定表明,尤其是有关与环境保护或产品标准有关的联邦法律,通过解释《乌拉圭回合协定法》对其进行变更的可能性已经被大幅度限制。再加之根据后法优先原则,国会在任何时候都有可能制定违反《乌拉圭回合协定法》的新的联邦法律,可以断定,国会给《WTO协定》及其国内实施立法(即《乌拉圭回合协定法》)所赋予的国内法上的地位是非常脆弱的,远远低于其他联邦法律的地位。因此,可以认为《WTO协定》在美国国内的实施时刻依赖于国会的意愿。

(2)欧共体

(a)欧共体区域内条约接受体制

欧洲联盟(EU)是第二次世界大战后发展起来的最大的区域经济一体化地区,1992年12月,完成区域内市场一体化过程后,根据1993年11月生效的欧洲联盟条约(《马斯特里赫特条约》)开始向政治一体化过渡。本节讨论关于欧共体(行使在欧盟内部负责国际经济事物的权限)和区域外第三国缔结的条约在欧盟区域内的接受体制。

《欧共体条约》第300条(原第228条)规定,根据该条款欧共体有权与区域外的第三国或国际组织签订条约,欧共体主要行政机关欧共体委员会负责为缔结条约的谈判工作,欧共体主要立法机关欧共体理事会(在有些情况下经过与咨询机关欧洲议会磋商)负责缔结条约。另外该条第7款规定,欧共体理事会所缔结的条约约束欧共体组织及其成员。这一规定显示,欧共体法律秩序接受欧共体所缔结的条约,欧洲法院(欧共体法院)在以往判例中也作出判决,此类条约原封不动地将构成"欧共体法律体系"不可分割的一部分。关于条约在欧共体法律秩序中的地位,欧共体法院在判例法中确立了如下解释,即此类条约的地位低于设立欧共体的基本条约(通常被称作"一次法"),而高于规则、命令和决定(通常称作"二次法"或"派生法")。

条约的直接适用可能性("直接效果")的概念在欧共体得到了独特的发展。欧共体不仅仅是成员国政府之间签订的协定,它形成了将成员国的私人(自然人和法人)也作为构成主体的超国家共同体。欧共体法律体系被认为有必要超越成员国的国内法律秩序而直接适用于私人。欧共体法院从这一立场出发,刚开始先承认成立欧共体的基本条约的直接适用可能性,然后又承认了欧共体组织的立法行为的直接适用可能性。

例如,《欧共体条约》第234条(原第177条)规定,在有关欧共体法律的国内实施问题上,成员国法院可以请求欧共体法院作出先行判决(preliminary judgment)。根据这一规定,私人在以成员政府采取的国内措施违反欧共体法律的任何规定为理由提起诉讼时,成员国法院是通过寻求欧共体法院作出先行判决,以判断相关欧共体法规的直接适用可能性。迄今为止欧共体法院在根据这一程序审理的案件中所作出的判决是:欧共体法律的各项规定本身已明确并无妥协余地,而且在没有立法措施等必要的补充性措施对其国内实施加以限制和保留的情况下,可在成员国内以直接适用的方式实施。

同样,欧共体对外缔结的条约在各成员国内的实施过程中出现问题时,因为这些条约构成欧共体法律体系的一部分,关于这些条约的解释和适用问题,成员国国内法院也可以请求欧共体法院作出先行判决。此时,欧共体法院可能被请求就这些条约在成员国内是否直接适用可能的问题作出判断。

此外,在欧共体法律秩序的层面上,也会引起包括欧共体对外缔结的条约在内的欧共体法律体系的直接适用可能性的问题。《欧共体条约》第230条(原第173条)规定,除成员和欧共体组织以外,也允许私人对其他欧共体组织的行为的合法性提出质疑,直接在欧共体法院提起诉讼。例如,私人以违反欧共体缔结的条约为理由,追究作为欧共体组织的行为结果的二次法的合法性时,欧共体法院在欧共体法律秩序的层面上不得不对这些条约的直接适用可能性作出判断。

(b)《WTO协定》在欧共体区域内及其成员国内的实施

首先从欧共体加入《关税与贸易总协定》说起。因为《关税与贸易总协定》是欧共体(欧共体的前身是1958年成立的欧洲经济共同体,即EEC)成立之前其成员签署的条约,再加之其规制对象是贸易政策等原因,它比通常的条约要复杂一些。根据《欧共体条约》第307条(原第234条)的规定,在欧共体成立之前其成员与域外第三国缔结的条约以及根据该条约产生的权利义务不受《欧共体条约》的影响。但是在贸易政策领域里,因为根据《欧共体条约》成立了关税同盟,欧共体必须在整体上采用实质上相同的贸易政策,每个成员的权限已被移交给欧共体组织。[5] 因此,根据欧共体组织的见解,欧共体是从成立之日起已从各成员那里继承了《关税与贸易总协定》的权利和义务,尽管没有经过GATT的加入程序,它也完全受《关税与贸易总协定》义务的约束。而且实际上欧共体组织代替各成员向域外的GATT缔约国行使了《关税与贸易总协定》项下的权利和义务。GATT和非欧共体GATT缔约方,也对欧共体行使《关税与贸易总协定》项下权利予以了默认;在根据《关税与贸易总协定》第23条处理的争端解决程序中,被申诉方是欧共体。可以说欧共体获得了事

---

[5]《欧共体条约》第131条(原第110条)和134条(原第115条)。

实上的《关税与贸易总协定》缔约方的地位。

关于被欧共体法律体系所接受的《关税与贸易总协定》在欧共体法律体系内的直接适用可能性也引起了一些问题。但是,欧共体法院在这一问题上采取了一贯否定的态度。1972年的"Third International Fruit Company案"是典型的案例。[6] 本案中,荷兰国内法院根据当时的《EEC条约》第177条(现行《欧共体条约》第234条),请求欧共体法院就如下问题作出先行判决,即规定限制域外第三国食用苹果进口的欧共体理事会规则是否违反《关税与贸易总协定》第11条而无效。

首先,欧共体法院宣告了如下一般原则:根据一个国际法规则争论欧共体组织所采取的措施的合法性时,被援引的国际法必须对欧共体具有约束力,而且从"赋予欧共体公民在法院能够援引的权利"这一意义上讲,该国际法规则必须是直接适用可能的。其次,欧共体法院承认了《关税与贸易总协定》对欧共体有约束力并同时指出,讨论《关税与贸易总协定》的直接适用可能性时,应该考察"《关税与贸易总协定》的精神、一般结构以及内容",然后作出了如下判决:

"根据《关税与贸易总协定》的前言,可以确认它是以根据"相互的与互惠的安排"所进行的谈判原则为基础的协定,其规定尤其是义务豁免的可能性、遇到例外困难时所能采取的措施,以及关于缔约方争端的规定具有很大的灵活性等因素决定了其特点。"[7] 其结果,"根据上述情况可以得知,《关税与贸易总协定》第11条并不赋予欧共体公民在法院直接适用的权利。因此,本案中被申诉的欧共体规则的效力不受《关税与贸易总协定》第11条的影响。"[8]

欧共体法院的判决是对《关税与贸易总协定》第11条直接适用可能性的直接否定,但是法院为否定直接适用可能性所援引的理由不仅限于《关税与贸易总协定》第11条,将对其他所有《关税与贸易总协定》的规定有效。实际上,欧共体法院通过考虑《关税与贸易总协定》的"精神,一般结构以及内容",援引与本案中所述理由同样的理由否定了其他《关税与贸易总协定》规定的直接适用可能性,《关税与贸易总协定》在整体上不能直接适用这一规则,已在欧共体判例法上得到了确立。

---

[6] Joined Cases 21-24/72,1972 E. C. R. 1219.
[7] 1972 E. C. R. 1227.
[8] 1972 E. C. R. 1228.

但是,欧共体法院在"香蕉案"[9]的判决中作出了值得人们关注的判断。本案中德国指控有关香蕉市场理事会规则违反《关税与贸易总协定》并且无效。欧共体法院在尊重以往判例否定《关税与贸易总协定》直接适用可能性的做法后指出,《关税与贸易总协定》的规定在欧共体法律秩序中具有重要的法律效果,根据情况在欧共体法院可能导致直接援引,然后判决如下:

> "只有在欧共体试图专门实施《关税与贸易总协定》规定的特定义务的情况下,另外在欧共体的行为明确参照了《关税与贸易总协定》特定规定的情况下,本法院才能够以《关税与贸易总协定》规则为根据审查欧共体行为的合法性。"[10]

"香蕉案"的判决虽然维持了否认《关税与贸易总协定》直接适用可能性的判例,但是,在欧共体积极履行《关税与贸易总协定》规定的特定义务的情况下,承认了该特定规定可以成为审查欧共体具体行为合法性的法律根据,可以说该判决显示了一定程度的灵活性。

与《关税与贸易总协定》不同,《WTO协定》是欧共体理事会和欧共体各成员缔结的所谓的混合协定。关于《WTO协定》的缔结权限,欧共体委员会向欧共体法院征求意见时,法院指出,对于作为《WTO协定》附件的《GATS》以及《TRIPS协定》,欧共体和共同体各成员的权限是共有的。《WTO协定》承认了欧共体与其成员一起获得正式成员的资格,因此,欧共体在GATT时代不稳定的法律地位得到了很大改善。[11]

1994年12月22日,欧共体理事会正式通过了承认《WTO协定》的理事会决定[12],与此同时,通过了一系列的域内实施立法。有关《WTO协定》的直接适用可能性方面值得关注的是,理事会决定明确宣布:"在其性质上,不能在欧共体法院或成员国法院直接援引《WTO协定》"。关于这一宣告的理由,在形成理事会决定原案的委员会提案中作出的说明如下:在美国等其他多数贸易伙伴都拒绝《WTO协定》的直接适用可能性的情况下,如果不在缔结《WTO协定》的欧共体的文件中明确规定排除直接适用的可能性,欧共体与其他WTO成员之间在实际履行《WTO协定》规定的义务时将产生明显的不平衡。

由此可见,欧共体的行政与立法机构在否定《WTO协定》的直接适用可能性时所主张的根据是消极的相互主义。但是,关于条约本身在成员国内具有

---

[9] Case C-280/93.
[10] 1994 E.C.R. I-5073-5074.
[11] 《WTO协定》第11条。
[12] 94/800/EC.

何等效力的问题,只要欧共体判例法上还没有得出明确结论,只有欧共体法院有权作出最终判断,以决定这些条约在欧共体范围内能否直接适用。《WTO协定》缔结后,关于《WTO协定》的直接适用可能性问题,欧共体法院对上述立法和行政机构的意向将作出如何评价,欧共体在考虑到《WTO协定》的内容已经变得细致而明确,以及争端解决程序高度司法化等情况后,是否会改变关于《关税与贸易总协定》的原来的判例,这是应该受到关注的问题。

1999年11月23日,在"葡萄牙诉欧共体理事会案"[13]的判决中,欧共体法院对上述问题作出了回答。本案是葡萄牙政府援引《WTO协定》,指控理事会决定无效的案件。在该案中欧共体法院第一次作出了否定《WTO协定》的直接适用可能性的判决。欧共体法院指出了以下几方面的理由,和《关税与贸易总协定》一样,《WTO协定》也是以为"缔结相互及互惠协定"的谈判原则为基础,WTO争端解决程序也保留了磋商解决问题的空间,还有欧共体的主要贸易伙伴否定了《WTO协定》的直接适用可能性。此外,欧共体法院还提到了否定《WTO协定》直接适用可能性的理事会决定(94/800/EC)与法院的解释是相一致的。

与欧共体行政和立法机构一样,欧共体法院提出消极相互主义的理由是出于对欧共体法律秩序中条约地位的实际考虑。如上所述,欧共体对外缔结的条约的效力,低于欧共体基本条约(被称作一次法)但高于欧共体组织的立法行为(二次法或派生法)。其结果,承认《WTO协定》的直接适用可能性,就等于欧共体组织在域内实施贸易政策时将要受到《WTO协定》的约束。与此相反,欧共体的主要贸易伙伴美国却在《乌拉圭回合协定法》中明确否定了《WTO协定》的直接适用可能性,这意味着,美国在其国内实施贸易政策时,不受《WTO协定》的任何约束。因此,只有欧共体单方面承认《WTO协定》的直接适用可能性将会明显违背相互主义原则。实际上,在欧共体内部,假设《WTO协定》能够得到直接适用,美国企业在欧共体设立的子公司在欧共体法院或其成员法院直接援引《WTO协定》,指控违反《WTO协定》的欧共体规则的无效性就变得可能。相反,欧共体企业在美国设立的子公司指控美国贸易措施违反《WTO协定》时,只能通过欧共体或本国政府,最终只能依靠作为国际实施手段的WTO争端解决程序。

"葡萄牙诉理事会案"的判决与上述"香蕉案"的判决一样,在欧共体组织试图积极实施《WTO协定》义务的特定情况下,认可了作为判断该项实施措施合法性的根据,可以援引《WTO协定》。这一做法可以理解成,一边坚持相互

---

[13] Case C-149/96.

主义,同时给欧共体政治机构提供一定的灵活性,给《WTO 协定》的特定规定赋予与选择性直接适用相同的法律效果。

(c) European Union 和 European Communities 及 European Community

根据《马斯特里赫特条约》成立的欧洲联盟(European Union;EU)是以原有欧洲三个共同体(ECSC、EEC,以及 Euratom)为基础,再加上共同的外交与安全保障政策以及司法和内务领域里的合作,从原来的经济一体化在向政治一体化方向发展。1995 年 1 月,已有 15 个成员加入欧洲联盟,其后还有东欧和转型经济国家等 13 个国家将要成为其成员。

但是,欧洲联盟的作用最终局限于为成员提供一个统一的制度框架,在国际经济关系领域里掌握行动权限的是欧共体(European Community,EC,即原来的 EEC)而不是欧洲联盟。欧洲联盟包括欧共体,但它本身并不具备国际法上的人格(至少在国际经济关系方面),因此,欧洲联盟不能缔结贸易领域里的国际协定或成为国际组织的成员。在国际经济关系中(不包括政治领域里的问题)将欧洲联盟(而不是欧共体)称作主体在法律上是不正确的。

根据《WTO 设立协定》第 11 条的规定,用复数表述的欧共体(European Communities)(即三个共同体的总称)才是 WTO 的原始成员。另外该协定第 9 条规定,如欧共体在 WTO 行使投票权,则其拥有的票数与欧共体成员国的数目相等。即《WTO 设立协定》所考虑的被赋予 WTO 成员资格的是欧共体(European Communities),1994 年 4 月签署马拉喀什最后议定书的也是欧共体。《WTO 协定》关系到《ECSC 条约》和《Euratom 条约》范围内的事项,而且这些事项不包括在用单数表述的欧共体(EC)的管辖范围内,因此三个共同体有必要全部加入 WTO。随后欧共体法院明确指出,《ECSC 条约》和《Euratom 条约》范围内的事项也属于单数表述的欧共体的管辖范围(Opinion 1/94),其结果,是用单数表述的欧共体缔结了 WTO 的各项协定。但是,《WTO 设立协定》中所表述的 European Communities 一词在当时已无法变更,只好保留原来的写法了。

(3) 日本

(a) 条约的国内接受体制

《日本宪法》第 98 条第 2 款规定:"日本国缔结的条约以及确立的国际法规,必须诚实遵守之"。尽管这一条款只是规定国际法的诚实遵守义务,但是在法律解释上被理解为,从以下两方面规定了有关日本的条约接受体制:第一,日本采用了原封不动地在国内法上接受国际法的"全面纳入理论",承认条约本身的国内效力;第二,关于国内效力得到承认的条约与其他国内法的关系

(地位),至少条约被赋予了高于法律的效力。有关宪法和条约的效力关系,在解释上至今存有争议,但是支持宪法优先说的占多数。

关于条约的直接适用可能性问题,日本的学说也受到了一些美国法律和欧共体法律的影响。有影响力的观点认为,作为国内法法院能够适用的条约限于以下情况,即"在内容上原封不动地可以适用的条约(self-executing)"和"不必采用更多的措施就可以适用的直接适用可能的条约"。长期以来,日本法院几乎没有考虑过条约的直接适用可能性问题,只是确认在宪法上条约具有国内效力,并直接对条约进行实体性解释并适用条约。但是20世纪80年代以后,尤其是在人权条约的解释与适用方面,日本法院开始注意审议条约的直接适用可能性和自动执行的性质。

(b)《WTO协定》的国内实施方法

日本是根据1955年9月签署的关于日本国加入《关税与贸易总协定》的条件的议定书(加入议定书)加入GATT的。1980年4月,日本接受了1979年的东京回合非关税壁垒协定。加入议定书和非关税壁垒协定都是国会正式批准的条约,根据宪法在日本国内具有法律效力。

关于在日本国内法律秩序中《关税与贸易总协定》是否直接适用的问题,在"西阵领带案"中第一次被提起,在该案中,法院事实上否定了条约的直接适用可能性。

该案的基本事实如下。日本政府为保护养蚕农户的利益导入了生丝进口一元化制度,其结果,生产领带面料的京都西阵公司不得不以高于国际价格的国内价格采购生丝。该公司主张生丝进口一元化制度违反《关税与贸易总协定》第7条以及第2条第4款的规定,并提起诉讼请求国家赔偿。京都地方法院就本案原告主张政府违反《关税与贸易总协定》的起诉,作出了如下引人注目的判决[14]:

> "原告指控的《关税与贸易总协定》条款的违反事实,将导致有关缔约方向违反协定的缔约方提出磋商请求或发动报复措施,致使违反协定的缔约方蒙受不利从而纠正违反协定的措施,除此之外不具有其他法律效力。因此,我们在此不能作出如下解释,即本案被指控的措施因违反《关税与贸易总协定》而无效,致使本案中所涉及的立法行为也违反法律"。

在本案中法院断定,违反《关税与贸易总协定》规定的措施所能产生的"法律效果"是,通过GATT争端解决程序使其他有关缔约方获得《关税与贸易

---

[14] 京都地裁昭和59年6月29日判决,判夕530号,第365页。

总协定》项下的权利,在国内不产生任何法律效力,法院最后驳回了原告的请求。通过上述判决可以看出,法院没有明确提到《关税与贸易总协定》的直接适用可能性,甚至几乎完全没有意识到有这样的问题存在。但是,关于私人为主张自己的权利能否直接援引《关税与贸易总协定》这一问题,法院却予以了否定,从结果上至少可以说法院否定了《关税与贸易总协定》的直接适用可能性。

本案后来被上诉到大阪高级法院,最后还被上诉到了最高法院。但是,大阪高级法院在上诉审判决中也认为,原告指控违反《关税与贸易总协定》的主张不恰当,并驳回了原告的请求。最高法院只是表明支持原审判决,最终导致原告败诉。[15]

1994年12月28日,《WTO协定》在日本国会得到承认,被公布为条约第15号,并于1995年1月1日对日本正式生效。与上述美国和欧共体的做法相反,关于《WTO协定》的国内实施措施,日本政府没有发表任何正式意见。日本对有关国内法进行了修改、废除以及完善,事实上,《WTO协定》将通过这些国内立法得到间接实施。在日本存在国内实施立法,并不一定是以否定《WTO协定》的直接适用可能性为前提的,在更多的情况下,条约是谈判各方相互妥协的产物,所以可能会因为条约内容的不明确而产生解释上的分歧。出于这一理由,在国内实施条约时对国内法进行修改和充实的目的只不过是为了明确实施机构在实施过程中作出判断,在日本这样做已经形成了惯例。

可以认为,日本政府对于《WTO协定》是否可以直接适用的问题不明确表态有以下实际方面的考虑。即这里所说的日本政府不仅包括外务省,还要包括与《WTO协定》的各个领域有关的中央政府其他机构。政府各相关机构都打算自己制定与其所主管的事物相关的国内法律从而确保各自对主管事物的权力,如果政府各机构都这样做,日本政府的统一意志将很难形成。即使调整各主管机关的立场,并在有可能统一各方意见的情况下,政府将根据什么样的权限来否定《WTO协定》的直接适用可能性,这一问题仍然没有明确的答案。但是,政府也会犹豫从而很难决定将问题移交给国会通过国会程序来否定《WTO协定》的直接适用可能性。另一方面,实际上,如果扎扎实实做好国内法律方面的工作,就能够充分应对好《WTO协定》的实施问题。可以推测,出于上述原因,日本政府索性没有认可积极表态的必要性。

问题是,在日本立法和行政机关的层次上,《WTO协定》是否可以直接适

---

[15] 大阪高裁昭和61年25日判决,判夕634号,第186页,最高裁第三小法庭平成2年2月6日判决,訴讼月报36卷12号,第2242页。

用,可以说还是一个尚未得到确定答案的问题。因此,就目前来看,私人主张日本政府的措施违反《WTO协定》而在日本法院提起诉讼,在法律上仍然没有被完全否定。《WTO协定》及其具体规定是否直接适用可能的问题,最后还要等待法院作出判断。如果法院遇到该问题,可能作出如下四个方面的选择:第一,一视同仁地对待《关税与贸易总协定》和《WTO协定》,或充其量认为后者是前者的继续,不做任何修改就适用上述"西阵领带案"初审判决中所提出的理由,否定《WTO协定》的直接适用可能性;第二,参考欧共体和美国否定直接适用可能性的做法,通过导入与欧共体同样的消极相互主义来否定直接适用可能性,或者,即使不明确予以否定也罢,以政治问题为理由规避作出判断而驳回原告起诉;第三,考虑规则的明确化、精确化、争端解决程序的司法化等《WTO协定》的新特征,作出肯定《WTO协定》直接适用可能性的新的判断;第四,与欧共体法院在上述"葡萄牙诉理事会案"中所做的判决那样,原则上否定《WTO协定》的直接适用可能性,但选择立法机关和行政机关试图积极实施的《WTO协定》的规定,在判断国内为实施协定规定时所采取的措施的合法性时,限制性承认这些被选择的规定作为法律解释的标准和根据所能发挥的功能。

从上述四个可选择的方法中,日本法院到底会作出什么样的选择,只有私人在法院以政府措施违反《WTO协定》为理由提起诉讼后,根据法院作出的反映来判断了。

4　小结

本章考察了《WTO协定》的国内实施方法,尤其是《WTO协定》在各成员国内能否得到直接适用这一问题。通过上述考察可以得知,美国和欧共体明确否定了《WTO协定》的直接适用可能性。在日本《WTO协定》是否可以直接适用,还没有明确的答案。但是因为日本的宪法体制赋予条约高于国内法令的效力,一旦认可《WTO协定》的直接适用可能性,立法机构的立法权限和行政机构的行政裁量权将会经常受到制约。在美国和欧共体不存在这一制约的情况下,日本法院是否认可《WTO协定》的直接使用可能性,值得怀疑。但是,消极相互主义发挥作用的空间并不是不存在。

如果《WTO协定》能够得到直接适用,它的实际效力将会大大提高。为维护自己的权利,如果私人能够在国内法院直接援引《WTO协定》,这些私人将会成为自由贸易体制的拥护者。但是,如在本章中所述,政治上的现实情况并不允许《WTO协定》在各国的直接适用。确实,国际法要求缔约国履行条约义务,但是关于采用什么样的履行方法,取决于各国的裁量权。应该注意的是,由于国家否定条约的直接适用可能性,各国在选择条约义务的履行方法上拥有超出必要限度的裁量权,这将导致条约义务化为有名无实,甚至危害条约义务的履行和实施。WTO成员应该努力实现的目标是,避免陷入消极相互主义的泥坑,争取向积极相互主义的转变,争取通过相互承认使更多的《WTO协定》的规定得到直接适用。

第 5 章 WTO 体制的基本原则

1 非歧视原则

非歧视原则是 WTO 体制的核心原则。《WTO 设立协定》在其前言中规定,成员缔结该协定的目的在于消除国际贸易关系中的歧视性待遇。从不同角度来看,国际贸易领域里的非歧视原则包括以下两点具体内容:一是成员在其他成员与第三方成员之间不制造歧视的最惠国待遇原则;另一个是在成员领土内对进口产品和国内产品一视同仁的国民待遇原则。

(1) 最惠国待遇原则

一般双边条约中的最惠国待遇条款均规定,无论现在与将来,关于条约所涵盖的贸易与经济活动等事项,任何一个缔约方给对方国民提供某种待遇时,保证所提供的待遇不低于提供给第三国国民的待遇。最惠国待遇的概念早在中世纪的欧洲已经开始存在。17 世纪末,出现了在条约文本中直接使用最惠国待遇这一用语的条约,随后,众多贸易条约都规定了最惠国待遇条款。但是,在很长的历史时期内,最惠国待遇所隐含的意思是,在少数国家之间歧视性地分享较为优惠待遇。19 世纪后期以来,随着规定最惠国待遇条款的条约的增多,最惠国待遇这一概念逐渐演变成表述贸易关系中的非歧视的平等待遇和政策的用语。

经过第一次世界大战,世界经济状况发生了很大变化,国际联盟在《联盟规约》第 23 条中列举国际合作的内容时规定:"应该采取措施,保证所有联盟成员在贸易领域里享受均衡的待遇。"但是在两次世界大战期间,由于所谓的经济集团化倾向的蔓延,各国之间无法实现贸易领域里的国际合作,一直到第二次世界大战结束后,《关税与贸易总协定》的签订才首次实现了多边条约框架内的最惠国待遇原则的制度化。WTO 继承了 GATT 的最惠国待遇原则,并将该原则规定在《关税与贸易总协定》以外的其他有关货物贸易的协定[1]和《GATS》[2]，以及《TRIPS 协定》[3]中。

最惠国待遇具有以下几方面的良性效果：不受关税税率高低的影响，效益最好的出口厂商能够将其产品销售到进口国；两国之间的双边承诺得到保证，使因双边承诺所产生的利益扩散至其他多数国家，以此来推动多边体制下的贸易自由化；非歧视待遇本身有利于建立良好的国际关系；各国关税与贸易规制得到简化；要求发动歧视性贸易限制措施的利益团体受到牵制等等。

(a)《关税与贸易总协定》

(i) 第1条第1款

《关税与贸易总协定》第1条第1款规定，WTO 成员有义务将给予来自一个国家的（包括 WTO 非成员）进口产品的待遇中的最优惠待遇，应立即无条件地给予来自其他所有成员的同类产品。这一条款的意义在于，它保证了一个 WTO 成员能够享有不受其他成员歧视的权利。而且，最惠国待遇原则同样适用于 WTO 成员给本国出口产品提供有利于他国待遇的情形，在本章中只要不加特别提示，所述最惠国待遇是指对进口产品和出口产品所提供的待遇。

最惠国待遇义务适用于以下事项：所有的关税（不限于约束关税，即通过关税减让其税率被限定的关税）和海关使用费等费用；进出口程序以及规则；国内税和费用；影响进口产品在国内的销售、标价出售、购买、运输、分销或使用的所有法律、法规和规定方面。此外，关于征收反补贴税的程序与规则（包括退还反补贴税的程序和规定），争端解决机构专家组曾经作出裁决指出，该程序与规则属于应该适用最惠国待遇义务的程序和规则。[4] 最惠国待遇义务也同样适用于关于反倾销的程序与规则。至于国内规则，因为很少由于在进口产品之间歧视性适用而引起争议，问题主要发生在是否将进口许可制度视作国内规则方面，专家组在裁决中指出，进口许可制度可以当作国内规则来处理。[5]

《关税与贸易总协定》第1条第1款规定的是无条件的最惠国待遇义务。

---

[1]《SPS 协定》第2条第3款、第5条第5款；《TBT 协定》第2条第1款、第5条第1款；《装运前检验协定》第2条第1款；《原产地规则协定》第3条(c)；《进口许可程序协定》第1条第3款；《保障制措施协定》第5条第2款。

[2]《GATS》第2条第1款。

[3]《TRIPS 协定》第4条。

[4] "美国拒绝对巴西斐橡胶鞋类产品提供最惠国待遇案"，参见松下满雄、清水章雄、中川淳司编：《GATT/WTO 案例研究》，日本有斐阁2000年版，第20—23页。

[5] "欧共体香蕉进口制度案"，参见松下满雄、清水章雄、中川淳司编：《GATT/WTO 案例研究》，日本有斐阁2000年版，第201—208页。

例如,在因为 B 国满足了 A 国所提出的条件,A 国对原产于 B 国产品提供有利待遇的情况下,即使 C 国不能满足 A 国向 B 国提出的条件,A 国也有义务将给予原产于 B 国产品的待遇,提供给原产于 C 国的产品。给最惠国待遇附加相互主义的条件(以相互提供有利待遇为条件的,附条件最惠国待遇)将违反《关税与贸易总协定》第 1 条第 1 款规定的要求。"比利时根据家庭补贴基金法征收费用案"[6]告诉我们,对原产于拥有特定国内制度的国家的产品提供国内费用的免除待遇,等于以特定国内制度为条件提供最惠国待遇,是违反《关税与贸易总协定》第 1 条第 1 款规定的做法。

对于同类产品,只是以原产国不同为理由,给来自特定 WTO 成员的产品提供不利待遇,也属于明目张胆(de jure)的歧视性做法,此种做法除非它属于下面将要讨论的例外情况之外,将构成对最惠国待遇义务的违反。即使在对同类产品(不论其原产国是哪个国家)一律提供同等待遇的情况下,当每个具体进口商只从特定原产国进口商品时,只给特定进口商的产品提供关税优惠待遇的做法,将构成对此特定进口产品原产国以外国家的同类产品的事实上的歧视,同样导致违反最惠国待遇义务的结果。[7]

关于"同类产品"的解释,通常的做法是以 1970 年 GATT 边境税调整工作组报告中的内容为基础展开争论。该工作组在结论中指出,同类产品的解释应该根据具体案件具体分析的方法来作出,作为在个案中判断一种产品和另一种产品是否属于同类的基准,工作组提议应该考虑以下几方面的因素:在一定市场条件下产品的最终用途、根据国家而有所不同的消费者嗜好和习惯、产品的性质以及品质等等。[8] 另外,GATT 以及 WTO 的争端解决专家组和上诉机构,在解释同类产品的判断标准时,除上述三个因素之外又增加了关税分类标准,试图界定同类产品的含义。但是,并不存在关于"同类"的绝对定义。同类产品这一概念不仅出现在《关税与贸易总协定》第 1 条第 1 款中,而且还出现在 WTO 附属协定的数个条款中。在"日本酒税案"中,为描述同类概念的相对性,上诉机构将其比喻成手风琴,指出其意思和范围将会有所伸缩。[9]

《关税与贸易总协定》第 1 条第 1 款规定的产品的同类性引起争议的情况是,WTO 成员不对原产国加以特定,并对可能被认定为同类产品的复数产品

---

[6] "比利家庭补助基金法案",参见松下满雄、清水章雄、中川淳司编:《GATT/WTO 案例研究》,日本有斐阁 2000 年版,第 13—15 页。

[7] "加拿大影响汽车产业措施案",WT/DS139,142/AB/R。

[8] BISD 18S/97,102.

[9] "日本酒税案",参见松下满雄、清水章雄、中川淳司编:《GATT/WTO 案例研究》,日本有斐阁 2000 年版,第 74—81 页。

征收不同税率的关税或制定并采取不同的国内措施。针对同类产品要求给予同等待遇的理由,在于维护产品的竞争关系。但是,在设定关税税率和采取国内措施等两种不同情况下,对产品的同类性进行相同的解释,这一做法不一定是妥当的。关于"同类产品"的含义,不仅存在对每一条款最恰当的解释,而且在同一条款被适用于不同场合时,有必要根据不同情况进行恰当的解释。

根据最惠国待遇原则,在关税税率方面更狭义解释同类产品的含义应该是正确的做法。为促进根据相互主义的谈判所达成的关税减让的成果,在一定程度上认可使不作出关税减让的国家(free ride)得不到关税减让的利益是必要的。尽管这样做会与最惠国待遇原则相矛盾,但因为关税削减毕竟是基于相互提供利益的成员国之间的减让这一考虑为基础,所以,如果不能对不违反最惠国待遇的"搭便车者"采取歧视性措施,关税减让谈判将变得很困难。此外,在 GATT 框架下,既然原则上允许各国利用征收关税来保护国内产业,那么在关税分类方面给各国留有相当程度的裁量权也是必然的事情。

在考虑给予第三国的最惠国待遇的同时,为只给双边协定的贸易伙伴提供特殊利益而对产品进行详细分类的做法也引起过争议。例如,1904 年德国和瑞士签订的协定中,德国承诺对"在海拔 300 米的山坡上饲养,而且在海拔 800 米的地方每年至少放牧一个月的大型山牛"的关税予以削减。如此赤裸裸地为照顾特定原产国利益而对产品进行分类的做法,应该是违反《关税与贸易总协定》第 1 条第 1 款规定的。但是,为从关税减让利益的受益者中排除"搭便车"国家的产品,允许根据产品所具备的一定程度上的客观因素,针对存在竞争关系的产品设定出于征收关税为目的的分类,是符合 GATT 惯例的。

"日本对桧、松、冷杉等木材(SPF)歧视性关税案"[10]中,日本对作为木材具有同样用途的原产于加拿大的 SPF 木材(8% 的关税)和原产于美国的非 SPF 木材(零关税)给予了不同的待遇。争端解决程序专家组否认了 SPF 木材和非 SPF 木材之间的同类性,并没有裁决日本违反《关税与贸易总协定》第 1 条第 1 款。专家组指出,木材的概念并不存在于日本关税税率表中,同时这一概念也不属于国际上承认的关税分类,这是其作出裁决的根据。专家组同时指出,如果是出于保护国内产业的必要以及关税减让谈判上的需要,比国际上承认的 HS(统一商品)关税分类作出更加详细的分类是正当的。

但是,在"西班牙生咖啡豆歧视性关税案"[11]中,对于属于不同种类的咖

---

[10] "日本对桧、松、冷杉等木材(SPF)歧视性关税案",参见松下满雄、清水章雄、中川淳司编:《GATT/WTO 案例研究》,日本有斐阁 2000 年版,第 31—34 页。

[11] "西班牙生咖啡豆歧视性关税案",参见松下满雄、清水章雄、中川淳司编:《GATT/WTO 案例研究》,日本有斐阁 2000 年版,第 16—19 页。

啡豆，专家组以最终用途相同等为理由将两者认定为属于同类产品，并作出裁决指出，对特定种类咖啡豆征收的关税（7％）和对其他种类的咖啡豆征收的关税（零关税）之间存在差异时，在申诉国主要出口前者的情况下，进口国的关税措施构成对最惠国待遇条款的违反。从该专家组所作出的裁决中可以看出其立场不同于以下观点，即认可为设定不同关税税率而对产品进行更详细的分类，从而在某种程度上不承认产品的同类性。

根据最惠国待遇原则，在国内措施的适用过程中关于产品的同类性发生争议的情况下[12]，因为不像关税税率引起问题时那样不存在政策上的考虑和需要，应该在考虑产品之间有无竞争关系的基础上，在更广泛的范围内判断产品的同类性。但是，"欧共同体关于家畜饲料蛋白质措施案"[13]中，专家组以"同类产品"在解释《关税与贸易总协定》第 1 条以及第 3 条时具有相同意义为前提，关于要求生产者和进口商购买国内（EEC 境内）产品的措施，以关税税率、关税减让率、蛋白质的含量、原料等方面存在差异为理由，否定了在引起争议的产品之间存在同类性的主张。

（ii）其他条款

与《关税与贸易总协定》第 1 条相同，该协定中还存在一些其他重要条款，以保证成员之间的非歧视待遇。其中，重要而且需要注意的是第 13 条，该条款规定数量限制的非歧视性适用，成员指控另一成员违反该条款的争议也经常发生。此外，在第 4 条（b）款（规定电影的放映时间）、第 3 条第 7 款（产品的混合规则）、第 5 条第 2、5、6 款（货物的过境）、第 9 条第 1 款（原产地标记）、第 17 条第 1 款（国营贸易企业）、第 18 条第 20 款（政府对经济发展的援助）、第 20 条（一般例外）等规则的适用过程中，均禁止成员采取歧视性措施。

（iii）最惠国待遇原则的例外

《关税与贸易总协定》所规定的最惠国待遇原则的例外，首先是第 1 条第 2 款以及第 24 条规定的特殊优惠制度。第 1 条第 2 款规定的是，在起草《关税与贸易总协定》时就已存在的优惠关税制度。随着殖民地从世界上的消失，该条款也逐渐失去了其存在意义。第 24 条是允许设立关税同盟和自由贸易区的规定。本书第 8 章将详细阐述关于关税同盟和自由贸易区的问题。

其次，作为最惠国待遇原则的例外，还存在基于普遍优惠制度的例外规定。1971 年，GATT 缔约国团会议通过了豁免决定，给发展中国家提供特殊的更加优惠待遇。1979 年，作为东京回合所达成协议的一部分，GATT 缔约国团

---

[12]《关税与贸易总协定》第 3 条第 2 款、第 4 款所列所有事项。

[13] "EEC 饲料蛋白质措施案"，参见松下满雄、清水章雄、中川淳司编：《GATT/WTO 案例研究》，日本有斐阁 2000 年版，第 35—38 页。

作出了被称作"授权条款"(enabling clause)的决定,使特殊待遇制度得到了永久性法律地位。

最后,除上述例外制度以外,《关税与贸易总协定》还规定了允许非歧视待遇原则例外的以下几个规则。《关税与贸易总协定》第6条的规定允许一成员方针对特定成员方的进口产品征收反倾销税和反补贴税。《关税与贸易总协定》第14条规定,作为非歧视性原则的例外,成员可以以国际收支困难为理由,采取歧视性进口限制措施。根据《关税与贸易总协定》第19条的规定,由于一成员采取紧急进口限制措施(safeguard),另一成员因此而受到影响时,受到影响的成员可以对采取措施的成员停止履行关税减让等义务。该协定第21条规定,允许成员以国防安全为理由违背最惠国待遇义务。该协定第23条第2款规定,一成员在《关税与贸易总协定》项下的利益因另一成员的行为而受到减损和侵害时,受侵害者可以停止给予另一成员的关税减让等利益。

(b)《GATS》第2条

《GATS》第2条规定的是,传统的、无条件的最惠国待遇原则。[14] 但是,在乌拉圭回合上,作为对"搭便车"现象的应对措施,美国强烈主张允许有条件的最惠国待遇,使有条件的最惠国待遇这一例外在法律文本中得到了体现。根据这一例外制度,只要将不适用最惠国待遇的措施列入关于第2条豁免的附件中,原则上在10年之内(到2004年底为止),针对一定的措施可以不适用最惠国待遇原则。[15]《GATS》规定的其他认可背离最惠国待遇原则的规定,是关于经济一体化的条款。[16] (关于《GATS》,请参阅第7章3)

(c)《TIPPS协定》第4条

一直以来,保护知识产权的国际公约是以国民待遇为基本原则的,因为在知识产权领域里最惠国待遇原则被认为是没有必要的。但是,《TIPPS协定》考虑到,在有些成员在知识产权领域里将超国民待遇提供给外国国民的情况下,为保证其他国民不至于因此而受到不利待遇,在知识产权领域里也有必要制定最惠国待遇原则。[17] 但是有些例外规定允许,根据以往条约的规定给予外国人的待遇即使不符合最惠国待遇原则,也只以作出通知为条件,可以不对其他成员国国民提供此待遇。[18] (关于《TIPPS协定》的详细阐述,请参阅本书第7章4(2)(b))

---

[14] 《GATS》第2条第1款。
[15] 《GATS》第2条第2款。
[16] 《GATS》第5条。
[17] 《GATS》第4条第1句。
[18] 《GATS》第4条第2句。

(2) 国民待遇原则

最惠国待遇原则所寻求的目标是在进口产品之间保证非歧视待遇。与此相对应,国民待遇原则旨在保证消除进口产品和国内产品之间的歧视性待遇。进口产品在克服关税与其他进口限制措施等所有贸易壁垒,即跨越国境而进入进口国内市场之后,根据国民待遇原则,保证得到不低于进口国给其本国国民的待遇。在第二次世界大战前签订的贸易协定中,国民待遇原则的内容是有限的,但是在战后签订的贸易协定中,其适用对象得到了扩大,例如《日美通商航海条约》的相关规定。

与最惠国待遇原则一起,国民待遇原则将构成 GATT 和 WTO 的主要原则。尤其是关于《关税与贸易总协定》规定的国民待遇原则,"日本酒税案"[19]上诉机构明确指出,国民待遇原则在强化《关税与贸易总协定》规定的关税减让义务的同时,防止缔约方单方面减轻关于市场准入所承诺的义务,是抑止隐蔽性保护主义的重要规定。国民待遇原则的根本目的,在于避免缔约方适用国内措施(国内税的征收与国内规制)来推行保护主义。为实现此目的,国民待遇原则要求缔约方履行如下义务:即给进口产品提供与国内产品所享有的竞争条件完全相同的竞争条件。此外,国民待遇原则并不保证实现一定贸易量的期待,只是保护对国内产品和进口产品之间平等竞争条件的期待,因此,在适用过程中并不考虑对进口产品和国内产品所分别采取的国内措施之间的差异给实际贸易量所带来的影响等问题。

(a)《关税与贸易总协定》第 3 条

《关税与贸易总协定》第 3 条的目的,在于防止缔约方通过适用国内税和国内措施来推行保护主义。第 3 条第 2 款规定了关于国内税和其他国内费用(以下简称"国内税")的国民待遇。第 3 条第 4 款规定了关于产品的销售和使用的法律法规以及要件等除国内税以外的国内措施的国民待遇。《关税与贸易总协定》第 3 条的其他条款就不同情况下的国民待遇义务的适用与豁免的条件作出了规定,但是第 8 款规定了政府采购和生产补贴方面不适用国民待遇原则的重要例外。下面将重点阐述上述条款中特别重要的第 3 条第 2 款和第 4 款的规定。

《关税与贸易总协定》第 3 条第 2 款、第 4 款的目的,在该条第 1 款中表现得更具体,即成员"不得以为国内生产提供保护"为目的,对进口产品和国内

---

[19] "日本酒税案",参见松下满雄、清水章雄、中川淳司编:《GATT/WTO 案例研究》,日本有斐阁 2000 年版,第 74—81 页。

产品适用国内税和国内规制。在国内产品和进口产品之间存在竞争关系的情况下，如果对进口产品适用不利待遇（相对于国内产品来讲），其结果将是国内产品受到保护。因此，国民待遇原则要求 WTO 成员履行保证国内产品和进口产品之间公平竞争关系的义务。

但是，上述条款的规定并没有使用"国内产品和进口产品之间存在竞争关系"这一表述方法，而是使用了"同类产品"这一概念。因此，在判断一个具体的国内产品和进口产品是否属于同类产品时，有必要考虑两者之间是否存在竞争关系这一问题。

《关税与贸易总协定》第 3 条第 2 款的注释和补充规定（《关税与贸易总协定》附件 1）未使用同类产品这一用语，而只是规定了由于"直接竞争产品和替代产品"（以下简称直接竞争产品）引起争议的情况，因此，与第 3 条第 2 款有关的同类产品的竞争关系的含义，应该是指比直接竞争关系更狭义的竞争。在解释第 3 条第 2 款时，对同类产品和直接竞争产品予以区分的意义在于，在国内产品和进口产品属于同类产品的情况下，只要对进口产品征收超过对国内产品征收的国内税，将理所当然地被认为违背了第 3 条第 2 款。与此相反，国内产品和进口产品是属于直接竞争产品的情况下，除了对进口产品征收超过对国内产品征收的国内税以外，还要证明国内税的征收是以为国内生产提供保护为目的，才能构成对第 3 条第 2 款的违反。推导出上述解释的根据是，关于直接竞争关系作出规定的第 3 条第 2 款第 2 句，是通过使用"违反第 1 款所列原则的方式"这样的表述提到第 3 条第 1 款（规定不得以为国内生产提供保护的目的适用国内措施）的规定，但是第 3 条第 2 款的第 1 句并没有提到第 3 条第 1 款的原则。[20]

第 3 条第 4 款只规定同类产品，没有对直接竞争产品作出任何规定，也没有提到第 3 条第 1 款。因此，当判断一项具体的国内措施是否违反 3 条第 4 款时，没有必要考虑该项国内措施是否为国内生产提供了保护。[21] 因此可以作出如下结论，即第 3 条第 4 款中出现的产品的同类性是否存在将取决于国产品和进口产品之间存在的竞争关系。此外不应该忽略的问题是，根据第 3 条第 4 款被认定为同类产品的范围要比第 3 条第 2 款所规定的同类产品的范围要宽泛一些。不然，与适用国内税的歧视相比较，适用国内措施的歧视将更容易得到法律上的认可。既然如此，第 3 条第 4 款中所规定的同类产品的范

---

[20] "日本酒税案"，参见松下满雄、清水章雄、中川淳司编：《GATT/WTO 案例研究》，日本有斐阁 2000 年版，第 74—81 页。

[21] "欧共体香蕉进口制度案"，参见松下满雄、清水章雄、中川淳司编：《GATT/WTO 案例研究》，日本有斐阁 2000 年版，第 209—211 页。

围,也不超过第3条第2款所规定的同类产品和直接竞争产品的范围的总和。

上述解释,在"美国酒精饮料销售规制案"[22]和"美国汽车征税制度案"[23]中,被专家组所采用,这一解释是对目的效果方法论的否定。目的效果方法论是以第3条第1款"不得为国内生产提供保护的目的对进口产品或国产品适用"的规定为依据,主张将国内税和国内措施的规制目的以及这些国内措施对市场带来的效果,作为判断产品同类性的考虑因素。根据这一解释,如果国内规制及其所产生的效果不是为国内生产提供保护,那么就否定产品的同类性。这一解释原本是为给不构成保护主义的规制措施留下一条后路,但在第3条的文理解释上却很难站得住脚,因此遭到了"日本酒税案"上诉机构的否定。该案上诉机构的报告还指出,关于适用第3条第2款所必需的"不得为国内生产提供保护的目的对进口产品或国产品适用"的判断,不是根据保护主义的效果,而是以有无保护主义性质的适用为依据。但是,在目的与效果和保护主义性质的适用之间到底存在多大的差异,是个很难解决的问题。

(b)《GATS》第 17 条

《GATS》并没有把国民待遇原则作为一般的义务来规定,成员国只有在本国承诺表中所列的领域里,根据承诺表中所规定的条件和限制来遵守国民待遇义务。国民待遇本身被作为每个成员关于贸易自由化的特定承诺来处理,在这一点上,《GATS》与《GATT 1947》是截然不同的。

在成员作出承诺的领域里,为其他成员的服务或服务提供者给予的国民待遇,不仅是在形式上,而且是实质上能够得到保证。[24]

《GATS》对国民待遇所做的定义是:"给予任何其他成员的服务和服务提供者的待遇,不得低于其给予本国同类服务和服务提供者的待遇。"与本国同类服务和服务提供者所享有的待遇同等的待遇不能保证外国服务和服务提供者能够享有实质上的公平竞争条件时,必须给予外国服务和服务提供者更高的待遇。[25]（关于《GATS》的国民待遇,请参阅本书第 7 章 3）

(c)《TRIPS 协定》第 3 条

在《TRIPS 协定》中,国民待遇具有基本原则的地位。根据国民待遇原则,在有关知识产权的保护方面,WTO 成员给予其他成员国民的待遇不得低于给予本国国民的待遇。《关税与贸易总协定》所规定的国民待遇是指给予产品

---

[22] "美国酒精饮料销售限制案",参见松下满雄、清水章雄、中川淳司编:《GATT/WTO 案例研究》,日本有斐阁 2000 年版,第 61—64 页。

[23] "美国汽车税收案",参见松下满雄、清水章雄、中川淳司编:《GATT/WTO 案例研究》,日本有斐阁 2000 年版,第 65—69 页。

[24] 《GATS》第 7 条第 2 款。

[25] 《GATS》第 7 条第 3 款。

的待遇,而《TRIPS协定》所涉及的国民待遇是关于人的权利的问题。虽然原有保护知识产权的国际公约也规定了国民待遇原则,但是在《TRIPS协定》项下,有关知识产权的更加广泛的国民待遇得到了保证。(关于《TRIPS协定》,请参阅本书第7章4)

2　市场准入条件的改善

在《关税与贸易总协定》前言中明确要求缔约方作出的具体行动是,通过达成互惠互利安排,实质性削减关税和其他贸易壁垒。对此,《WTO设立协定》的前言予以明确确认的同时,进一步提倡以已经取得的贸易自由化的成果为基础,建立并发展多边贸易体制。

在《关税与贸易总协定》的起草过程中,谈判参加者们认识到的主要贸易壁垒是关税、数量限制、补贴和国营贸易。这些壁垒中的任何一个都可以被当作寻求保护主义的手段,但是针对这些贸易壁垒,GATT和WTO所采取的规制方法却大不相同。

只要关税不被限制,即缔约方(WTO成员)不承诺对特定产品的关税税率作出限制(将特定产品作为减让项目,设定减让税率),各国将拥有制定关税税率的自由。因此,GATT的基本目标是削减关税,这一目标是通过各国在被称作回合的历次多边贸易谈判中相互进行关税减让来实现的。

与关税不同,数量限制是被禁止的,一般要求废除数量限制。[26] 作为贸易壁垒,数量限制不同于关说的本质特点在于,无论外国产品的生产效率如何得到提高,都无法克服数量限制这一壁垒。还有就是,其内容不像关税那样具有透明度,而且不能成为政府财政收入的来源。因此,数量限制作为贸易限制措施,与关税相比较,在经济上不是一个合适的手段。

《关税与贸易总协定》(以及《WTO协定》)也作出了对补贴和国营贸易进行规制的规定。其他贸易壁垒的规制,例如,《海关估价协定》、《进口许可程序协定》、《装运前检验协定》、《TBT协定》、《SPS协定》、《TRIMS协定》、《政府采购协定》所规定的内容,对市场准入条件的改善来讲也是必不可少的。在WTO成立之前就已经着手研究的贸易简易化(trade facilitation)工作的重点在于简化或协调海关程序,其目标仍然是为了改善市场准入条件。

此外,《WTO协定》在服务贸易的市场准入方面也作出了详细的规定,将在本书第7章3中进行详细阐述。

---

[26]　《关税与贸易总协定》第11条。

(1) 关税谈判与减让

(a) 关税谈判

如在第 2 章中所述，GATT 曾经组织过八次关税削减谈判（回合），并在关税削减方面取得了重大成果。1954 年，缔约方举行 GATT 重新审议会议，经过各方达成协议所增加的《关税与贸易总协定》第 28 条第 2 款规定，缔约国团有权随时决定举行以削减关税为目的的"互惠互利"的谈判。

根据《关税与贸易总协定》第 28 条第 2 款(a)的规定，关税削减谈判可以每一个具体产品为单位，并通过适用有关缔约方同意接受的多边程序来进行。一直到第五次多边关税削减谈判（1960—1962 年的狄龙回合）为止，关税削减是以产品为单位进行的。随着回合次数的增加，谈判变得越来越复杂，能够取得的关税削减成果也受到了限制。因此，在决定开始肯尼迪回合的 GATT 部长级会议（1963 年 5 月）上决定，采取不分产品一律削减关税的方式。

根据被称作 Request Offer 方式的以产品为单位的减让方法，一国希望增加对另一国的特定产品的出口时，首先在"要求减让一览表"（Request List）中向对方提出削减某一产品关税的要求。其次，各国以自己所提出的要求得到同样的减让为基础，作出"提供一览表"，并在表中明确针对其他国家所提出的要求所能提供的减让。最后，关于特定产品的关税减让将进行一系列的谈判。通常情况下谈判按照以下步骤进行：第一，成为谈判对象的某一产品的主要出口国和进口国之间进行谈判。第二，从进口国针对主要出口国所提供的减让中其他第三国根据最惠国待遇得到利益的情况下，为了让其他第三国也作出相应的减让，进口国和其他相关第三国之间进行谈判。经过如此反复的谈判，各国所作出的减让将带来互惠互利的结果。第三，各国将对自己所作出的减让与其他国家所作出的减让在整体上是否平衡进行衡量或评估，并以此为基础确定"提供一览表"。

肯尼迪回合（1964—1967 年）上采用了 Formula 方式，除农产品领域里维持了以产品为单位的谈判方法以外，各国首先同意一律削减关税 50%，关于各国不能一律削减关税的敏感产品，作出了一个"例外一览表"，不包括在一律削减范围内。为了把例外控制在最低限度之内，制定出了用来抑止例外的程序方法，即对抗（confrontation）与正当化（justification）。在农产品关税削减方面，对农产品出口大国的澳大利亚、加拿大、南非以及新西兰并没有提出一律削减的要求，发展中国家也根据《关税与贸易总协定》的相关规定得到了豁免。

东京回合（1973—1979 年）的关税削减谈判仍然采用了 Formula 方式，但是对税率很高的关税和税率很低的关税一律进行 50% 的削减,其实际意义会有很大的差异。因此,为了处理由于欧共体各国关税税率相对均衡,进行一律削减对其带来不利的问题,东京回合上制定了能够反映现行关税税率不均衡情况的计算公式,来计算关税的削减比例。但是,关于农产品,仍然维持了以产品为单位的谈判方式。

东京回合关税削减所使用的公式

Z:削减后的关税税率;X:现行关税税率;a:常数(例如欧共体的常数是 16,那么 10% 的税率将变成 6.16%。日、美等国的常数是 14,那么 10% 的关税税率将变成 5.83%。

$$Z = \frac{aX}{a+X}$$

在乌拉圭回合(1986—1994 年)的关税减让谈判中,美国认为给 Formula 方式附加诸多例外是不妥当的,并主张采用 Request Offer 方式,但是其他主要贸易大国却仍然主张采用 Formula 方式。谈判各方最后决定,采用以产品部门为单位的 Formula 方式来削减关税。药品、医疗器械、建筑机械、啤酒、蒸馏酒精饮料、部分家具以及农用机械等产品被设定为零税率部门,谈判各方达成协议,原则上在 5 年内分阶段废除对这些产品征收关税。此外,谈判各方还就以下几点达成了协议,即关于化工产品关税税率的统一化、将税率 15% 以上的关税削减 50%、特定产品采取关税逐渐上升(根据加工深度逐渐提升关税税率)式(tarif escalation)削减等问题,致使发达国家农产品关税平均税率从 6.3% 削减至 3.8%。关税减让产品的比例,发达国家从 77% 上升到 99%,发展中国家则从 21% 上升至 73%。

除上述成果之外,作为乌拉圭回合的谈判结果,关于农产品市场准入条件的改善,《农业协定》作出了较为详细的规定(关于详细内容请参阅第 7 章 1)。《纺织品与服装协定》规定了关税削减、关税减让、非关税壁垒的削减、10 年过渡期内贸易的扩大、特别保障措施等内容,改善了服装和纺织品的市场准入条件(关于详细内容请参阅第 6 章 2)。

WTO 成立后,有关成员为削减信息技术(IT)产品的关税进行了谈判,并于 1996 年 12 月举行的部长级会议上,通过了关于信息技术产品贸易的新加坡部长宣言,并根据该宣言达成了《信息技术协定》(Information Technology Agreement,ITA)。接受该协定的 29 个成员和随后参加该协定的成员同意,在一定实施期内,取消对信息技术产品征收的关税和费用。2001 年 11 月举行的多哈部长级会议上决定开始举行新一轮谈判(多哈发展议题),在非农产品市场准入谈判和农业谈判中,将包括农产品市场准入的谈判。

(b) 关税减让

在关税削减谈判和新成员加入谈判过程中,各国所作出的关税减让将被记载到每个成员的减让表中。减让表被包括在历次谈判结束时作成的议定书或加入议定书中,作为附件的减让表在法律上是《关税与贸易总协定》第一部不可分割的组成部分。[27] 各成员在处理与其他成员之间的贸易关系时,给其他成员国产品提供的待遇不得低于减让表中所规定的水准。[28] 减让税率是允许各成员征收的最高税率,实际上存在有些成员设定低于减让税率的实际关税税率的情况。记载到减让表中的不仅仅是减让税率,此外还有诸如《关于解释1994年关税与贸易总协定第2条第1款(b)项的谅解规定》中所规定的"其他税费",以及《农业协定》所规定的关于限制农产品补贴的承诺等非关税壁垒也被记载于减让表中。

(2) 数量限制的禁止

《关税与贸易总协定》第11条第1款对数量限制(配额)、进出口许可制度等除关税和费用以外的进出口限制措施进行了广泛禁止。受到第11条禁止的不仅仅是根据法律法规所采取的强制性的限制或禁止进出口的措施,即使是非强制性措施,如果存在充分的诱惑或抑止等因素,而且有政府行为介入其中,对其仍然可以适用第11条对其予以禁止。[29] 迄今为止在GATT/WTO的争端解决程序中,被认定为违反第11条的措施包括最低进口价格制度、最低出口价格制度[30]、根据不特定条件发放许可的裁量性进口许可制度、只有产品的实际使用者才能得到进口许可的进口许可制度等等。

《TRIMS协定》在其附件的例示清单第2款中明确规定,以下几项措施将违反《关税与贸易总协定》第11条的规定,即对外资企业的进出口平衡要求、通过限制外资企业的可使用外汇来限制进口的措施。

《关税与贸易总协定》第11条第2款规定的是该条第1款的例外制度。在GATT争端解决程序所处理的案件中,有些成员援引关于农产品和水产品的第11条第2款(c)的规定,以主张本国对农产品和水产品所采取之进口限

---

[27] 参见《关税与贸易总协定》第2条第7款。
[28] 参见《关税与贸易总协定》第2条第1款(a)。
[29] "日本半导体第三国监督措施案",参见松下满雄、清水章雄、中川淳司编:《GATT/WTO案例研究》,日本有斐阁2000年版,第193—196页。
[30] 同上。

制措施的正当性,对此专家组作出裁定指出,适用第2款(c)的规定是错误的。[31] 在进口国出于社会政策方面的理由采取数量限制措施的情况下,进口国所面临的特殊情况以及为扩大进口所作出的努力并不能成为抗辩违反《关税与贸易总协定》第11条第1款的正当理由。[32]

此外,关于自愿出口限制、农产品进口限制、多种纤维安排等,在 GATT 时代,与《关税与贸易总协定》第11条的解释与适用相关曾经引起过很大争议的问题,分别在第6章2、第7章1、第6章2中做详细阐述。

在通过对进口产品和同类国内产品双方都能适用的国内措施来限制进口的情况下,《关税与贸易总协定》第3条和第11条是否同时适用于该国措施,或只能适用第3条,而排除第11条的适用,这一问题至今没有得到明确答案。在"加拿大外国投资审查法案"[33]中专家组所作的解释是,第3条适用于关于进口产品的问题,关于进口的问题则适用第11条,很难说这一解释在任何情况下都是正确的。《关税与贸易总协定》附件9第3条的注释及补充规定作出了如下规定,即适用于进口产品和同类国内产品的国内税和其他国内措施,如在进口时或在进口口岸对进口产品执行或征收,则仍应视为国内税或其他国内措施,并应遵守第3条的规定。对于适用第3条的措施,应该排除第11条的适用这一说法基本上站得住脚,其理由如下:第一,因为存在第3条的解释和补充规定;第二,第3条和第11条应该具有其独自的含义;第三,将不违反第3条的国内措施解释成不能适用于进口时或在进口口岸的进口产品,是不适当的。尽管如此,这一问题仍然需要进一步研究。

(3) 国营贸易

《WTO 协定》是以市场经济为前提的法律体系,其法律规制的大部分内容,是关于对在国际市场上从事商业活动的私营企业和私人的行为加以规制的成员国的措施进行限制或规制。成员本身在无视市场机制进行贸易活动,对私营企业的贸易活动进行支配或管制的情况下,WTO 的法律规制有可能无

---

[31] "欧共体苹果进口限制案"、"美国金枪鱼及金枪鱼产品进口限制案"、"日本12种农产品进口限制案"、"加拿大未加工鲑和鲱进口限制案"、"欧共体苹果进口限制案"、"加拿大雪糕和酸牛奶进口限制案",分别参见松下满雄、清水章雄、中川淳司编:《GATT/WTO 案例研究》,日本有斐阁2000年版,第157—159页、第160—163页、第164—171页、第172—174页、第175—177页及第35—41页。

[32] "日本皮革进口限制措施案"、"泰国香烟进口限制案",分别参见松下满雄、清水章雄、中川淳司编:《GATT/WTO 案例研究》,日本有斐阁2000年版,第178—181页、第182—185页。

[33] "加拿大外国投资审查法案",参见松下满雄、清水章雄、中川淳司编:《GATT/WTO 案例研究》,日本有斐阁2000年版,第39—42页。

法发挥作用。在市场经济国家和非市场经济国家之间的进出口贸易关系中，或在市场经济国家垄断性国营企业从事贸易活动时，将会引起前面谈到的问题。

《关税与贸易总协定》关于国营贸易问题的主要规则规定在第 17 条中。该条不仅适用于国营企业，也适用于"法律上或事实上被授予专有权或特权的企业"。《关于解释 1994 年关税与贸易总协定第 17 条的谅解》出于工作上的方便，将国营贸易企业定义为："被授予包括法定或宪法权利在内的专有权、特殊权利或特权的企业，包括销售机构，在行使这些权利时，他们通过其购买或销售影响进出口的水平或方向"。

根据《关税与贸易总协定》第 17 条第 1 款(a)的规定，每个成员作出了承诺，保证本国国营贸易企业的活动不损害非歧视待遇原则。第 17 条第 1 款(b)进一步规定，要求国营贸易企业应仅依照商业因素进行购买和销售。

据说，在《关税与贸易总协定》的准备工作阶段，谈判者们设想将第 17 条第 1 款(a)所规定的非歧视待遇原则的适用仅限于最惠国待遇，但是，也存在争端解决专家组将《关税与贸易总协定》第 3 条适用于国营贸易企业来解决贸易纠纷的案例。[34]

WTO 成员不能利用有关国营贸易企业的规则，来主张违反《关税与贸易总协定》第 11 条的进出口限制措施的正当性。[35]

《关税与贸易总协定》第 2 条第 4 款规定，国家对进口授权的垄断，不得以为国内产业提供超过减让表所规定的保护水平的方式实施。

除上述实体规则以外，《关税与贸易总协定》第 17 条第 1 款(a)以及《关于解释 1994 年关税与贸易总协定第 17 条的谅解》，要求 WTO 成员对本国国营贸易企业的情况作出通知，以此来保证透明度。

《关税与贸易总协定》对国营贸易的规制并不是很严格的，因此，在乌拉圭回合的谈判过程中，各方担心拥有国营贸易企业的国家将占据优势，并就强化对国营贸易的规制进行了谈判。但是，谈判所达成的协议内容仅限于国营贸易企业的定义和通知义务，可以说强化对国营贸易进行规制的目标并没有得到实现。

---

[34] "加拿大外国投资审查法案"，参见松下满雄、清水章雄、中川淳司编：《GATT/WTO 案例研究》，日本有斐阁 2000 年版，第 39—42 页。
[35] 《关税与贸易总协定》附件 1 关于第 11 条、第 12 条，第 14 条及第 18 条。

3　例外制度

《WTO协定》包括了形形色色的与非歧视原则或市场准入改善目标背道而驰的例外制度。本章讨论以下几个方面的例外制度,关于其他例外制度,将在本书的其他章节中予以阐述。例外制度的林立意味着被认可的基本原则得不到贯彻落实的情况也广泛存在。但是,如果不事先规定好在难以遵守基本原则所要求的义务的情况下可以利用的例外规则,选择不遵守义务的国家将采取自由行动。可以说,关于不遵守义务的情况也制定出规则予以规制,对维护规制贸易关系的制度框架来讲是有益的。

例外条款也包括两种情况:一是诸如《关税与贸易总协定》第11条第2款所规定的对特定义务的例外;二是诸如《关税与贸易总协定》第20条(一般例外)以及第21条(国防安全例外)所规定的对《关税与贸易总协定》所有义务的例外。《GATS》中也包括关于对该协定所有义务的例外规定,即《GATS》第14条(一般例外)和第14条第2款(国防安全例外)。此外,《进口许可程序协定》、《TBT协定》、《TRIMS协定》以及《政府采购协定》中也存在关于一般例外的条款。以下对《关税与贸易总协定》第20条和第21条做进一步详细的阐述。

(1)《关税与贸易总协定》第20条——一般例外

《关税与贸易总协定》的大部分条款属于对主权国家贸易规制措施进行限制与约束的规则。与此相反,《关税与贸易总协定》第20条的作用在于,即使在一项具体规制措施违反《关税与贸易总协定》某一规定项下义务的情况下,不追究违反义务的法律后果,反而致使该项规制措施的实施变得可能。因此,只有在成员的措施违反《关税与贸易总协定》其他规定的情况下才能适用第20条。这意味着援引第20条能够构成对违反其他条款义务的积极抗辩(affirmative defense)。在一个具体案件的争端解决程序中,主张被申诉国违反《关税与贸易总协定》项下义务的申诉国,对被申诉国违反义务负举证责任。但是,如果被申诉国试图援引第20条来避免因违反义务所引起的法律后果,应该承担与适用第20条有关的举证责任。这一点与下述情况是有所不同的,即诸如《SCM协定》第27条第2款,作为例外条款它不仅规定了单纯的"积极抗辩",而且还规定了独立的权利(autonomous right)。

援引《关税与贸易总协定》第20条的条件是,首先,必须证明引起争议的措施至少属于第 20 条(a)至(j)各项所规定的其中一种情况。在证明引起争议的措施至少属于第 20 条(a)至(j)各项所规定的一种情况时,应采取以下步骤:第一,证明引起争议的措施所实现的政策是以(a)至(j)各项所列主题为目标。例如,如果援引(b),就必须证明所采取的措施是属于为保护人类,动物或植物的生命或健康的措施,如果是援引(g),就需要证明所采取的措施是属于与可用尽的自然资源有关的措施。第二,必须证明上述各项所规定的要件能够得到满足。例如,援引(b),就必须证明引起争议的措施是为保护人类,动物或植物的生命或健康所"必需"的措施,如果援引(g),就必须证明引起争议的措施与可用尽的自然资源"有关"。因为第 20 条规定的是例外条款,必须进行严格解释,所以在以往的争端解决程序中,专家组对(a)至(j)项所规定的要件作出了较为狭窄的解释。[36]

其次,援引第 20 条还必须证明引起争议的措施能够满足该条前段所规定的要件。因为前段所关心的是措施的适用形式,援引方必须证明引起争议的措施没有构成任意或不合理歧视的手段或没有构成对国际贸易的变相限制。利用前段所禁止的形式适用(a)至(j)项所规定的例外将会构成对例外的滥用。[37] 在有关环境问题的贸易纠纷中,第 20 条能否适用是个重大的问题而引起了广泛的关注,关于这一问题,在第 10 章 1 中做详细阐述。

(2)《关税与贸易总协定》第 21 条——国防安全例外

《关税与贸易总协定》第 21 条所规定的是关于国家的国防安全以及联合国国际安全保障制度的例外。与第 20 条相同,该条款只有在国家所采取的措施违反《关税与贸易总协定》其他规定的情况下才能得到适用。与第 20 条不同的是,第 21 条未就防止滥用作出规定。因此,在措施的适用过程中,国家的自由裁量权将得到广泛的认可。一项措施在国防安全上是否是必需的,则有国家本身来决定。关于第 21 条的所有方面,国家是否具有完全的主观上的解释权,是值得怀疑的问题。[38]

关于国家所采取的一项措施是否属于第 21 条(i)、(ii)、(iii)所规定的一项措施,应该存在作出客观判断的余地。

---

[36] "加拿大未加工鲑和鲱进口限制案"、"美国对墨西哥金枪鱼进口限制案"、"美国对欧共体金枪鱼进口限制案",参见松下满雄、清水章雄、中川淳司编:《GATT/WTO 案例研究》,日本有斐阁 2000 年版,第 228—230 页、第 231—235 页及第 236—139 页。

[37] "美国汽油标准案",参见松下满雄、清水章雄、中川淳司编:《GATT/WTO 案例研究》,日本有斐阁 2000 年版,第 240—244 页。

[38] "美国对尼加拉瓜制裁措施案",参见松下满雄、清水章雄、中川淳司编:《GATT/WTO 案例研究》,日本有斐阁 2000 年版,第 245—249 页。

根据《关税与贸易总协定》第21条(c)的规定,为履行联合国宪章所规定的义务而采取的措施不构成对《关税与贸易总协定》其他规定的违反是可能的,但是国家只是在被许可根据联合国宪章采取一定措施的情况下所采取的措施能否避免构成对义务的违反,是一个有争议的问题。

第6章 WTO 与贸易救济制度

1 贸易自由化与贸易救济制度

贸易救济制度是指，在进口增加给国内产业造成损害的情况下，进口国采取进口限制措施来保护国内产业的制度。《关税与贸易总协定》第2条禁止超过减让表记载的关税税率征收关税。《关税与贸易总协定》第11条禁止对进出口采取"除关税和其他费用以外的任何禁止或限制"措施。贸易救济制度作为对这些规定的例外，以满足一定的法律要件为前提，允许超过减让表记载的关税税率来征收关税，或采取数量限制措施。《WTO协定》所规定的保护国内产业的贸易救济制度，就是本章将要阐述的保障措施（紧急进口限制措施）、反倾销措施和反补贴措施。

WTO的主要目标是，通过削减关税和取消数量限制等贸易壁垒的削减来推动贸易自由化的发展，从而增加全世界的财富。贸易自由化的发展必然带来进口的增加，这是不难预料的事情。WTO作为以促进贸易自由化为主要目标的国际组织，却同时又在允许保护国内产业的贸易救济措施，这一点至少从表面上看让人感到有些矛盾。但是，WTO所寻求的贸易自由化，是以组成当今国际社会的主权国家的存在为前提，并没有要求立即实现完全彻底的贸易自由化，更没有否定各个主权国家自由决定各自的经济政策的权利。从将来的发展趋势来看，WTO体制是在寻求实现完全的自由贸易体制，但是至少就目前来看，无非是通过谈判来寻求贸易自由化的发展，在满足下面一定条件的情况下，对国内产业进行保护的必要性是得到认可的。《关税与贸易总协定》只允许利用关税来保护国内产业[1]，对减让表的修改和撤销以及为此而进行重新谈判等问题作出规定[2]，也是基于上述考虑的。

允许例外的法律要件分别规定在以下法律条款中：即关于保障措施的《关税与贸易总协定》第19条和《保障措施协定》；反倾销措施和反补贴措施的法

---

[1]《关税与贸易总协定》第2条。
[2]《关税与贸易总协定》第28条。

律要件,分别规定在《关税与贸易总协定》第 6 条、第 16 条,以及《反倾销协定》和《补贴与反补贴措施协定》(简称《SCM 协定》)中。

除《WTO 协定》规定的贸易救济措施以外,还存在国内法规定的进口限制措施。最典型的就是以对抗"不公正贸易做法"为理由而制定的美国贸易法 301 条款程序所采取的报复措施。按照这一制度,不是以《WTO 协定》为依据,而是根据美国的主观判断,认定对方国家的措施为"不公正"做法,并以制裁为目的要求对方开放市场,因此 301 条款程序被称作单边措施的典型。

根据国内法所采取的单边措施,试图利用单方面的判断来解决由于贸易政策所引起的争议,其直接目的并不在于保护国内产业免受来自进口竞争的压力。但是,因为单边措施实际上被当作是为了保护国内产业免受来自进口竞争的压力而要求对方开放市场的交换条件,所以为了叙述上的方便,将这部分内容也阐述于本章中。

2 保障措施

保障措施,是由于贸易自由化引起进口增加,其结果国内产业蒙受严重损害的情况下,进口国为救济国内产业而采取的进口限制措施。促进贸易自由化的结果,必然带来进口的增加,从而使国内产业面临困难,这是预料之中的事情。因此,在对贸易自由化作出承诺的同时,各国政府和产业部门制定并实施产业结构调整计划以防患于未然,这是通常的做法。产业结构调整计划大多以通过经营合理化和技术研发等提升产业竞争力为主要内容。但是,有些国内产业已经失去了提升竞争力的任何希望的情况下,只能选择撤出市场竞争并将随之而产生的多余的资本和劳动力转移到其他产业中去。《关税与贸易总协定》第 19 条虽然没有提到产业结构调整问题,但是《保障措施协定》在其前言,以及第 7 条和第 12 条中提到了促进和实施产业结构调整的问题,从这一点我们也可以看出,《保障措施协定》是以实施产业机结构调整为前提的。

(1) 保障措施的法律要件和发动程序

《关税与贸易总协定》第 19 条和《保障措施协定》(以下在本节中简称为《协定》)规定了 WTO 成员在实施保障措施时应该遵守的规则。《协定》是《WTO 协定》不可分割的组成部分,作为对《关税与贸易总协定》第 19 条的纪律的"澄清与加强"(《协定》前言),详细规定了保障措施的法律要件和程序规则。作为审议有关协定运作情况的机构,《协定》第 13 条设立了保障措施委员会(以下简称委员会)。

(a) 法律要件

发动保障措施的法律要件有如下五个方面:第一,未预见发展;第二,根据《关税与贸易总协定》承诺的义务;第三,进口增加;第四,生产与进口产品同类产品或有竞争关系之产品的国内产业遭受严重损害,或有严重损害威胁的存在;第五,严重损害与进口增加之间存在因果关系。

(i) 未预见发展

未预见发展,是指进口国在接受贸易自由化义务时(即对关税削减等自由化义务作出承诺)没有预见到的情况。保障措施,是在贸易自由化给国内产业带来超过预想的损害的情况下才能利用的保护国内产业的安全阀。在损害不超过预想范围的情况下,不论贸易自由化给国内产业带来多么严重的损害,进口国只能实施产业结构调整计划来解决困难。实际上在无法提升国内产业竞争力的情况下,为应对进口增加而收缩生产或减少雇佣可能会引起国内产业经济指标的严重恶化。对此种情况并没有必要给予救济或保护。

协定中并不包括《关税与贸易总协定》所规定的"未预见发展"这一用语。协定最初草案中曾经包括了"未预见发展",因为在谈判过程中这一用语被删除,也有人认为这一要件本身已被删除。但是在"韩国乳制品案"和"阿根廷鞋类产品案"中上诉机构指出,协定成立之后,作为法律要件"未预见发展"仍有必要予以保留。[3]

(ii) 根据《关税与贸易总协定》承诺的义务

这里所指的义务是指承诺削减关税等促进自由化的义务,但是关于是否包括其他协定中的一般义务,没有明确答案。因为所有的成员国在加入GATT和WTO时都对关税削减作出了承诺,所以这一点并不会引起大的问题。

(iii) 进口增加

协定第2条所规定的进口增加不仅包括绝对增加,同时还要包括相对增加,即包括进口产品国内市场占有率的增加。

(iv) 生产同类产品和直接竞争产品的国内产业蒙受严重损害

是否存在产品的同类性和直接竞争性,应该以市场竞争中的替代性为根据来判断。例如"韩国乳制品案",争议是由于脱脂乳粉的进口而引起的,该案中,国内生产的鲜奶与乳粉被认定为同类产品,在作为调查对象的国内产业中包括了乳粉生产企业(乳制品企业和酪农协会)和饲养农户。另外,在"美国羊肉案"中,将饲养羔羊的农户包括进国内产业的做法被裁定为违反《WTO

---

[3] WT/DS98/AB/R, paras.79—82;WT/DS121/AB/R, paras. 81—89.

协定》。[4]

关于国内产业的"严重损害",《协定》第 4 条第 1 款(a)将其定义为"国内产业状况的重大全面减损",关于"严重损害威胁",《协定》第 4 条第 1 款(b)将其定义为"明显迫近的严重损害",并规定对严重损害威胁的确定应根据事实,而非仅凭指控、推测或极小的可能性。在确定增加的进口是否对一国内产业已经造成或正在威胁造成严重损害的调查中,国内主管机关应该评估影响该产业状况的所有客观的和可量化的相关因素。[5] 第 4 条第 2 款列举了增加的进口所占国内市场的份额、销售水平、产量、生产率等应该评估的经济指标。[6] 但是与《关税与贸易总协定》一样,《协定》并没规定确定"严重损害"所必需的明确的数字标准。其结果,"严重损害"的确定最终由国内主管机关来判断。

在 GATT 时代,甚至在有关调查程序的规定都不存在的情况下,"严重损害"要件在抑止保障措施的滥用方面并没有发挥充分的作用。1951 年"美国女士用皮帽案"的工作组报告指出,是否存在"严重损害"的问题属于包括主观因素在内的经济与社会的判断,并将该论点归结为举证责任的问题,裁决捷克未能够证明不存在"严重损害",并发表了尊重美国政府的意见。[7] 这一判断遭到了批判,被认为它使"严重损害"要件变得没有任何意义,WTO 成立后,由于协定的生效,情况有了很大的变化。

在 WTO 的争端解决程序中,专家组就"严重损害"的认定本身在尊重国内主管机关的判断的同时,对调查程序进行了严格的审查。专家组要求对《协定》第 4 条规定的所有因素进行评估,同时要求调查机关将在调查过程中由利害关系方提出的其他因素也包括在相关经济因素的评估范围内,对所有经济因素进行客观评估。另外,专家组还要求国内主管机关对其得出结论的理由予以说明。可以看出,专家组尊重国内主管机关对"严重损害"本身进行认定的权利,但是对于上述专家组所提要求,国内主管机关必须在其调查决定中予以明确的说明,其调查方法也受到严格的限制。以此可以期待,这一做法能够抑止 WTO 成员不轻易发动保障措施。

(v) 因果关系

《协定》第 4 条第 2 款(b)规定,必须依据客观证据来证明因果关系的存

---

[4] WT/DS177/A B/R;WT/DS178/AB/R.
[5] 《保障措施协定》第 4 条 2(a)。
[6] 同上。
[7] "美国女士用皮帽案",参见松下满雄、清水章雄、中川淳司编:《GATT/WTO 案例研究》,日本有斐阁 2000 年版,第 216—219 页。

在,该款还进一步规定,若增加的进口以外的因素正在同时对国内产业造成损害,则此类损害不得归因于增加的进口。例如,需求的变化和衰退,国内产业结构的变化等均属于增加的进口以外的因素。关于增加的进口以外的因素,在法律上应该怎样处理,现在还没有明确的结论。2000年"美国面筋案"中,专家组指出,必须证明增加的进口单独成为造成国内产业严重损害的原因。[8] 但是在上诉程序中上诉机构推翻了专家组的解释,指出必须证明"包括真正的实质性的原因与结果的关系"。[9]

(b) 程序

关于发动保障措施的程序,必须由进口国具有权限的主管机关进行调查,并根据调查结果作出关于严重损害的发生等协定规定的要件是否充足的决定后才能发动保障措施。国内调查机关必须依据事先规定的,而且根据《关税与贸易总协定》第10条公布的程序来进行。《关税与贸易总协定》第19条没有对调查程序作出规定,但是《协定》第3条却对此作出了明确规定。在日本,在《外汇及外国贸易法》及其实施细则《进口贸易管理法令》中规定了保障措施的调查程序。而且根据《进口贸易管理法令》第3条制定了详细规定调查程序的《关于货物进口增加时紧急措施的规程》。

根据国内主管机关的调查结果发动保障措施时,根据《关税与贸易总协定》第19条的规定,进口国必须向缔约国团作出通知,并向有利害关系的出口国提供磋商的机会。根据这一要求《协定》第12条第1款和第2款进一步规定,在调查的开始、损害的确定、决定采取措施等三个阶段,进口国必须向委员会作出通知,提供有关调查和措施的信息。《协定》第12条第3款规定了进口国与有利害关系的出口国进行磋商的规则。委员会可要求进口成员提供其认为必要的额外信息。

在进口国与有利害关系的出口国之间的磋商过程中,交涉议题不仅包括措施的合法性及其内容,还要包括进口国对出口国提供补偿的问题。《关税与贸易总协定》第19条对补偿措施没有作出明文规定,但是一直以来提供补偿被人们理解为是必要的。《协定》第8条第1款明确规定了提供补偿的必要性,要求进口国作出与保障措施造成的利益减损实质上相等的减让,并通过磋商达成对出口国提供补偿的协议。在通过协商不能达成补偿协议的情况下进口国可以发动保障措施,但是在此种情况下,出口国可以发动实质价值相等的、能够得到货物贸易理事会认可的对抗措施(出口国针对进口国中止实施减

---

[8] WT/DS166/R,para. 8.138.
[9] WT/DS166/AB/R,paras. 68—70.

让和其他义务)。[10] 但是,保障措施是由于进口的绝对增加而采取的情况下,在保障措施有效的前3年内,出口国不得采取对抗措施。[11]

(c) 保障措施的发动

保障措施分为通常的保障措施和临时保障措施两种。通常的保障措施是指,进口国主管机关结束调查,并作出最终决定后发动的保障措施。《协定》第5条规定了作为保障措施可以采取的具体措施。一成员应仅在防止和补救严重损害并便利产业调整所必需的限度内实施保障措施。作为保障措施的具体形态或措施,可以实施数量限制和提高关税税率,但是在采取数量限制措施的情况下,则该措施不得使进口量减少至低于最近一段时间的水平,该水平应为可获得统计数字的、最近3个代表年份的平均进口。在进口国(供应国)之间分配配额(数量)的情况下,有关成员可通过(进口国和相关出口国)达成协议决定配额分配问题。在通过达成协议分配配额的方法并非合理可行的情况下,有关成员应根据在供应该产品方面具有实质利益的成员在以往一代表期内的供应量占该产品进口总量和进口总值的比例,将进口额度分配给此类成员,同时适当考虑可能已经或正在影响该产品贸易的任何特殊因素。

保障措施的目的在于保护与进口产品竞争的进口国国内产业,关键的问题是进口是否增加了,至于增加的进口来自哪些出口国并不重要。因此,进口国在发动进口限制措施时,必须针对所有出口国适用限制措施。但实际上,在很多情况下是来自特定出口国的进口急剧增加,因此从20世纪70年代开始有人主张应该允许针对特定出口国发动选择性(歧视性)保障措施。在东京回合上所进行的有关保障措施问题的谈判中,关于选择性保障措施产生了很大的意见分歧,最终未能达成协议。在乌拉圭回合上,关于选择性保障措施的意见分歧仍然没有得到消除,在谈判的最后阶段各方之间达成协议,在从特定出口国的进口增长的百分比与有关产品进口的总增长不成比例的情况下,允许进口成员修改配额分配并减少配额。此种做法被称作"配额调整"(quota modulation),被认可的条件是进口成员必须向委员会明确证实以下三点:第一,从特定出口国的进口增长的百分比与有关产品进口的总增长不成比例;第二,有正当的理由选择性适用措施;第三,适用措施的条件对有关产品的所有供应商是公正的。[12]

保障措施的实施期限原则上不得超过4年,通过调查认为有必要的情况

---

[10] 《GATT 1994》第19条第3款(a),《保障措施协定》第8条第2款。
[11] 《保障措施协定》第8条第3款。
[12] 《保障措施协定》第5条第2款(b)。

下可以延长至 8 年。[13] 在保障措施的期限超过 1 年的情况下,实施保障措施的成员应在实施期内按固定时间间隔逐渐放宽该措施。如措施的期限超过 3 年,则实施该措施的成员应在不迟于该措施实施期的中期审议有关情况。[14]
"在延迟会造成难以弥补的损害的紧急情况下",一成员可根据关于存在明确证据表明增加的进口已经或正在威胁造成"严重损害"的初步裁定,采取临时保障措施。[15] 临时保障措施的期限不得超过 200 天,而且只允许此类措施使用提高关税的形式。在结束调查决定发动正式保障措施的情况下,临时措施的实施期限应该记入正式保障措施的期限内。调查的结果,主管机关未能确定增加的进口对一国内产业已经造成或威胁造成"严重损害"时,应该迅速退还超过减让税率所征收的关税。

至今为止,主要发动保障措施的国家或地区是美国、欧共体、加拿大和澳大利亚。但是近年引人注目的是印度、智利等其他国家也开始使用保障措施。这是因为更多的发展中国家参与关税削减等贸易自由化后,其国内产业开始面临进口增加的压力。

保障措施的发动情况

	1970—74	1975—79	1980—84	1985—89	1990—94	1995—2002.1
美国	3	6	4(1)	0	0	10
欧共体	1	2(1)	7(4)	7(5)	4(4)	0
加拿大	6(3)	7(1)	3(1)	1(1)	1	0
澳大利亚	1	16(1)	4	0	1	1
其他	1	4	5(4)	6(3)	6(2)	61
合计	12(3)	35(3)	23(10)	14(9)	12(6)	72

注释 1:括号内数字为对农产品发动的保障措施。
注释 2:1995—2002 其他国家发动的保障措施中包括印度 11 次、智利 7 次、捷克 5 次、韩国 4 次、阿根廷 4 次。
资料来源:日本经济产业省通商政策局编:《2002 年版不公正贸易报告书》(经济产业调查会,2002 年)第 269 页(图表 7-2)的数字上补充第 270—276 页(图表 7-3)所添数字。

(2) 针对纺织品贸易的保障措施

自欧洲产业革命发生以来,纺织业在多数国家走向产业化的最初阶段得到发展,为各国实现经济发展发挥了重要作用。即使在今天,纺织业在推进产业化的发展中国家的经济建设中仍然占有重要地位。因此,纺织业被人们称为牵引产业,它作为劳动集约型产业,是拥有丰富劳动力资源的广大发展中国

---

[13] 《保障措施协定》第 7 条第 1、3 款。
[14] 《保障措施协定》第 7 条第 4 款。
[15] 《保障措施协定》第 6 条。

家参与国际市场时最具竞争力的产业。

在20世纪50年代的欧洲和美国,刚开始是从完成战后复兴的日本,接着是从亚洲的新兴工业国家,纺织品进口的急剧增加曾经引发了严重的贸易问题。因为纺织品的进口剧增是来自特定出口国,面对这一情况很多国家认为,利用《关税与贸易总协定》第19条规定的对所有出口国发动保障措施的做法,很难应对来自各别国家的进口激增。因此,1961年7月,在GATT主持下举行了关于纺织品贸易的会议,各方达成了《关于棉纺织品的短期安排》,1962年又达成了《关于棉纺织品的长期安排》。关于棉纺织品贸易的安排一直被延续到了1973年,1974年其适用对象被扩大到棉纺织品以外的纤维领域里,形成了《关于国际纺织品的安排》(Multi-Fibre Arrangment, MFA),简称为《多种纤维安排》,这一安排通过反复修改和延续,一直被适用到1995年。

上述关于纺织品的一系列安排,致使应对来自特定出口国廉价产品进口激增的歧视性保障措施在GATT框架内得以实现。这些安排甚至对单边进口限制措施予以了认可,同时基本上认可了进口国和出口国通过签订双边协定经常性限制进口数量的做法。这些安排被人们批判为是人为的管理贸易,从棉纺织品的短期安排开始一直被实施了35年。通过乌拉圭回合谈判签订的《纺织品与服装协定》规定,利用10年的过渡期逐渐取消以往《多种纤维安排》所规定的措施,将该协定项下的纺织品贸易纳入GATT的纪律之下。

根据《纺织品与服装协定》第6条的规定,WTO的进口成员将对不受GATT纪律约束的产品可采取过渡性保障措施。关于过渡性保障措施的法律要件和程序规则,《纺织品与服装协定》第6条第2款至第16款作出了详细规定。关于在增加的进口给国内产业造成严重损害或严重损害威胁的情况下才能发动保障措施这一点,过渡性保障措施和通常的保障措施是完全相同的。《纺织品与服装协定》第6条第3款所规定的在确定是否造成严重损害时所必须考虑的因素,也与通常的保障措施相同。与通常的保障措施不同的是,《纺织品与服装协定》第6条第4款允许对特定的出口国采取进口限制措施。因此,在认定因果关系时,有必要将从特定出口国的进口所产生的影响与来自其他国家的进口所造成的影响之间进行比较。

过渡性保障措施,是纺织品贸易完全恢复接受GATT纪律约束为止的临时性措施,在2005年1月1日终止适用。

(3) 保障措施的意义

保障措施是贸易自由化的促进过程中所运用的安全措施,其主要作用在于,通过产业调整政策的顺利进行和自由化所引起的成本分配,来抑止反对贸易自由化的国内政治势力。

WTO体制的目标是通过促进贸易自由化来增加全世界的财富。实现贸易自由化的结果,必然引起进口的增加而给国内产业带来不利影响,这是可以预料的事情。面对进口竞争所带来的压力,首当其冲的是失去竞争力的国内产业,它们将极力反对贸易自由化,因此,为促进贸易自由化在一个国家内部形成统一的意见是很困难的。尤其在发达国家,失去竞争力的夕阳产业自古以来就确立了很强的组织性,它们往往对政府的决策能够施加很强的影响力。另外,对于消费者和具有竞争力的产业来讲,政府采取进口限制给它们带来的影响是分散的或间接的,因此它们所发挥的影响力远不如夕阳产业那样强烈。

在上述情况下促进贸易自由化的过程中,如何控制反对自由化的国内势力是一个重要的问题。如上所述,贸易自由化会给国内产业造成不利影响是预料之中的事情,在一般情况下是通过调整产业结构来应对进口增加所带来的困难以支援国内产业。但是,在发生超过预想的损害的情况下,产业调整政策很难顺利得以实施,有时还会引发社会的动荡不安。在此种情况下,顺利推进产业调整政策本身也需要限制进口的激增。这也关系到对由于自由化所引起的成本分配的认识问题。贸易自由化所带来的利益分散于消费者和生产消费企业,与此相反,由于自由化所引起的损失和成本却集中在与进口产品进行竞争的国内产业身上。在通常情况下,政府通过产业调整等财政支出手段帮助与进口产品进行竞争的国内产业以弥补集中在其身上的损失,其结果是由全体国民来负担对自由化所付出的成本。超过预想的进口增加给国内产业造成严重损害的情况下,受害产业将要承担超过预想的成本。在此情况下采取进口限制措施,将限制消费者和生产消费企业所享有的自由化利益,这间接地意味着他们也在承受额外成本。

(4) 市场扰乱和自愿出口限制

如上所述,虽然保障措施具有前面已讲过的意义,但它纯粹是以保护国内产业为目的的进口限制机制,因此,作为其限制对象的进口产品来自哪一个出口国的问题并不是很重要的。换言之,出于保护国内产业的目的,有必要限制来自所有出口国的进口,因此要求进口国适用最惠国待遇原则来发动保障措施。但实际情况是从特定出口国的进口激增往往占多数,即使在此种情况下也要求对所有出口国发动保障措施,将必然给进口国带来很多不便。前面提到过,发动保障措施时有必要对出口国提供补偿,进口国必须与进口激增的出口国以外的国家进行磋商是个繁杂的事情,如果关于补偿达不成协议,还有可能遭到出口国的对抗措施。由于如此原因,在GATT时代保障措施很少被运用。

在20世纪50年代,在纺织品领域里,为应对来自劳动成本廉价的发展中国家的进口激增,1961年以后签订数次协议或安排,致使针对特定出口国进口产品的保障措施得以合法化。当时进口国提出了所谓的"市场扰乱"问题,即"特定出口国廉价产品的进口激增给国内产业造成严重损害或严重损害威胁"。在没有签订《多种纤维安排》等协定之前,日本以及亚洲部分国家与美欧之间通过签订自愿出口限制协定应对了"市场扰乱"问题。在20世纪50年代,自愿出口限制的对象只有棉纺织品,但是到了20世纪70年代,受限制的范围扩大到了化纤、真丝和麻制品领域。

从棉纺织品开始后来扩大到化纤产品,用来应对"市场扰乱"的选择性保障措施的适用范围只局限于纺织品贸易领域里,其他领域仍然服从了《关税与贸易总协定》第19条规定的纪律。以最惠国待遇原则为基础的保障措施,将很多有利害关系的国家卷入一场调查而使问题变得复杂,为了规避这一情况,各国选择的就是"自愿出口限制"的做法。20世纪70年代,"自愿出口限制"的范围从家电产品和汽车扩大到了半导体等高科技产品,人们不得不忧虑GATT纪律所受到的侵蚀。

"自愿出口限制"也有形形色色的形式,其中最基本的形式是进口国和出口国之间商定进出口数量后,由出口国负责实施出口数量的控制和管理。因为进出口国双方商定而实施"自愿出口限制",所以不存在向GATT提起申诉的问题,再加上其违法性从未得到过正式认定,因此人们称其为"灰色措施"。1988年发生的"日美半导体价格监视案"中,关于根据《日美半导体协定》对进出口价格进行监视的做法,专家组指出,价格监视将会限制低于一定价格的出口从而违反《关税与贸易总协定》第11条,尽管此案不是直接因数量限制措施而引起的。[16]

乌拉圭回合结束时签订的《保障措施协定》虽然在原则上没有认可选择性保障措施,但却容忍了对配额分配进行例外修改的"配额调整"(quota modulation),可以说,这是在某种程度上为应对"市场扰乱"所采取的对策。另外,协定第11条对除根据该协定所采取的保障措施以外的其他措施,即对"自愿出口限制措施"予以了明确的禁止。但是,协定第11条注释3规定:"以保障措施形式实施的进口配额,经双方同意,可由出口国管理。"如果采用这一方法,通过对出口国的配额分配以及出口国对配额的管理,实质上变成与"自愿出口

---

[16] "对日本半导体第三国监视案",参见松下满雄、清水章雄、中川淳司编:《GATT/WTO案例研究》,日本有斐阁2000年版,第193—196页。

限制"类似的措施。尽管如此,在发动保障措施之前,进口国必须经过调查,对严重损害和因果关系等进行认定,因此,应该承认此类做法与"自愿出口限制"有本质上的区别。

（5）中日农产品贸易争端和对华特殊保障措施

（a）中日农产品贸易争端

自2001年4月23日至12月8日的200天,日本政府对原产于中国的葱、兰草席、香菇等三种农产品发动了临时保障措施。从1996年至2000年的5年时间内,在日本国内市场三种农产品的进口分别增加了25、1.7、1.8倍,几乎都是来自中国的进口。尽管当时中国还未加入WTO,日本政府考虑到与以往政策的连贯性和将来的立场,决定根据WTO的程序来发动保障措施。针对日本政府所发动的临时保障措施,中国政府作出了强烈的反映,决定对日本进口的小汽车、空调和手机等产品采取征收额外关税等报复措施。根据某些部门的估算,日本政府此次发动临时保障措施虽然保护了将近200亿日元的利益,但由于中国所发动的提高关税等报复措施,却使日本失去了近600亿日元的利益。在临时保障措施实施的期限内,中日双方就已开始进行磋商,最后双方达成协议,即从临时措施结束后的12月20日开始,设置由生产企业、进口商和出口商等三家组成的磋商机构,以交换有关生产和出口方面的信息。为避免磋商机构的活动构成对《协定》第11条所禁止的"自愿出口限制",中日两国政府未参加该机构,使其作为民间机构来运作。另外,如果对出口数量进行规制,这一做法构成卡特尔并有可能触犯反垄断法。

（b）对华特殊保障措施

2001年11月,在多哈举行的WTO部长级会议决定接受中国加入WTO。关于中国的加入,一方面其巨大的市场吸引了众人的眼光,另一方面中国产品的进口激增也引起了人们的忧虑。为解决中国产品进口激增问题,中美双边通过谈判达成了关于对华特殊保障措施的协议。《中国加入议定书》第16条和《中国加入工作组报告》第245至250段规定了对华特殊保障措施的具体内容,所有WTO成员均可适用这些规定。

在中国产品的进口剧增引起"市场扰乱"和市场扰乱威胁的情况下,可以发动对华特殊保障措施。其特征表现在以下几个方面:第一,措施只限定于中国产品;第二,原则上根据磋商以中国进行出口限制为主;第三,以"市场扰乱"为法律要件,只要求实质性损害;第四,中国产品的进口增加是相对增加的情况下,两年之内中国仍然不能发动对抗措施;第五,发动对华保障措施的进口国承担作出公告和通知的义务,但是没有义务履行调查程序,调查只是努力的目标而已（非约束条款）；第六，允许认为因对华保障措施而引起针对本国的贸易转移的成员采取对抗措施。

自中国加入 WTO 之日起，特殊保障措施维持 12 年的有效期。对中国来讲，与一般保障措施相比较，不得不说特殊保障措施是个苛刻的机制。但是，中国为加入 WTO 接受了如此苛刻的条件，其决心非同一般，这是不言而喻的。

3 反倾销措施

反倾销税是进口国对倾销进口产品征收的特殊关税。在各国国内法中,也存在关于倾销的规定,但需要予以注意的是,这里所要讨论的是国际贸易法上的倾销概念,与国内法规定的倾销不同。国际贸易法中所规定的倾销,是指低于正常价值的出口,正常价值和出口价格之间的差额叫做倾销幅度（dumping margin),征收反倾销税不得超过倾销幅度。对反倾销税予以规制的法律规范是《关税与贸易总协定》第 6 条和 WTO《反倾销协定》（本节中简称《协定》)。根据《协定》第 16 条的规定,作为审议与运用协定有关事项的机构,设立了反倾销措施委员会（本节简称为反倾销委员会)。

(1) 征收反倾销税的法律要件

征收反倾销税必须具备以下三个法律要件：第一，倾销产品的进口；第二，国内产业蒙受实质损害和实质损害威胁，以及国内产业的新建遇到实质阻碍（简称损害）；第三，倾销进口与损害之间因果关系的成立。

(a) 倾销

倾销，是指低于正常价值的出口。根据《关税与贸易总协定》第 6 条和《协定》第 2 条的规定，正常价值一般是指出口国国内市场同类产品的可比价值，如不存在可比的国内价值，则指向第三国的出口价格或生产成本加合理的费用（管理、销售等）以及利润等形成的结构价格。与正常价值相比较，以低于该价值出口某种产品时，被认为存在倾销。结构价格被频繁运用于低于成本的销售等情况下的倾销的认定。

价格比较不仅是确定倾销存在的根据，作为确定反倾销税率的基准也在发挥重要作用。在对出口价格和出口国国内价格及向第三国的出口价格进行比较来确定正常价值时，此比较应在相同交易水平（通常是指出厂前的价格）上进行，并适当考虑影响价格可比性的差异。[17] 即对产品的款式和市场的特

---

[17]《反倾销协定》第 2 条第 4 款。

殊性等予以考虑并对其加以调整来确定可比价格。如不存在出口国国内价格和向第三国出口的价格可比较,和存在以低于成本的价格进行长期大量销售的情况下,则采用结构价格做比较的基础。[18] 结构价格应根据生产成本加合理的管理、销售和一般费用以及利润来确定。[19] 计算成本和费用时,必须以被调查的出口商或生产者保存的记录为基础计算,只要此类记录符合出口国的公认会计原则并合理反映与被调查产品有关的生产和销售成本。[20]

关于价格的调整和费用的计算方法,《关税与贸易总协定》第 6 条和《1979 年反倾销协定》(东京回合结束时签订的个别协定)均未作出明确规定,为任意进行倾销认定提供了可能性。实际上在计算费用时,关于出口价格和国内价格适用不同的标准、采用结构价格时任意设定费用和利润的比例,或在进行价格比较时将个别出口价格与加权平均的正常价值进行比较,以及利用归零做法无视负值倾销幅度而计算出倾销幅度等等,利用种种方法人为地或任意地提高倾销幅度的计算方法曾经出现在众多反倾销调查案件中。

不公平价格比较的事例(归零)

	国内价格(美元)	出口价格(美元)	产品倾销幅度
产品 A	115	95	20
产品 B	80	70	10
产品 C	100	150	-50(归零计算)
产品 D	105	85	20

(关于销售量,为计算上的方便,所有产品以一个单位来计算)

注释:不使用归零方法的情况下,计算出的倾销幅度(DM)为:

$$DM = \frac{20+10-50+20}{95+70+150+85} \times 100\% = 0\%$$

在不存在倾销幅度的情况下,进行归零计算时得出的倾销幅度为:

$$DM = \frac{20+10+0+20}{95+70+150+85} \times 100\% = 12.5\%$$

可见,利用归零计算方法将会人为地算出倾销幅度。

资料来源:日本经济产业省通商政策局编:《2002 年版不公正贸易报告书》(经济产业调查会,2002 年)第 14 页(图表·美国-1)。

关于归零问题,在 1994 年"美国对原产于挪威大马哈鱼征收反倾销案"[21]中,针对挪威主张的并非"不公平比较"的意见,专家组指出,挪威的主

---

[18] 《反倾销协定》第 2 条第 2 款 1。
[19] 《反倾销协定》第 2 条第 2 款。
[20] 《反倾销协定》第 2 条第 2 款 1.1。
[21] "美国对原产于挪威大马哈鱼征收反倾销案",参见松下满雄、清水章雄、中川淳司编:《GATT/WTO 案例研究》,日本有斐阁 2000 年版,第 114—117 页。

张是根据假设而提出,并裁决挪威并没有提出关于美国违反"公平比较"的证据。该案中专家组所坚持的立场是,即使是根据 1979 年《反倾销协定》被认为是不公平的方法,也必须具体提出关于不公平倾销认定的证据。

乌拉圭回合的谈判结果签订的现行协定为处理类似问题,明确规定了计算标准并限制了进口国的任意计算。《协定》第 2 条第 4 款 2 规定,倾销幅度的存在通常应在对加权平均正常价值与全部可比出口交易的加权平均价格进行比较的基础上确定,或在逐笔交易的基础上对正常价值与出口价格进行比较而确定。作为例外,以说明其必要性为条件,虽然允许对加权平均正常价值与个别出口价格进行比较,但原则上禁止了上述归零计算方法。这是在"欧共体对印度床单征收反倾销税案"中,上诉机构所表明的观点。[22] 此外,关于"影响价格可比性的差异",虽然 1979 年《反倾销协定》也作出了一些规定,但不够详细。现行协定规定必须考虑能够影响价格可比性的所有差异,并详细列举了具体差异。[23] 关于货币换算,协定规定,应使用销售之日的汇率进行,以控制汇率变化所带来的影响。

在此值得介绍的是将 forward pricing 从倾销的定义中予以删除的问题。forward pricing,是指初次销售新开发产品时,延迟将部分研究开发费和设备投资等费用记入成本核算并设定销售价格。一直以来,只要是利用 forward pricing 来设定价格,即使出口价格和国内价格完全相同的情况下也被作为低于成本价格的销售而与结构价格相比较来确定倾销的存在。forward pricing 被广泛利用于产业界,将其认定为倾销的做法引起了强烈的批评。因此,《协定》第 2 条第 2 款规定,以低于成本价格(生产成本加管理费、销售和一般费用)的销售在一持续时间内、以实质数量且以不能在一段合理时间内收回成本的价格进行时,可在确定正常价格时不予考虑并使用结构价格。

如上所述,为控制任意的或人为的计算倾销幅度,协定在法律规定的修改方面作出了一定的努力,但仍然不够充分。因为有关价格确定的信息对企业来讲是重要的秘密事项,出口企业在国内调查过程中并非愿意提供此类信息。在得不到出口企业充分配合的情况下,调查机关可以使用"可获得的最佳信息"来确定倾销的存在。[24] 此外,关于"是否合理反映了与生产和销售有关的费用"的问题,因为没有明确的判断基准,很容易产生主观臆断。可以说,现行协定为调查主管机关作出主观判断留下了很大的空间,实际上到现在为止,在各国实施的反倾销调查过程中,出口企业的主张得到采纳的情况非常少见。

---

[22] WT/DS141/AB/R, para.55.
[23] 《反倾销协定》第 2 条第 4 款。
[24] 《反倾销协定》第 6 条第 8 款。

出于上述情况,很多被调查企业在反倾销调查过程中,在认定倾销存在与否的调查阶段就放弃了争辩的机会。因此,与 WTO 成立之前的情况相比较,协定得到了一定程度的完善,但是出口国一直在要求对现行协定进行修改。

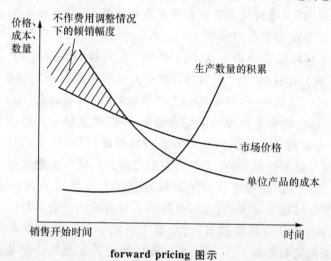

forward pricing 图示

资料来源:日本经济产业省通商政策局编:《2002 年版不公正贸易报告书》(经济产业调查会,2002 年)第 249 页(图表 5-3)。

(b)损害的确定

《关税与贸易总协定》第 6 条及协定没有规定关于实质损害的定义。已经得到确立的解释是:"与保障措施的'严重损害'相比较,比其轻微的损害构成实质损害",除此之外不存在其他判断标准。协定规定对损害的确定应依据肯定性证据并进行客观审查。[25] 与《保障措施协定》相同,协定要求审查所有的相关经济因素和指标,并列举了应该评估的经济指标。[26]

协定规定的有关损害确定的规则,基本上与保障措施所规定的内容相同。但是关于反倾销税,《协定》第 17 条第 6 款(i)作出了与争端解决有关的特殊规定,根据这一规定,在 WTO 的争端解决程序中,专家组对国内调查机关的损害认定进行评估时,将面临与保障措施的损害认定评估不同的情况。《协定》第 17 条第 6 款(i)所规定的专家组的权限是,专家组应确定主管机关对事实的认定是否恰当,以及他们对事实的评估是否无偏见和客观的。如事实的认定是恰当的,且评估是无偏见和客观的,则即使专家组可能得出不同的结论,也不得推翻主管机关对事实的评估。这一规定的渊源是,GATT 时代在关于反

---

[25] 《反倾销协定》第 3 条第 1 款。
[26] 《反倾销协定》第 3 条第 4 款。

倾销的争端解决程序中专家组提到的审查标准。关于该问题的代表性的专家组意见,是在1994年"美国对挪威产大马哈鱼征收反倾销税案"中作出的。该案专家组指出,专家组的职权是审查,"主管机关是否依据肯定性证据并进行了客观审查,即主管机关是否审查了所有相关事项,并对作出的决定与事实之间的关系是否作出了合理说明"。[27]

前述关于保障措施中损害认定的审查标准是对《DSU》第11条所规定的"客观评估"的具体说明,与"美国对挪威产大马哈鱼征收反倾销税案"的审查标准是一致的。问题在于《DSU》第11条所规定的"客观评估"与《协定》第17条第6款(i)规定的审查标准的区别在哪里。在"欧共体对印度床单征收反倾销税案"中,专家组指出应该对以下方面作出判断,即主管机关对事实的认定是否恰当,如果是恰当的,采取公平与客观态度的主管机关能否得出相同的结论。[28]"美国对不锈钢板征收反倾销税案"中,专家组指出,《协定》第17条第6款(i)不仅规定了事实的认定,也提到了对事实的评估,因此,除事实认定的恰当性以外,专家组还需要审查,对事实所赋予的意义和重要程度是否恰当,且是否无偏见和客观。[29] 上述案件虽然都是关于倾销认定是否合法的问题,但是就审查标准而言仍然可以适用于损害的认定。

与根据《DSU》第11条规定的"客观评估"所采用的"审查标准"(适用于保障措施)相比较,关于《协定》第17条第6款(i)所规定的事实评估,专家组指出了包括"对事实所赋予的意义和重要程度是否恰当"的评估,因此,可以看出该条款规定了更加详细的审查标准。《协定》第17条第6款(i)的目的在于,明确规定在反倾销争端中对主管机关认定的尊重,但是从最近的实际适用情况来看,比预想的还要严格。实质损害的认定原则取决于国内主管机关的判断,但是主管机关必须对包括协定第3条第4款所列举的经济因素与指标在内的所有相关因素进行评估。争端解决机构专家组对国内主管机关所作出的实质损害认定的审查非常严格(与对保障措施的严重损害所作的审查一样),虽然还有其不足之处,但对轻易发动反倾销措施起到了抑止作用。

(c) 因果关系

《协定》第3条第5款作出了关于因果关系的规定。本条规定,"其他因素造成的损害不得归因于倾销产品",尤其是列举了未以倾销价格销售的进口产品的数量和价格,需求的减少和消费模式的变化等评估因素。将该条款与

---

[27] "美国对挪威产大马哈鱼征收反倾销税案",参见松下满雄、清水章雄、中川淳司编:《GATT/WTO案例研究》,日本有斐阁2000年版,第114—117页。

[28] WT/DS141/R, para. 6.45.

[29] WT/DS179/R, para. 6.18.

1979年《反倾销协定》的相关规定相比较,基本上属于同样的规定。但是,协定将原来在注释中所列举的评估因素规定在条约正文中,显示出了一定程度的严肃态度。

在GATT时代,对于因果关系曾经作出过比较宽松的解释。在1994年的"美国对挪威产大马哈鱼征收反倾销税案"中,挪威主张来自第三国的进口是造成损害的主要原因。针对挪威的主张,专家组以美国的结论是在对其他因素进行评估的基础上作出的为理由,认可了并不具备说服力的美国的决定。[30]

WTO成立后的争端解决专家组对因果关系的认定所做的审查比GATT时代严格了,但是《协定》第3条第5款在防止WTO成员滥用反倾销措施方面到底能够发挥多大作用,仍然是个疑问。

(2) 征收反倾销税的程序

国内主管机关必须根据国内法规定的程序展开调查并作出法律要件充足的认定之后才能征收反倾销税。关于调查程序,日本的《关税定率法》、《关于反倾销税的行政命令》、《关于征收反补贴税和反倾销税程序的指南》等法律法规分别作出了规定。

作为磋商与实施协议有关事宜的机构,根据《协定》第16条的规定设立了反倾销措施委员会。关于与反倾销措施有关的所有事项,成员国必须向该委员会作出通知。因此,成员有义务作出通知的内容包括调查开始、作出临时裁定以及最终裁定等事项,但与保障措施不同,进口国没有必要向出口国提供补偿,也没有必要与出口国事先进行磋商。出口国对反倾销措施提出异议时,可根据《协定》第17条的规定和《DSU》来处理争端。

在反倾销调查过程中,进口国主管机关在确定倾销的存在时,必须以每个出口企业为单位,计算出出口价格与正常价值并对两者进行比较。因此一般来讲,各国政府主管机关对出口企业进行问卷调查,搜集有关原价、各项费用的数据,与此同时进行实地调查等,来完成产品价格的计算和调整。因为出口企业也被卷入反倾销的国内调查,对作为被调查对象的企业的利益必须予以考虑。实际上反倾销调查的开始本身就会有限制进口的作用,即存在所谓的"抑止作用"(chilling effect),因此在反倾销调查过程中,尤其是在调查的开始和信息搜集等阶段,制定保护出口企业等利害关系方利益的程序是非常重

---

[30] "美国对挪威产大马哈鱼征收反倾销税案",参见松下满雄、清水章雄、中川淳司编:《GATT/WTO案例研究》,日本有斐阁2000年版,第114—117页。

要的。

(a) 调查的开始

关于反倾销调查如存在特殊情况,主管机关可以在没有申请者发起调查申请的情况下开始进行调查。[31] 但原则上,关于任何被指控的倾销的存在、程度和影响的调查"应在收到国内产业或代表国内产业提出的书面申请后发起"。[32] 因为申请者的资格原则上被限定在与出口企业有竞争关系的国内产业,《协定》第4条对国内产业的范围作出了规定。根据协定规定,"国内产业",是指作为调查对象的进口产品的"同类产品的国内生产者全体,或指总产量构成同类产品国内总产量主要部分的国内生产者"。[33] 但是,如果国内生产者与出口商或进口商有关联,则可以不将其包括在国内生产者的范围内。[34] 此外,一成员的领土可分为两个以上的竞争市场的情况下,可将存在于不同竞争市场的产业单独视作国内产业。[35]

关于发起反倾销调查的申请,是否属于"由国内产业和代表国内产业提出的",应该根据国内同类产品生产者对申请表示的支持或反对程度来决定。如支持申请的国内生产者的总产量构成国内产业中支持和反对申请的国内同类产品生产者生产的同类产品总产量的50%以上,则该申请应被视为"由国内产业和代表国内产业提出的"。但是,如果表示支持申请的国内生产者的产量不足国内产业生产的同类产品总产量的25%,则不得发起调查。[36]

发起反倾销调查的申请应包括以下证据:第一,倾销;第二,国内产业的损害;第三,倾销进口产品与损害之间的因果关系。这些证据是关于进口产品价格和国内产业状况的资料,主管机关应审查申请者所提供的证据的准确性和充分性,以确定是否有足够的证据证明发起调查是正当的。主管机关一经确信不存在有关倾销和损害的足够证据时,应对申请予以拒绝。[37] 倾销幅度和倾销进口产品的数量是微量的情况下,不得发起调查。倾销幅度小于2%(按出口价格的百分比表示)时应被视为属于微量。还有,如果来自一特定国家的倾销进口产品的数量占同类产品进口的不足3%时可忽略不计,但是倾销进口产品的数量即使占同类产品进口的不足3%,不足3%的进口合计超过同类

---

[31] 《反倾销协定》第5条第6款。
[32] 《反倾销协定》第5条第1款。
[33] 《反倾销协定》第4条第1款。
[34] 《反倾销协定》第4条第1款(i)。
[35] 《反倾销协定》第4条第1款(ii)。
[36] 《反倾销协定》第5条第4款。
[37] 《反倾销协定》第5条第3款、第5条第8款。

产品进口的 7% 时,可以发起调查。[38]

(b) 利害关系方的保护

如上所述,在反倾销调查过程中向主管机关提供信息可能使企业秘密流失,从而导致受调查企业对提供信息持消极态度。但是另一方面,提供信息对企业来讲也是主张不存在倾销以及倾销幅度较小的良好机会。《协定》第 6 条第 1 款规定,主管机关应将其所要求的信息通知反倾销调查中的所有利害关系方,并给予他们充分的机会以书面形式提出其认为与所涉调查有关的所有证据。[39] 在遵守保守机密信息要求的前提下,一利害关系方提出的书面证据应迅速向参与调查的其他利害关系方提供。[40] 主管机关不得披露未经提供方特别允许的机密信息,但是,信息提供者必须提供能够使其他人合理了解机密信息实质内容的摘要。[41]

在整个反倾销调查期间,除提供证据以外,利害关系方均享有为其利益进行辩护的充分机会。利害关系方可利用这一机会与具有相反利益的当事方会面,以便陈述对立的观点和提出反驳的论据。任何利害关系方均无必须出席会议的义务,未能出席会议不得对该方的案件产生不利。[42] 除为利害关系方提供陈述意见和提出证据的机会以外,各成员有义务设立司法救济程序,以保证对反倾销的最终裁定与裁定的复审进行迅速的司法审查。

(3) 反倾销措施

(a) 临时措施

从反倾销调查开始至最终裁定作出为止的期间,有可能发生抢先进口而造成损害和扩大损害的情况。为应对此类情况,主管机关可以在作出关于倾销和损害的临时裁定后,采取临时反倾销措施。[43] 临时措施的实施应限制在尽可能短的时间内,原则上不得超过 4 个月,即使有出口商请求的情况下也不得超过 6 个月。[44] 允许根据出口商的请求延长临时措施的期限的目的在于避免主管机关草率作出决定从而要求慎重调查。

(b) 反倾销税

主管机关通过作出最终裁定,确定倾销和损害以及因果关系的存在之后

---

[38] 《反倾销协定》第 5 条第 8 款。
[39] 《反倾销协定》第 6 条第 1 款。
[40] 《反倾销协定》第 6 条第 1 款 2。
[41] 《反倾销协定》第 6 条第 5 款、第 5 款 1。
[42] 《反倾销协定》第 6 条第 2 款。
[43] 《反倾销协定》第 7 条。
[44] 《反倾销协定》第 7 条第 4 款。

方可征收反倾销税。主管机关不得超过倾销幅度征收反倾销税,如反倾销税小于倾销幅度即足以消除对国内产业的损害,则应征收小于倾销幅度的反倾销税(lesser duty rule)。[45] 根据这一规定,有些国家在参考国内价格所确定的价格差异(与进口价格比较)小于倾销幅度的情况下,采用前者来征收反倾销税。

(c)价格承诺

进口国主管机关作出关于倾销和损害的临时裁定之后,如有出口商作出关于提高出口价格的承诺,可以不征收反倾销税。[46] 允许这一做法的理由在于反倾销调查程序需要花费大量人力和物力,无论对调查机关和出口商来讲都会带来负担。出口国没有义务必须接受出口商所作出的价格承诺。[47] 如果出口商违反承诺,进口成员可采取迅速行动,可对临时措施实施前90天内进口的产品溯及征收最终反倾销税。[48] 欧共体在过去曾经积极奖励出口国作出价格承诺来处理反倾销问题,但最近几年因为对价格承诺的监督履行所带来的负担,不再接受价格承诺。

(d)征收反倾销税的期限和对反倾销裁定的复审

自开始征收反倾销税之日起经过一段合理时间后,在收到利害关系方所提交的包括证实复审必要性的肯定性信息在内的申请时,主管机关应复审继续征收反倾销税的必要性。[49] 复审程序也应按照《协定》第6条规定的反倾销调查程序进行。[50] 任何最终反倾销税应在征收之日起5年内终止,除非主管机关通过复审确定,反倾销税的终止有可能导致倾销和损害的继续和再度发生。[51]

因为1979年《反倾销协定》没有对反倾销税的征收期限作出规定,发生了很多长期征收反倾销税的案件。为防止无期限地征收反倾销税,协定规定了5年的落日复审制度。

在过去频繁利用反倾销措施的国家或地区,主要是美国、欧共体、加拿大和澳大利亚。但最近印度、南非、阿根廷、巴西等新的发起国开始引起人们的注意。与上述保障措施被频繁利用的情况相同,新发起国开始利用反倾销措施的主要原因在于他们所采取的贸易自由化政策。

---

[45]《反倾销协定》第9条第1款。
[46]《反倾销协定》第8条第1款、第2款。
[47]《反倾销协定》第8条第3款。
[48]《反倾销协定》第8条第6款。
[49]《反倾销协定》第11条第2款。
[50]《反倾销协定》第11条第4款。
[51]《反倾销协定》第11条第3款。

反倾销调查发起次数

年\国别	1991	1992	1993	1994	1995	1996	1997	1998	1999	2000
美国	63	82	32	48	14	22	15	36	47	47
欧共体	29	42	21	43	33	25	41	22	65	31
加拿大	11	46	25	2	11	5	14	8	18	21
澳大利亚	68	71	59	15	5	17	42	13	24	45
阿根廷	1	14	28	17	27	22	15	8	24	45
巴西	7	9	35	9	5	18	11	18	16	11
韩国	0	5	5	4	4	13	15	3	6	2
印度	0	8	0	7	6	21	13	27	65	41
南非	0	0	0	16	16	33	23	41	16	21
印度尼西亚	0	0	0	0	0	11	5	8	10	3
墨西哥	9	26	71	22	4	4	6	12	11	7
秘鲁	0	0	0	3	2	7	2	3	8	1
菲律宾	0	0	1	7	1	0	1	2	3	2
波兰	24	0	0	0	0	0	1	0	7	0
土耳其	0	0	7	21	0	0	4	1	8	2
委内瑞拉	0	0	3	0	3	2	6	10	7	1
日本	3	0	0	0	1	0	0	0	0	0
其他	13	22	15	14	26	23	28	41	18	22
合计	228	325	302	229	157	224	243	254	356	272

资料来源：日本经济产业省通商政策局编：《2002 年版不公正贸易报告书》（经济产业调查会，2002 年），第 245 页（图表 5-1）。

（4）防止规避反倾销税

规避是指被认定以倾销价格出口并被征收反倾销税的出口企业规避征收反倾销税的行为。规避方法主要有三种，即进口国规避、第三国规避和 Country Hopping。进口国规避，是指在进口国设立工厂，将零部件出口至进口国并组装成成品后在进口国内销售。第三国规避，是指在第三国设置工厂，将零部件出口至第三国并组装成成品后从第三国再出口至进口国内销售。Country Hopping，是指将对进口国的出口转换成从原来进行生产活动的第三国至进口国的出口。

在乌拉圭回合开始之前防止规避问题就引起了人们的注意，就它是否符合《关税与贸易总协定》曾经有过一番争论。在 GATT 时代，欧共体曾经对原产于日本的电子打字机和复印机等 5 种产品征收过以防止规避反倾销税为理由的关税。[52] 该案专家组指出,以防止规避为理由征收的税属于对进口产品征收的国内税,构成对《关税与贸易总协定》第 3 条的违反。此案中,欧共体并没有主张防止规避的措施是反倾销措施,声称为确保欧共体反倾销制度的遵守而采取防止规避的措施,作为法律依据援引了《关税与贸易总协定》第 20 条(d)的一般例外规定。因此,关于防止规避的措施是否符合《关税与贸易总协定》第 6 条和现行协定,还没有专家组作出过判断。

在乌拉圭回合的谈判过程中,频繁发起反倾销措施的美国、欧共体等进口国曾经主张防止规避措施的必要性和合法性,对此日本和韩国等出口国采取了反对态度。一直到谈判中期,协定最初文本中包括了关于防止规避的条款,但后来因为遭到美国国会反对(国会担心防止规避措施的条款将会限制防止措施的范围),防止规避条款被删除了。关于从草案中删除防止规避条款一事的解释,存有争议。美国坚持没有被禁止的行为就是合法这一观点,仍然在维持防止规避措施的适用。美国在适用防止规避措施时,是以在作为新出口国的原产国所产生的附加值为标准来判断是否构成规避的。

在出口企业将生产转移到进口国只进行简单的组装而几乎不产生附加值的情况下,此种行为被认为是在逃避法律,促使进口国的措施合法化。问题在于防止规避措施,是在不经过对倾销和损害作出确定的情况下适用的,因此必须进行严格的解释。即使在组装生产的情况下,原则上经过调查之后应该对进口零部件征收反倾销税,只有在明显是被认为逃避法律的特殊情况下认可防止规避措施的合法性。美国所坚持的所谓"没有被禁止的行为就是合法"的观点,在《关税与贸易总协定》对超过减让表税率征收关税予以明确禁止的情况下,是站不住脚的。必须注意的是,只有在《关税与贸易总协定》第 6 条和协定所规定的法律要件得到满足的情况下才能征收反倾销税。

4 补贴与反补贴措施

国际贸易法上所说的补贴,是指政府给特定企业或产业,或一组企业或产业所提供的财政资助、或收入或价格支持,以及由此而授予的利益。[53] 各国政府为实现种种政策目标在利用提供补贴的制度。只给国内生产者提供补贴将违反规定国内产品和进口产品非歧视待遇的国民待遇原则,但是《关税与贸

---

[52] "欧共体零部件反倾销税案",参见松下满雄、清水章雄、中川淳司编:《GATT/WTO 案例研究》,日本有斐阁 2000 年版,第 57—60 页。

[53] 《SCM 协定》第 1 条、第 2 条第 1 款。

易总协定》第 3 条第 8 款规定,作为例外制度允许给国内生产者提供补贴。作为保护国内产业的方法,相对于进口限制措施来讲,补贴的贸易扭曲效果较小,从经济政策的角度来考虑补贴更容易让人接受。

关于补贴的必要性,各国之间并不存在意见分歧,但是补贴毕竟会给贸易带来扭曲效果,因此国际社会认识到有必要对其提供的方法和形式予以规制。另外,给国内生产者提供补贴,将意味着政府负担企业的部分成本,接受补贴的企业所生产的产品的出口,将扭曲参与国际贸易活动的企业之间的竞争条件,最终导致经营效率好的企业被驱逐出国际市场。因此,《关税与贸易总协定》第 6 条规定,补贴产品的进口给国内产业造成实质损害时,进口国政府可以对补贴进口产品征收反补贴税(Countervailing Duty,CVD),以保护国内产业。反补贴税的宗旨在于,虽然补贴的贸易扭曲效果要比数量限制措施小,但是在接受政府支持而竞争条件受到扭曲的情况下生产的产品给进口国国内产业造成实质性损害时,允许进口国对此采取矫正措施。人们经常将反补贴税和反倾销税并列在一起,说明他们的目的在于对抗"不公正贸易"。

如上所述,补贴所引起的问题是两个方面的,即对补贴的规制与对反补贴措施的规制。但是在过去的 GATT 时代,议论更多的是关于反补贴税的规制问题,至于怎样规制补贴本身则很少有过充分的议论。参加乌拉圭回合的各国就补贴的规制问题进行了谈判,并大大强化和完善了补贴的纪律。现在规制补贴和反补贴税的主要法律规则是《关税与贸易总协定》第 6 条(关于补贴的规制)、第 16 条(关于反补贴税的规制),以及《补贴与反补贴措施协定》(简称《SCM 协定》)。作为审议讨论与《SCM 协定》的实施有关事项的场所,WTO 根据《SCM 协定》设立了补贴与反补贴措施委员会(本节简称委员会)。[54] 关于农业补贴,《农业协定》作出了规定,农业补贴被排除于《SCM 协定》的适用范围之外。

(1)补贴的定义及其纪律

如上所述,补贴是指政府给特定企业或产业,或一组企业或产业所提供的财政资助。金钱的直接支付当然属于补贴,此外还有税收的抵免、贷款担保等信用的提供,即使没有直接支付金钱,如果存在通过政府的负担提供某种形式的财政资助的情况也属于补贴。根据《SCM 协定》的规定,以补贴是否与出口有直接关联为根据,将补贴分为出口补贴和国内补贴。

出口补贴是以出口实绩为条件而支付的补贴,它会使低于国内价格的出

---

[54]《SCM 协定》第 24 条。

口成为可能。《关税与贸易总协定》第16条B节第3款规定,缔约方应寻求避免对初级产品提供出口补贴,该补贴的实施不得使该缔约方在该产品的世界出口贸易中占有不公平的份额。第16条B节第4款规定,禁止对初级产品以外产品的出口补贴的提供。东京回合结束时签订的《补贴与反补贴措施协定》(也称作《1979年补贴与反补贴措施协定》),出于其本身的性质(该协定是关于《关税与贸易总协定》第16条解释和适用的协定),对初级产品的范围进行修改,将矿产品排除在初级产品范围之外,并在对初级产品和其他产品进行分类的基础上作出了更加详细的规定。

乌拉圭回合大幅度地完善和充实了对补贴的规制。关于补贴的定义,《SCM协定》规定,存在由政府和公共机构向企业提供的财政资助或任何形式的价格和收入支持,以及因此而授予利益的情况下,应视为存在补贴。《SCM协定》明确规定具有专向性的补贴,即对特定企业和产业,以及一组企业或产业所提供的补贴才能成为规制对象。[55] 以此为基础,将补贴分为:禁止性补贴、可采取反补贴措施(或补救措施)的补贴和不可采取反补贴措施(或补救措施)的补贴三种(以交通信号的颜色作比拟称为红灯补贴、绿灯补贴和黄灯补贴)。

第一,属于禁止性补贴的是出口补贴和国内产品优先使用补贴。[56] 因为这些补贴直接影响进出口贸易并具有很大的贸易扭曲效果,所以被禁止。关于国内产品优先使用补贴,《SCM协定》首次作出了明确禁止的规定。在1958年发生的"意大利农用机械案"中,专家组裁决对购买国产农用机械提供补贴的做法违反国民待遇原则,可以说《SCM协定》对过去事实上被禁止的补贴予以了明文规定。

针对禁止性补贴,可以利用《SCM协定》第4条的规定采取补救措施,也可以根据《SCM协定》第5部的规定发起反补贴措施。《SCM协定》规定的补救措施是与补贴有关争端解决程序的特殊规定,其期限比一般争端解决程序要短。另外,与一般争端解决程序不同的是,特殊规定不需要利益的丧失或减损等要件,只要补贴是属于禁止性补贴,就可以适用特殊规定。专家组为就某一措施是否属于禁止性补贴作出决定时,可以请求根据《SCM协定》第24条设置的常设专家小组提供协助。在此情况下,专家组应接受常设专家小组的结论而不得进行修改。[57] 至今为止,常设专家小组制度还没有被利用过。

第二,可采取反补贴措施的补贴,是指补贴本身不被禁止,但是对其可以

---

[55] 《SCM协定》第1条。
[56] 《SCM协定》第3条。
[57] 《SCM协定》第4条第5款。

采取反补贴措施(或补救措施)的补贴。此种补贴的范围包括成为《SCM协定》规制对象的补贴中除禁止性补贴和不可采取反补贴措施的补贴以外的所有补贴。《SCM协定》第5条规定,任何成员不得通过使用补贴而对其他成员的利益造成不利影响。"不利影响"包括,损害另一成员的国内产业、其他成员在《GATT 1994》项下直接或间接获得的利益的丧失或减损、严重侵害另一成员的利益等三个方面。《SCM协定》进一步规定,以下情况下被视为存在严重侵害:超过产品价格5%的补贴;用以弥补一产业经营亏损的补贴;用以弥补一企业经营亏损的补贴;直接免除企业债务。[58]

　　WTO成员因其他成员的补贴而受到不利影响时,可以利用补救措施。[59]《SCM协定》第7条规定的补救措施与对禁止性补贴的补救措施相同,也属于《DSU》所规定的一般争端解决程序的特殊规定,但其程序期限要比禁止性补贴的长一些,与一般争端解决程序的期限相同。针对补贴给进口成员国内市场造成的不利影响,只能采取第7条规定的补救措施或第5部规定的反补贴措施中的一个。[60]

　　第三,不可采取反补贴措施的补贴,是指其提供不受禁止,也不能对其采取反补贴措施的补贴。此类补贴包括不具有《SCM协定》第2条规定的专向性补贴,以及研究开发补贴、地区发展补贴以及环境保护补贴。[61] 因为不具有专向性并能普遍使用的补贴对贸易不产生扭曲效果,所以被排除于反补贴措施对象的范围之外。其他三种补贴虽然具有专向性,也有可能产生扭曲贸易的效果,但是它有利于社会与经济因而得到了认可,而且必须符合严格的条件才能免除对这些补贴采取反补贴措施。《SCM协定》同时规定了就这些补贴法律所规定的条件是否充足产生争议时解决问题的仲裁程序。[62]

　　研究开发补贴,是指援助涵盖不超过工业研究成本的75%和竞争前开发活动成本的50%的补贴,而且此种补贴仅限于人事成本、仪器设备、建筑物和土地成本等法律规定所列举的费用项目。地区发展补贴,是指对国内落后地区提供的补贴,落后地区的条件是其收入和失业率分别至少在全国平均水准的85%以下或110%以上的地区。环境保护补贴,是指对企业为符合新的环境标准而更新现有设备所需费用提供的补贴。此种援助仅限于一次性的临时

---

[58]《SCM协定》第6条第1款。
[59]《SCM协定》第7条。
[60]《SCM协定》第10条注释。
[61]《SCM协定》第8条第1、2款。
[62]《SCM协定》第8条第5款。

措施并不得超过所需费用的20%。[63]

在不可采取反补贴措施的补贴给其他成员国内产业造成不利影响的情况下,关于应该采取的补救程序《SCM 协定》也作出了规定。此种情况下的补救程序是当事国之间的磋商和在委员会的审议。如委员会确定存在显著的不利影响,则可建议提供补贴的成员修改补贴计划,以消除这些影响。当委员会的建议得不到遵守时,委员会则应授权提出请求的成员采取适当的对抗措施。[64]该补救措施只适用于《SCM 协定》第 8 条第 2 款规定的补贴,对不具有专向性的补贴则不能适用。

上述不可采取反补贴措施的补贴的适用期限是临时性的,即自 WTO 成立之日起适用 5 年。[65]《SCM 协定》规定,关于是否延长其适用期限,应在该期限结束前 180 天,由委员会审议决定。但是,关于是否继续延长适用期限,因为各成员之间未能达成协议,于 1999 年末关于不可采取反补贴措施的补贴的规定失去了法律效力。其原因在于,认定不可采取反补贴措施的补贴的条件过于苛刻,以及实际上没有发生过适用的事例。2001 年 11 月,根据多哈部长级会议决定开始的新一轮多边谈判(多哈发展议题)中,有关不可采取反补贴措施的补贴问题能否成为议题,虽然其可能性非常小,但是,环境保护等非贸易关心事项已经引起了国际社会的广泛关注与讨论,不可采取反补贴措施的补贴问题也有必要进行重新审议。在重新审议这些问题时,《SCM 协定》第 8 条及第 9 条的规定以及其实际运用的经验将会发挥重要的理论意义。

如上所述,《SCM 协定》将补贴分为三类,并根据对每一种补贴的性质分别规定了不同的补救措施。禁止性补贴无需其他任何条件对其本身可以适用补救措施;可采取反补贴措施的补贴只有在产生不利影响的情况下才能采取补救措施;具有专向性的不可采取反补贴措施的补贴只有产生显著的不利影响时才能对其适用补救措施。对每一种补贴最终都可以采取对抗措施,以期实现对补贴本身的法律规制。在过去,对出口补贴以外的没有禁止其使用的补贴只能提出磋商请求。所以,只要当事国之间不能达成协议,有关提供补贴所引起的争议是很难得到解决的。在《SCM 协定》项下,在以承认对抗措施为后盾的情况下,可以说对补贴本身的规制已经大大前进了一步。

(2) 反补贴措施

由于禁止性补贴和可采取反补贴措施的补贴的提供,补贴产品的进口给

---

[63] 《SCM 协定》第 8 条第 2 款。
[64] 《SCM 协定》第 9 条。
[65] 《SCM 协定》第 31 条。

一成员的国内产业造成实质损害和实质损害威胁,或实质阻碍一国内产业的新建时,为抵消补贴可以对补贴进口产品采取反补贴措施。一成员国主管机关就补贴的存在和金额作出最终裁定,并裁定通过补贴的影响补贴进口产品正在造成损害后才能征收反补贴税。[66] 进口国对任何产品征收的反补贴税不得超过认定存在的补贴的金额。[67]

反补贴调查的主要内容是,确定补贴的存在和金额、认定损害以及补贴进口与实质损害之间的因果关系。此调查程序与反倾销调查程序基本上相同。关于"国内产业"的定义[68]、证据的处理[69]、损害的确定[70]、价格承诺[71]、征收期限和行政复审[72]等方面,《SCM 协定》作出了与《反倾销协定》几乎同样的规定。

《SCM 协定》第 14 条就如下几种情况下的补贴金额的计算和确定规定了判断标准:即政府提供股本;政府提供贷款;政府提供贷款担保;政府提供货物和服务或购买货物。此外,如在补贴金额不足产品价格的 1%,或所造成的损害可忽略不记的情况下,进口国应迅速终止调查。[73]

经过上述调查程序,在所有征收反补贴税的要件均得到满足的情况下,进口国应该就是否征税,以及征收金额作出决定。主管机关对作出该决定应该具有裁量权,而且鼓励实际征收反补贴税的金额小于被认定的补贴金额。

5 单边措施

(1) 多边贸易体制与单边措施

WTO 体制的目标在于建立一个非歧视的多边贸易体制。这里所说的多边贸易体制,是指在一个多数国家之间的框架体制内,通过谈判制定规则并实现贸易自由化,最后遵循规则来处理问题。在多边框架内部虽然也进行双边谈判,但其最终结果是,双边谈判所带来的利益将通过最惠国待遇原则被所有 WTO 成员均沾。成员之间的问题也可以通过双边谈判得到处理,但其处理结

---

[66] 《SCM 协定》第 19 条。
[67] 《SCM 协定》第 19 条第 4 款。
[68] 《SCM 协定》第 11 条第 4 款、第 16 条。
[69] 《SCM 协定》第 12 条。
[70] 《SCM 协定》第 15 条。
[71] 《SCM 协定》第 18 条。
[72] 《SCM 协定》第 21 条。
[73] 《SCM 协定》第 11 条第 9 款。

果将会成为 WTO 内部各种委员会和理事会的审议对象,以保证通过双边磋商解决的事项能够符合《WTO 协定》的规定。(详细内容请参阅本书第 8 章 1 (1))

　　GATT 所寻求的基本目标也是建立一个多边贸易体制,但由于《关税与贸易总协定》缺乏充分的法律依据,使真正意义上的多边贸易体制最终难以得到成立。因此,出现了在 GATT 框架外通过双边磋商来解决问题的做法,以及利用单边措施来处理问题的现象。这里所说的单边措施的含义如下:不通过 GATT 争端解决程序,而是根据本国的判断片面认定贸易伙伴是"不公正贸易国",并以此为依据通过谈判来解决问题,通过谈判不能达成满足自己利益的双边协议时就发动报复措施。美国 1974 年《贸易法》301 条款是单边措施的典型代表。如上所述,在多边贸易体制内部也存在通过当事国之间的双边磋商来处理问题的做法。但是,这里所说的双边措施是指,在一方当事国无视多边体制,利用单边措施给对方施加压力和威胁的条件下处理问题,这将构成对多边贸易体制的威胁。

　　上述情况出现的原因在于多边协定和争端解决程序本身的不完善,并非是接受不利条件(与规则所赋予的利益相比较)的国家积极寻求的结果。被认定为"不公正贸易国"的国家,在很有可能因单边措施蒙受更大损失的情况下,不得不接受单边措施威胁下的双边磋商结果。不论当事国所做的选择是积极的还是消极的,既然双方已达成协议,当事国将问题申诉到争端解决程序的可能性就很小。因为双方所达成的协议效果仅限于当事国,其他国家也无法插手并向争端解决程序提出申诉。正是在此情况下,前述自愿出口限制措施有了蔓延的余地。

　　在 GATT 框架外所采取的措施,其影响不仅限于个别案件,而且通过其扩散导致了多边体制的纪律涣散并引起了对多边体制本身的信赖丧失,甚至有波及到其他领域的危险。因此,人们最先担心的是 GATT 多边贸易体制的崩溃。强化多边贸易体制是乌拉圭回合的一个重要谈判目标,《WTO 协定》的签订实现了争端解决程序的强化以及规则的明确化与完善化,并禁止了单边措施的使用。

　　首先,因为在争端解决程序中采用了反向协商一致的决策方法,使一成员即使在争议对方不同意的情况下也能利用争端解决程序,并能如实得到关于一项措施是否符合《WTO 协定》的法律判断。因此,一成员质疑贸易伙伴的做法违反《WTO 协定》时,能够诉诸争端解决程序来判断它的合法性,另外,被认定为"不公正贸易国"的国家也能通过争端解决程序来争辩单方面认定以及报复措施的合法性。其次,《DSU》第 23 条规定,为实现强化多边体制的目标,成员在寻求补救本国利益的丧失或减损时,必须承担遵守《DSU》规定的程序来解决问题的义务。利益的丧失或减损的认定必须依照 DSB 的程序来作出。[74] 在未获得 DSB 授权的情况下不得发动报复措施(中止减让和其他义务)。[75]

(2) 美国《外贸法》301 条款

单边措施的典型代表是美国 1974 年《外贸法》第 301 条以下条款规定的针对"不公正贸易做法"的报复措施。1988 年美国制定的《综合贸易与竞争法》对这些规定进行了修改和强化,1994 年通过的《乌拉圭回合协定法》也对其进行了进一步的修改。

美国《外贸法》301 条款规定了两种措施,即强制措施(mandatory action)和裁量性措施(discretionary action)。在下列情况下美国贸易代表必须采取一切适当可行的措施,即:第一,根据贸易协定美国所享有的利益受到侵害;第二,违反贸易协定以及贸易协定项下美国利益受到拒绝;第三,外国的立法、政策或做法是不正当的,并加重了美国商业的负担或限制了美国商业。美国贸易代表认为是恰当的,并作出如下判断时适用裁量性措施,即外国的立法、政策或做法是不合理的或歧视性的,并加重了美国商业的负担或限制了美国商业。关于强制性措施,美国贸易代表不必作出是否恰当的判断。

上述两种措施都必须服从美国总统的指令,在总统作出不必要的判断时无法采用裁量性措施,可以说最终裁量权是掌握在总统手里。美国外贸法规定,关于一项强制性措施,专家组作出不违反《WTO 协定》的报告而且报告在 DSB 得到通过的情况下,贸易代表不被要求(not required)采取该措施。

美国《外贸法》301 条款被适用的重要案件是 1995 年发生的日美汽车贸易摩擦。一直以来,美国在种种领域里批判日本市场的封闭性,并强烈要求日本开放市场。在关于汽车贸易的日美磋商中,美国提出了扩大日本汽车厂商采购外国汽车零部件、增加出售外国进口汽车销售点、缓和汽车年审制度等要求。当时,因为日本拒绝了美国提出的量化指标和承诺实现量化指标等要求,对此,美国贸易代表声称日本市场的封闭性是不合理做法的体现,作为依据《外贸法》301 条款采取的措施,决定对日本产高级轿车征收 100% 的关税。日本政府根据《关税与贸易总协定》向美国提出了磋商请求,显示出了利用争端解决程序来解决争议的态度。在这种气氛中日美双方继续谈判,在发动制

---

[74] 《DSU》第 23 条第 2 款(a)。
[75] 《DSU》第 23 条第 2 款(c)。

裁措施的最后期限,即1995年6月28日,双方达成了协议。协议的内容是,日本政府缓和汽车年审制度、日本汽车厂商作出关于采购外国汽车零部件的全球采购计划以及扩大在北美的汽车生产量、由日本汽车销售公司协会促进外国进口汽车在日本的销售等。

这场汽车贸易争端中,美国所指出的日本市场的封闭性主要是指"系列交易"等日本企业所奉行的交易惯例。因为,《WTO协定》并没有作出关于私营企业交易惯例的规定,美国无法根据《WTO协定》来要求日本解决该问题。通过谈判来要求并实现开放市场的做法符合《WTO协定》,但是如前所述,如果谈判是在根据单方面判断采取制裁措施的威胁下进行,那将是个严重的问题。超过减让税率征收关税是违背《WTO协定》的做法,除非援引例外规定使其得到认可。因此,利用违法措施来威胁对方作出某种妥协和同意,是违背《WTO协定》的宗旨的。

在GATT时代,即使国内法的有些规定违反《关税与贸易总协定》,但在适用上允许国内主管机关拥有一定的裁量权,而且在其运用不违背《关税与贸易总协定》的情况下,多数意见认为国内法本身并不构成对《关税与贸易总协定》的违反。即所采取的具体措施只要不违反《关税与贸易总协定》,就不会引起问题。关于美国《外贸法》301条款是否符合《WTO协定》的问题,根据欧共体提出的申诉,争端解决机构设立专家组进行了审理,并于1999年DSB通过了专家组报告。[76] 报告中专家组援引《DSU》第23条的规定(该条明确规定除非经过争端解决程序,成员不得就利益的丧失或减损作出认定)并指出,如果对第23条进行诚实的解释,该条不认可授予行政机关不经过《DSU》规定的程序作出决定之权限的国内法。[77] 最后专家组裁决美国《外贸法》301条款程序不违反《WTO协定》,尤其是《DSU》第23条第2款。

专家组之所以作出301条款不违反《WTO协定》的裁决,其原因在于对总统发布的行政活动公告以及以往实际适用情况的分析。

总统发布的行政活动公告向国会表明了以下情况,即经过301条款程序作出决定时,要以专家组和上诉机构的报告为根据。这一内容在专家组程序中反复得到了澄清,专家组认为行政活动公告对美国遵守《DSU》第23条提供了保证,并指出以往的违反将会以此而得到纠正。[78] 专家组对"日本汽车零部件案"等以往实际适用情况进行分析后指出,无法认定301条款违反《WTO

---

[76] "美国外贸法第301—310条款案"专家组报告,WT/DS152/R。
[77] WT/DS152/R. para. 7.67.
[78] WT/DS152/R. paras. 7.109—112, 125—126.

协定》。[79] 但必须引起注意的是,专家组明确表明其判断的依据是总统发布的行政活动公告,如果公告本身得不到遵守,其所作出的判断将失去效力。[80]

(3) 欧共体理事会规则 3286/94

欧共体理事会规则 3286/94 所规定的程序类似于美国《外贸法》301 条款的程序。WTO 体制成立之后,为代替原来的被称为"新贸易政策工具"的理事会规则 2641/84,欧共体制定了该规则。该规则的目的在于为确保欧共体根据国际贸易规则尤其是《WTO 协定》行使权利提供程序规则。

欧共体"新贸易政策工具"的制定,被普遍认为欧共体也导入了和美国同样的有关单边措施的程序。但实际上欧共体理事会规则 2641/84 与美国《外贸法》301 条款是不同的。在贸易伙伴违反贸易协定的情况下,欧共体委员会将根据共同体产业和企业,以及成员的申请采取措施,但是欧共体理事会规则 2641/84 规定了根据贸易协定规定的程序来解决争议的义务。具有代表性的是欧共体将美国《外贸法》337 条款申诉到 GATT 的案件(L/6439)。1994 年制定的理事会规则 3286/94 的主要目的在于,应对服务贸易被纳入 WTO 体制的规制范围等新情况,其内容和"新贸易政策工具"基本相同。

根据欧共体理事会规则 3286/94 的规定,在采取措施之前必须事先经过有关国际协定所规定的磋商或争端解决机制,在采取制裁措施(报复措施)时有必要事先得到国际争端解决机构的承认时,必须遵守该机构的建议。[81] 有关报复措施以外的其他内容也不得违反根据国际协定欧共体所承担的义务。[82] 如上所述,就对贸易伙伴的做法予以注意并采取相应措施而言,欧共体规则所规定的程序类似美国 301 条款程序,但是规则要求其具体规定的运用必须服从《WTO 协定》,因此规则的运用不会引起与美国《外贸法》301 条款相同的问题。

关于欧共体理事会规则须引起注意的又一个问题是,规则为产业或企业等私人提供了向 WTO 提出申诉的申请机会。《WTO 协定》基本上是关于国与国之间权利义务关系的协定,私人无权利用其争端解决程序。但是,根据理事会规则的规定,欧共体的产业或企业可以根据该规则向欧共体委员会提出申请,要求委员会向 WTO 提出申诉。根据该规则,虽然产业和企业不能直接向 WTO 提出申诉,但是通过这一制度,因成员政府采取的措施违反《WTO 协定》

---

[79] WT/DS152/R. paras. 7.129—130.
[80] WT/DS152/R. para. 8.1.
[81] 理事会规则 3286/94 第 12 条第 2 款。
[82] 理事会规则 3286/94 第 12 条第 3 款。

而受到损害的私人在争端解决程序中可以发挥主动性和积极作用。是否向 WTO 提出申诉,将由欧共体委员会就申诉对欧共体整体利益来讲有无必要性进行衡量之后作出决定,该程序的设立为更加有力地保护私人权利提供了可能性(关于向国内法院提出申诉的问题,请参阅第 4 章)。

6 贸易救济制度与"不公平贸易"

因为《关税与贸易总协定》第 6 条作出了倾销"应该予以谴责"的规定,反倾销措施在很多情况下被解释成对抗"不公正贸易"而采取的措施。关于反补贴措施,因为是为了对抗因接受政府补贴竞争力得到提高的补贴进口产品而采取的措施,也同样被解释成对抗"不公正贸易"而采取的措施。这样的解释和关于保障措施(是为对抗"公正贸易"而采取的措施)的说明形成对照。因此,采取反倾销措施和反补贴措施时所需证明的损害是"实质损害"就足矣,没有必要证明"严重损害"(发动保障措施时需要证明)的发生。此外,发动反倾销措施和反补贴措施时可以针对特定出口国采取进口限制措施,没有必要像保障措施那样必须遵守最惠国待遇义务,针对所有出口国采取措施。

如前所述,根据《关税与贸易总协定》第 6 条的规定,国际贸易法上的倾销,是指以低于正常价值的价格出口产品,其结果给进口国国内产业造成实质损害时,认可对"倾销应予以谴责"。《关税与贸易总协定》第 6 条并没有对倾销本身作出谴责。倾销就像日语翻译所表述的"不当的廉价销售",一般被认为是不公正的行为,但是这样的看法混淆了国际贸易法上的倾销和国内竞争法(反垄断法)中所指的倾销。

国内竞争法上的倾销,是指利用市场竞争中的优势地位,通过廉价销售的持续将竞争对手驱逐出市场,然后设定垄断价格牟取暴利。在此种情况下所设定的价格叫做"掠夺性价格"。没有雄厚的资本做后盾,此种"掠夺性价格"的设定是不可能的,对其进行规制的目的在于,避免具有竞争能力的企业因财力基础薄弱而被驱逐出市场。在国际贸易领域里也存在类似情况,即出口企业利用在本国市场获取的超额利润为基础进行廉价出口,以驱逐进口国市场的竞争对手。但是,掠夺性倾销只有在进口市场处于封闭状态下才有可能达到目的,因此,掠夺性倾销取得成功实际上几乎是不可能的。因为,在出口国驱逐进口国内的竞争对手之后提高产品销售价格的情况下,无法阻挡其他更加低廉的"掠夺性价格"的竞争者也将会得到市场准入的机会。国际性的掠夺性倾销,只有在本国市场和进口国市场都处于封闭状态,而且出口企业能够发挥支配市场价格的条件下才有可能成功。但是问题在于,如果进口国市场是封闭性的,进行倾销的企业本身的市场准入将变得很困难,从一开始就不会存在倾销出口的问题。

企业展开低于成本销售的目的有以下方面,即像 forward pricing 那样,在刚开始销售新产品的阶段为刺激需求而压低价格,或在市场准入的开始阶段,一般为了扩大企业和产品的知名度而压低价格销售。还有就是为促进库存的处理和提高生产量等规模效应(scale merit)的创造,以低于成本销售也将会给企业带来利益。因此,低于成本销售的时间只要不因为成本回收的困难而变得长期化,就应该作为正常的定价来处理。即使在被称为全球化时代的今天,市场是以国家为单位形成并运作,企业根据不同的市场设定不同的价格是理所当然的事情,在多个市场上销售产品的企业,设定不同的产品价格来进行出口也是完全有可能的事情。

国际贸易中发生的倾销只有在给进口国国内产业造成损害的情况下才能予以谴责。既然倾销本身不应该被谴责,那么为什么倾销给国内产业造成损害时就"应该予以谴责"呢。关于这一问题至今仍存有各种争议。有一种观点认为,应该放弃本来就不是很充分的"公正与不公正"的判断标准,从反倾销税和反补贴税是一种特殊保障措施这一角度出发,将其理解成用来缓和由于各国市场条件的差异而产生的摩擦的缓冲措施。另有观点则主张,应该维持"公正与不公正"的判断标准,以对抗妨害自由竞争的行为。

与倾销相比较,将补贴视作"不公正贸易"的原因的观点似乎更符合道理。反补贴税得到正当化的根据是,补贴的提供给企业带来与经营效率无关的人为的竞争力,或给效率低下的企业过剩配置资源,从而妨碍资源的最佳配置,降低世界经济的福利水准。在以私人之间的自由竞争为前提的市场经济社会里,因为补贴是通过政府的资助提升部分企业或产业竞争力的,因此它很容易被人们认为是"不公平的竞争"。

但是,为吸引企业到竞争条件不利地区来投资而提供的补贴,不一定必然会给接受补贴的企业带来人为的竞争优势,为纠正市场失败而提供的补贴甚至会有增大经济福利的效果。还有,进口国政府在给因补贴进口产品而蒙受损害的国内产业提供补贴的情况下,进口国如果不从反补贴税中扣除补贴额,以恢复"公平的"竞争状态为理由来辩护反补贴措施的正当性是件困难的事情。对此问题,《关税与贸易总协定》第6条和《SCM 协定》没有作出任何规定和调整,其注意力却集中在出口国提供的补贴上。

如上所述,关于倾销和补贴的提供是否构成"不公正贸易",《WTO 协定》并没有作出回答,仍然存有置疑的余地。倾销和补贴确实带有很多"不公正"的因素,但不能否定他们还包含很多其他的、并非"不公正"的因素。《反倾销协定》和《SCM 协定》中,不包括任何采取措施时必需的、对"不公正"进行确认的要件。无论《关税与贸易总协定》还是《WTO 协定》,关于反倾销税和反补贴税的规定的宗旨,始终是为了防止滥用作为例外措施的反倾销和反补贴税,因此,刻意指责或强调倾销和提供补贴是"不公正"的做法并非是一件恰当的事情。

第7章 WTO体制纪律的强化与扩大

1 农产品贸易

（1）农业的特殊性

过去在 GATT 体制下，作为例外领域，农产品贸易事实上背离了《关税与贸易总协定》的一般原则，并在种种特殊制度下运作。即使在现在的 WTO 体制下，《WTO 协定》的一般原则仍然不能完全适用于农产品贸易，该领域仍在服从一些特殊的纪律和规制。其原因在于因为农业所具有的以下几方面的特殊性，一般被认为自由贸易体制不适合于农业领域。

第一，根据经济学的比较优势理论，一个国家参与国际分工并推行自由贸易，即使在容忍比较劣势的特定农业领域退出市场竞争的情况下，农业向其他产业的转移并非容易，即与其他产业相比较农业的产业结构调整是非常困难的。农业受天气等自然条件的制约，其产量波动非常大并很难进行人为的调整。因此，农产品国际市场的价格波动也非常激烈。另一方面，世界各国的大多数农民在从事经营规模小而零星的农业，他们很容易直接受到国际农产品市场价格波动所带来的影响。各国政府面临农产品国际市场价格的波动时，为保证本国农民的收入，以及为消费者供应价格稳定而合理的农产品，往往采取保护本国农业的政策。

第二，从政治角度出发，粮食安全保障论主张，在产量大幅度变动的农产品领域里，为保证对本国国民的稳定的粮食供应以及确立自给自足的粮食供应体系，有必要保护本国农业。在采用民主制度的多数工业发达国家，其选举制度规定不以人口规模而是以地区标准决定国会议员的当选名额，其结果为广大农村地区出身的议员比大城市选出的议员更容易形成政治上的多数派，对政府的决策施加决定性的影响和压力。可以说，支持政府采取农业保护政策的政治条件很容易形成。

第三，从社会与文化的角度考虑，在很多国家人们认为农业具有以下多方面的功能和贡献:农村人口的维持;传统农村文化和社会生活方式的保存;促进农村地区的发展;农村景观与环境的保护;生物多样性的保护以及灾害的防止等等。

农业所具有的功能与前述粮食安全保障论一起被称作"非贸易关心事项",最近几年主张对此应该予以关注的呼声越来越大了。

上述农业所具有的特殊性,为完全按市场机制运行的自由贸易体制不符合农业的观点提供了可靠的理论基础,这些特殊性也是从事实上承认农产品贸易应该按照特殊制度来运作的客观原因。

(2) GATT 体制下的农产品贸易

《关税与贸易总协定》第 11 条第 2 款,是考虑上述农业的特殊性而制定的唯一的一项例外制度,除此以外,农产品也和其他产品一样属于一般的规制对象。但是在农产品领域里,例外条款和一般规制一直到了 20 世纪 80 年代才开始得到严格适用。

(a) 流于形式的《关税与贸易总协定》第 11 条的规制

针对《关税与贸易总协定》第 11 条第 1 款所规定的数量限制的禁止原则,其第 2 款规定了关于农产品的例外规则。第 11 条第 2 款(a)规定,允许为缓解出口缔约方的粮食或其他必需品的严重短缺而临时实施的出口禁止或限制。第 11 条第 2 款(c)规定,政府为有效调整农产品的过剩可以实施必要的进口限制。但是,从乌拉圭回合正在进行谈判的 1988 年始,这些例外规则才开始得到严格适用,其契机就是同年发生的"日本对 12 种农产品进口限制案"。[1] 该案专家组第一次明确解释了第 11 条第 2 款(c)(i)规定的法律要件并严格适用了该条款,认定日本对农产品所实施的多数限制措施违反《关税与贸易总协定》。

GATT 时代,《关税与贸易总协定》第 11 条的规定变成了流于形式的条款,其原因在于以下两个方面的情况。第一,根据《关税与贸易总协定》第 25 条第 5 款,对美国农产品进口限制措施所授予的豁免(1955 年豁免)。美国在根据《农业调整法》实施农产品进口限制时,明显对本国的生产不加任何限制,这一做法完全不符合第 11 条第 2 款(c)(i)规定的例外规则,如果不对其授予豁免,必然构成对第 11 条的违反。给美国授予的豁免中没有限定期限和产品种类,在当时,如此广泛的豁免能够得到认可有其特殊的政治原因。在当

---

[1] "日本农产品进口限制案",参见松下满雄、清水章雄、中川淳司编:《GATT/WTO 案例研究》,日本有斐阁 2000 年版,第 164—171 页。

时,美国在外交上拥有绝对优势;其他多数缔约方也以维护国际收支平衡为理由在维持数量限制(《关税与贸易总协定》第 2 条规定的国际收支平衡例外);如果得不到豁免,美国很有可能退出 GATT 等等。这意味着美国在农产品贸易领域里无期限获得了对第 11 条的义务豁免,20 世纪 80 年代以后,在美国向其他国家要求开放农产品市场时,便引起了这些国家政治上的不公平感和反对。

第二,以美国为首的一些国家承认了 1958 年欧洲经济共同体(EEC)的设立及其统一农业政策。根据 1961 年至 1963 年的狄龙回合的谈判结果,EEC 以削减部分农产品的关税为交换条件,对农产品征收进口差价税的做法得到了承认,从此开始欧洲农产品市场完全被隔离于国际农产品市场。此外,关于农产品的出口,补偿共同体市场价格和国际市场价格差额的出口退费制度也得到了认可。构成统一农业政策的这些制度是很有可能与《关税与贸易总协定》的自由贸易体制相冲突的,但是支持设立 EEC 的美国等国家,从一开始就没有把作为 EEC 组织基础的统一农业政策是否违反《关税与贸易总协定》当作问题来考虑。

(b) 出口补贴规制的瘫痪

《关税与贸易总协定》通过 1955 年的修改增加了第 16 条 B 节的规定。该条 B 节第 4 款规定,在一定期限内终止对初级产品以外的产品提供出口补贴,B 节第 3 款规定,对包括农产品在内的初级产品提供的出口补贴,其实施不得使该缔约方得到超过"前一代表期内""该产品在世界出口贸易中所占的公平份额"。随后,1979 年东京回合结束时签订的《补贴与反补贴措施协定》第 10 条第 2 款,进一步明确了第 16 条 B 节第 3 款的内容。

虽然《关税与贸易总协定》关于初级产品出口补贴的规制内容得到了明确化,但是这些规定的实际适用却遇到了极大的困难。在若干案件中,就出口补贴是否使补贴产品得到了"超过该产品在世界出口贸易中所占的公平份额"这样的问题,GATT 争端解决小组未能作出判断,而且专家组报告的通过也往往遇到阻挠,一直到乌拉圭回合前夕为止,初级产品的出口补贴规制实际上陷入了瘫痪状态。[2]

(c) 乌拉圭回合农业谈判的契机

乌拉圭回合谈判开始之前农产品贸易所面临的下述情况给农业谈判带来了契机。美国和欧共体是进出口额在世界农产品贸易总额中占第一、第二位

---

[2] "欧共体小麦出口补贴案",参见松下满雄、清水章雄、中川淳司编:《GATT/WTO 案例研究》,日本有斐阁 2000 年版,第 126—128 页。

的农产品贸易大国,因为欧美双方都达到了农产品自给自足的水平,从而双方为得到剩余农产品的出口市场展开了激烈争夺。但是其他发达国家也同样面临着粮食自给自足的状况,再加上很多发展中国家陷入了无法履行外债的困境,可以说能够支付进口货款的世界农产品市场已经进入了饱和状态。因此,剩余农产品的库存更加增多,导致了欧美之间激烈的出口补贴竞争。巨额出口补贴给欧共体成员的政府和美国政府带来了沉重的财政负担,造成国际农产品价格的大幅度下跌,其他出口国也因此而蒙受了损失。

上述情况迫使以欧美为主的世界各国认识到,迅速开始谈判以协调或调整各国政府对农业的干预政策是当务之急。美国试图通过谈判削减欧共体的农产品补贴以扩大本国农产品的出口市场,与此相反,欧共体则主张谈判不能局限于出口补贴,应该对农业问题进行全面谈判,最后,在1986年举行的埃特角城部长会议上各方达成协议采纳欧共体的建议。

(3)《农业协定》

(a) 协定的性质和适用范围

从 WTO 成立之日开始,除《农业协定》中规定的特殊例外条款以外,农产品贸易被纳入了 WTO 体制的一般纪律之下。《农业协定》主要由三个部分构成:即市场准入、国内支持以及出口竞争(出口补贴)的规制。虽然每一部分都包括了允许农产品贸易偏离 WTO 一般纪律的特殊规定,但是与 GATT 时代的纪律瘫痪状况相比,这些特殊规则也给农产品贸易带来了实质上得到强化的、以市场导向为主的纪律和制度。

但是,《农业协定》的性质并不是给农产品贸易和各国农业政策制定一个确定性的纪律。根据协定前言的规定,协定的宗旨无非是"为农产品贸易改革进程建立基础"而已,是以如下内容为长期目标的谈判过程的开始,即"建立一个公平的以市场为导向的农产品贸易体制","通过针对支持和保护作出承诺的谈判",以及"建立增强的更行之有效的 GATT 规则和纪律"来"发动改革进程"。以"改革进程的继续"为标题的协定第 20 条规定:"各成员同意将在实施期(自 1995 年开始的 6 年时间[3])结束的前一年开始继续此进程的谈判",谈判已于 2000 年初开始。2001 年公布的多哈部长会议宣言重申上述长期谈判目标,决定至少在 2003 年 3 月底之前确定在上述三个领域里作出进一步承诺的框架。

关于《农业协定》的适用范围问题,因为《关税与贸易总协定》的"初级产

---

[3] 参见《农业协定》第 1 条(f)。

品"概念引起过争议,所以协定在附件1中明确列出了作为规制对象的"农产品"的范围。因此,《农业协定》将规制适用于附件1所列所有"农产品"的国内措施。本节将概述现行《农业协定》关于三个主要领域的规制情况。

(b) 关于市场准入的承诺

关于市场准入的承诺包括三个方面的内容,即非关税措施的关税化、关税削减的承诺、特殊保障措施。

(i) 非关税措施的关税化

"关税化"是指将有关农产品的非关税措施转换成具有同等保护水准的关税,然后通过关税削减谈判逐渐扩大市场准入成果的过程或方法。《农业协定》第4条第2款规定了各成员将原来所维持的非关税措施原则上转换成关税的义务,并对非关税措施予以了禁止。这些非关税措施包括:数量限制、进口差价税、最低进口价格、酌情发放进口许可证制度、通过国营贸易企业维持的非关税措施、自动出口限制及除普通关税以外的类似边境措施。此外还包括根据《关税与贸易总协定》所获豁免维持的非关税措施,但是不包括根据适用于所有产品的《GATT 1994》以及《WTO协定》附件1A所列其他多边贸易协定的规定而维持的非关税措施。其结果是,《GATT 1994》第11条第2款(c)所规定的例外,虽然能够继续适用于有关水产品的非关税措施,但是对适用《农业协定》的农产品则不能适用了。

在农产品贸易领域里,因为过去存在数不清的非关税措施阻碍了农产品贸易的发展,实现关税化的意义在于完成了只允许利用关税来保护农业的体制转换。关税化的结果使农产品贸易壁垒变得更加透明而且更容易掌握,从而促进有关减让的谈判工作。关税化所能发挥的又一个重要作用是,它能防止成员违背关税减让并利用非关税措施开贸易自由化的"倒车",将成为扩大市场准入的重要步伐。

《农业协定》附件5规定了作为特别措施的关税化义务的重要例外。这一例外条款也被称作"大米条款",是为允许韩国和日本对大米适用的进口限制措施暂时(期限为6年)豁免于关税化义务而制定的。这一特别措施的适用条件如下:第一,按一定比率提高最低准入机会;第二,指定产品的进口占基期(1986年至1988年)内相应国内消费量的3%以下;第三,自基期开始起未对指定产品提供出口补贴;第四,对初级农产品实施有效限产措施。作为《农业协定》第20条(改革进程的继续)所列谈判的一部分,实施期过后,特别措施的受益国如果要求继续适用特别措施,就必须作出其他国家可接受的额外的减让。

依据上述特别措施,日本对大米进口限制实施关税化的义务得到了豁免。

后来日本认为,与逐渐提高最低准入机会相比较,利用关税化采用高关税政策更加有利于保护国内农业,并于 1999 年 4 月停止了特别措施的适用,开始对大米进口实施关税化政策。

另外,作为关税化的配套制度,《农业协定》要求所有成员将现有进口准入机会维持与基期(自 1986 年至 1988 年)相同的水平上(现有贸易量的维持),同时要求成员(发达国家维持至 2000 年,发展中国家维持至 2004 年)保证占国内消费量 5% 的最低准入机会。

(ii) 关税削减的承诺

参加乌拉圭回合谈判的各国不仅就农产品贸易壁垒关税化问题达成了协议,而且在关税的实质性削减方面也同样取得了成果。发达国家成员承诺在 6 年时间内,以基期(自 1986 年至 1988 年)水平为准,将本国农产品关税逐步削减 36%。发展中国家承诺利用 10 年时间,将本国农产品关税逐步削减 24%。最不发达国家没有作出关于农产品关税削减的承诺。

上述承诺的削减幅度毕竟是平均值,发达国家并不因此而承担将所有农产品关税一律削减 36% 的义务,但是有义务将所有农产品关税至少削减 15%。因为所选择的基期(自 1986 年至 1988 年)的关税税率非常高,关税削减的实质效果被大大削弱了,致使成员在农业领域里继续维持高关税成为可能。

(iii) 特殊保障措施

根据《农业协定》第 5 条,成员可以对已被列为关税化对象的农产品发动特殊保障措施。以成员在本国减让表中标明一种农产品是特殊保障措施对象为条件,对该产品可以实施比《WTO 保障措施协定》所规定的法律要件更为宽松的保障措施。根据《农业协定》第 5 条的规定,针对关税得到实质减让的农产品的保障措施的要件更容易证明,以此相反,针对市场准入比较有限的农产品的保障措施的证明要件更困难一些。

(c) 关于国内支持的承诺

参加《农业协定》谈判的各国代表在制定关于国内支持的纪律时,试图实现如下三个很难实现的目标:第一,强化对国内支持的纪律并削减国内支持;第二,允许一定程度的国内支持,并为成员提供根据本国农业的具体情况制定农业政策的广泛裁量权;第三,保证成员在市场准入和出口补贴领域里所作出的承诺不被其国内支持所破坏。

其结果,《农业协定》规制的有关国内支持的纪律必然变得复杂,并且最终将国内支持分为以下三种类型,即绿箱补贴、黄箱补贴及蓝箱补贴。被认为是在经济上具有中立性的国内支持措施(产业结构调整援助、自然灾害补偿援助、环境保护援助)被划到"绿箱"中,而对其不加规制。[4] 除此之外被认为影响市场机制的所有国内支持措施被划分为"黄箱补贴",对此类补贴,成员必须在实施期(1995 年开始的 6 年时间)内分阶段完成一定比例的削减。[5] 另外,对属于"黄箱补贴"的国内支持措施进一步进行分类,将以作出产量限制为条件的直接支付不包括在削减国内支持承诺的范围内,属于这一类型的国内支持被称作"蓝箱补贴"。[6] 这一类型划分是在农业谈判的最后阶段作出的,其目的在于将 1992 年欧共体新统一农业政策规定的直接支持排除于规制对象的范围之外。因此,从能否成为削减承诺的对象这一角度来考虑,国内支持措施只能分成两种类型,即成为削减承诺对象的黄箱补贴和不成为削减承诺对象的绿箱和蓝箱补贴。

(d) 关于出口补贴的承诺

如上所述,乌拉圭回合农业谈判的契机是欧共体和美国之间的出口补贴竞争。理所当然,农业谈判的主要目的就是取消和削减出口补贴。《农业协定》规定的出口补贴改革的核心内容是,对出口补贴对象的农产品出口数量和有关出口补贴财政预算的支付额作出削减承诺。

(i)《农业协定》规定的出口补贴

《农业协定》将"出口补贴"定义为,"视出口实绩而给予的补贴",但对"补贴"概念本身没有作出定义。[7] 因此而引出的一个问题是,根据什么来判断一项出口支持措施是否属于《农业协定》所规制的出口补贴。

实际上,在"加拿大乳制品措施案"中上述问题已经被争论过。[8] 本案争议的是,对出口乳制品的加工企业低价供应牛奶的支持措施是否合法的问题。上诉机构指出,在确认是否存在《农业协定》所规定的出口补贴之前,应该参照《SCM 协定》所规定的补贴的定义。根据该案的结论,符合《SCM 协定》所规定的补贴定义的所有出口支持措施将构成受《农业协定》规制的出口补贴。

(ii) 规制出口补贴的一般原则

标题为"出口竞争承诺"的《农业协定》第 8 条,就出口补贴规制的一般原则作出了规定,即每一成员承诺不以除符合本协定和其减让表中所列的承诺以外的其他方式提供出口补贴。在《农业协定》中 WTO 成员就出口补贴所作出的承诺主要有两个方面,即削减第 9 条所列出口补贴,以及根据第 10 条第 1

---

[4] 参见《农业协定》第 6 条第 1 款、附件 2,1(a) 及 (b)。
[5] 参见《农业协定》第 7 条第 2 款。
[6] 参见《农业协定》第 6 条第 5 款(a)。
[7] 参见《农业协定》第 1 条(e)。
[8] WT/DS103/R;WT/DS113/R。

款,不使用除第 9 条所列出口补贴以外的出口补贴来规避削减承诺。

(iii) 受削减承诺约束的出口补贴

《农业协定》列出了受削减承诺约束的六种类型的出口补贴。因为第 9 条所列出的出口补贴是用极为抽象的语言来定义的,所以对农产品提供的所有出口补贴几乎被纳入了第 9 条的范围。

成员支付第 9 条第 1 款所列出口补贴时,根据第 3 条第 3 款的规定必须服从以下两项限制:第一,成员对其减让表中所列农产品提供第 9 条所列出口补贴时,不得超过其减让表中所列预算支出和数量承诺水平[9];第二,成员不得对其减让表中未列明的任何农产品提供第 9 条所列出口补贴。

《农业协定》第 9 条第 1 款所列出口补贴

(a) 包括实物支付在内的直接出口补贴;
(b) 以低于国内价格为出口而销售或处理非商业性农产品库存;
(c) 依靠政府措施供资的对一农产品的支付(无论是否涉及自公共账户的支出);
(d) 为减少出口农产品的营销成本而提供的补贴;
(e) 政府提供的出口装运货物的国内运费,其条件优先于国内装运货物;
(f) 以农产品成为出口产品的一部分为条件对该农产品提供的补贴。

(iv) 成员的削减承诺

如前所述,《关税与贸易总协定》第 16 条所采取的方法是,根据补贴提供国是否获得了超过世界出口市场"公平份额"的结果来规制出口补贴。乌拉圭回合的谈判代表放弃了 GATT 的做法,采取的是从数量上对补贴的提供进行规制的方法。

美国和欧共体之间最终达成的数量标准是,在 6 年的实施期结束时该成员出口补贴预算支出和受益于此类出口补贴的数量分别不高于基期(1986 年至 1990 年)水平的 64% 和 79%。双方还达成协议,不再提供除基期内所提供的补贴以外的新的出口补贴。

为实现上述数量标准,各成员承诺,在各自的减让表中表明在实施期内每年对特定产品支付的预算支出和受益于此类出口补贴的产品数量的最高限额。[10]

但是,《农业协定》允许上述承诺具有一定程度的灵活性。成员在特定年度内没有用尽已经承诺的数量和预算支出的情况下,以不超过按年度承诺水平得到完全遵守情况下的累计额为条件,在其他特定年度内可使用未使用的

---

[9]《农业协定》第 9 条第 2 款(a)。
[10] 同上。

数量和预算支出额。[11] 另外,成员以证实未对所涉出口数量提供出口补贴为条件,可以超过削减承诺水平的数量进行出口。[12]

(v) 第 9 条未列明出口补贴的规制

《农业协定》并没有对可能支付给农产品的出口补贴的种类作出明确的限制。因此从理论上可以说,成员可以对农产品提供除第 9 条所列出口补贴以外的出口补贴,但实际上因为受第 10 条第 1 款的限制很难做到这一点。

一项出口补贴如果不属于第 9 条所列出口补贴的任何一种情况,该项出口补贴应该服从第 10 条第 1 款规定的如下规制,即未列入第 9 条第 1 款的出口补贴"不得以产生或威胁导致规避出口补贴承诺的方式实施"。因此,未列入第 9 条第 1 款的出口补贴即使没有规避"补贴承诺",但只要以威胁导致规避的方式支付,就被视作违法。

(vi) 适用于非商业性措施的安排

根据第 10 条第 1 款的规定,不仅出口补贴不得以导致威胁规避承诺的方式使用,"非商业性交易"也不得以规避承诺的方式来使用,而且第 10 条特别提到了出口信贷和粮食援助。

出口信贷是指,发展中国家的进口商为进口农产品而借入资金时,作为出口国的发达国家的公共金融机构提供的贷款、出口信贷担保或保险计划等金融服务。因为从偿还期限和利率等提供条件来考虑,出口信贷在性质上很接近于出口补贴,在乌拉圭回合上为防止对出口补贴承诺的规避,进行了有关出口信贷规制的谈判,但最终未能达成协议。因此严格来讲,《农业协定》第 10 条第 2 款并不包括规制出口信贷的规定,事实上该款规定的是,成员在 WTO 以外的国际场合"努力制定纪律"的义务,以及保证就此类纪律达成协议后遵守纪律的义务。

但是,至今为止,为出口信贷制定统一规则的努力还没有取得成功的例子,因此在统一规则还未得到确立之前,农产品的出口信贷将服从《农业协定》第 10 条第 1 款的纪律或《WTO 协定》的一般纪律。根据《农业协定》第 10 条第 1 款的规定,如果以规避出口补贴承诺的方式实施出口信贷,将被视作"非商业性交易"而受到谴责。此外,如果能够证实出口信贷就是出口补贴(公共机构以比通常的商业条件更有利的条件提供)时,此类出口补贴将被视作"威胁导致规避出口补贴承诺",仍有可能受到根据第 10 条第 1 款的谴责。与此相关需要引起注意的问题是,除农产品以外的工矿产品的出口信贷,在

---

[11] 《农业协定》第 9 条第 2 款(b)。
[12] 《农业协定》第 10 条第 3 款。

《SCM协定》的项下已被规定为"禁止性补贴"。[13]

在现在正在进行的新的回合（多哈发展议题）上，什么样的情况下出口信贷将构成出口补贴的问题已经成了一个重要的谈判论点。

另一方面，粮食援助本来应该属于发展援助和人道主义援助的范畴，但是根据《农业协定》第10条第4款的规定，为防止规避出口补贴承诺，该款要求成员保证国际粮食援助的提供与受援国的农产品商业出口无直接或间接联系，以及根据有关粮食援助的国际公约的规定进行。参加多哈回合的各国对粮食援助的重要性享有共同认识的同时，正在继续谈判关于针对利用粮食援助规避出口补贴应该采取的对策。

(e) 关于发展中国家和最不发达国家的特殊规定

《农业协定》第15条规定，发展中国家和最不发达国家享有关于承诺的"特殊和优惠待遇"。这些特殊待遇将包括在有关市场准入、关税减让以及出口补贴削减承诺的减让表中。

例如，在一定的条件下发展中国家可以维持，通常情况下应根据关税化规则转换成关税的国内措施。还有，关于出口补贴的削减承诺，发展中国家享有利用10年期限逐渐实施的灵活性。最不发达国家可以不做出口补贴的削减承诺。

(4)《农业协定》与WTO其他协定之间的关系

如上所述，《农业协定》中包括诸如市场准入、特殊保障措施、国内支持以及出口补贴等与WTO其他协定相背离的种种规定。即使如此，也不能认为农产品贸易与WTO的其他纪律完全脱钩了。

(a)《农业协定》的优先适用

参加农业谈判的各国代表试图保证，在根据WTO其他协定开始的争端解决程序中，避免成员对《农业协定》中所达成的协议，尤其是有关提供补贴的权利提出申诉。特别是欧共体，在美国提起申诉的两起案件[14]（美国指控欧共体对大豆生产提供的补贴违法）中遭到失败后，一直在忧虑提供补贴的权利将受到争端解决程序的限制。

农业谈判的最终结果达成的协议是，以适用于农业的措施符合《农业协定》的规则为条件，不得在根据WTO的其他协定提起的争端解决程序中对其提出指控。为体现上述协议，与WTO的其他协定不同，《农业协定》中包括了

---

[13] "加拿大民用飞机补贴案"上诉机构报告，WT/DS70/AB/R。
[14] "欧共体油料作物生产补贴案"，参见松下满雄、清水章雄、中川淳司编：《GATT/WTO案例研究》，日本有斐阁2000年版，第271—275页。

关于其本身的规定优先于其他协定规定的条款。

《农业协定》第 21 条规定,《GATT 1994》和《WTO 协定》附件 1A 所列其他多边贸易协定(不包括《TRIPS 协定》、《GATS》以及《DSU》)的规定,应在遵守本协定规定的前提下适用。换言之,《农业协定》与 WTO 其他协定之间发生矛盾时,应以《农业协定》为准。例如,即使在违反《保障措施协定》的情况下,例外适用《农业协定》规定的特殊保障措施是可能的。

(b) 和平条款

以"适当的克制"为标题的《农业协定》第 13 条也被称作和平条款。这一条款的目的在于对种种农业支持措施予以保护,避免这些措施在根据《SCM 协定》或《GATT 1994》(非违反申诉规定)所提起的争端解决程序中被指控。和平条款的适用期限与《农业协定》的实施期一致,到 2003 年 12 月 31 日为止。

尤其是《农业协定》第 13 条(c)款规定,以"完全符合本协定第 5 部的规定"为条件,出口补贴应豁免于根据《SCM 协定》有关争端解决条款所采取的行动。因此,农产品出口补贴不被视作《SCM 协定》第 3 条所禁止的出口补贴,进口成员也不能对其发起第 3 条规定的反补贴措施,即使发起反补贴措施也应适当地克制。

《SCM 协定》第 3 条第 1 款规定"除《农业协定》的规定外"出口补贴应予以禁止。可以看出,该条款对农产品出口补贴能够豁免于对"禁止补贴"所提起的指控作出了保证。但应该注意的是,该条款所指的《农业协定》不仅限于第 13 条而是包括减让表在内的《农业协定》的所有规定。因此可以作出如下解释,即根据成员国的同意,得到认可的农产品出口补贴将永久性地脱离了《SCM 协定》第 3 条第 1 款的适用范围,即使和平条款终结之后也不能对其予以禁止。

(c) 适用于农产品的 WTO 的其他协定

《农业协定》只有在它和 WTO 其他协定之间产生矛盾时才能得到优先适用。因此,只要不产生矛盾,WTO 的其他协定理所当然地适用于农产品。甚至《农业协定》第 14 条直接提到了《SPS 协定》(在本章 2 中详细阐述),如果两者之间产生矛盾时,应该以《SPS 协定》为准。

(5) 结论:改革进程的继续

因为《农业协定》的签订,农产品贸易开始服从 WTO 的纪律,这是乌拉圭回合谈判的重要成果之一。但这一成果的实现并非是无条件的,现在,农产品贸易领域仍然适用一些特殊规则,并被认可在一定程度上偏离 WTO 的一般纪律。尽管如此,在《农业协定》未作出例外规定的情况下,农产品贸易必须服从 WTO 的一般纪律。《农业协定》本身规定,它是以建立一个公平的、以市场为导向的农产品贸易体制为其长期目标的改革进程的起点。因此,在今后的改革进程中,如何限制《农业协定》中特殊规定的范围,怎样将农产品贸易完全纳入 WTO 的一般纪律之下等问题将是谈判的重点议题。

根据《农业协定》第 20 条的规定,为继续改革进程的新的谈判已于 2000 年开始,2001 年 11 月,部长级会议在宣告启动新回合(多哈发展议题)的同时,关于农业谈判作出了如下决定,即实质改善市场准入水平、实质削减国内支持,以及逐步削减所有形式的出口补贴。2003 年 3 月底之前,在确定新的谈判框架之后,为在农业领域里达成新的协议,成员在 2005 年 1 月 1 日之前再继续进行谈判。

2 技术性贸易壁垒与卫生检疫措施

(1)《TBT 协定》与《SPS 协定》的宗旨

今天,至少在发达国家,由于人们生活水平的提高,消费者的需求更加集中于安全而优质的产品。环境保护意识的提高导致整个社会开始重视并寻求环境友好产品。其结果,各国政府制定了种种产品规格和标准以满足消费者的需求和全社会的关心。但与此同时,在国际贸易领域里,作为变相的贸易壁垒,存在着产品的技术标准和规格被保护主义滥用的危险。另外,各国所实施的形形色色的技术规格和标准,使生产厂商和出口商被迫承受为适应不同标准和规格而引起的成本,其结果也构成贸易壁垒。

WTO 的《技术性贸易壁垒协定》(简称《TBT 协定》)和《实施卫生与植物卫生措施协定》(简称《SPS 协定》)具有类似的性质和结构,两者的宗旨在于对成员所制定和适用的产品技术规格与标准进行规制。这两个协定首先承认,成员出于合法目的,享有制定产品规格和标准并将其适用于进口产品的主权权利。与此同时,上述两个协定所寻求的是,保证这些权利不被保护主义滥用,并鼓励各国规格和标准的国际协调以减少贸易壁垒。

在 GATT 时代,《关税与贸易总协定》第 1 条、第 3 条、第 11 条以及第 20 条等条款对各国所适用的产品标准和规格提供了应该遵守的一般纪律。基于对产品的技术标准和规格会构成严重的贸易壁垒这一认识,在东京回合(1973 年至 1979 年)上有关各方就产品标准和规格问题进行了谈判,谈判结束时 32 个 GATT 缔约方签署了《技术性贸易壁垒协定》。这一协定也被称作《关于标准的协定》,就产品的技术规格和合格评定程序的制定和适用作出了规定。WTO 的《TBT 协定》对东京回合《关于标准的协定》进行了修改和完善,进一步明确和强化了产品规格和标准方面的纪律。根据《WTO 设立协定》,《TBT 协定》是必须一揽子接受的多边贸易协定的组成部分,将对所有 WTO 成员有约束力。

另一方面,《SPS 协定》与技术性问题无关,主要规制各成员为保护人类和动植物的生命与健康免受危险食品或以动植物为媒介的疾病的侵害所适用的标准和规格(卫生检疫措施)。在《WTO 协定》生效之前,不存在专门规制卫生检疫措施的多边协定,只有《关税与贸易总协定》的一般性规定和东京回合《关于标准的协定》为这方面提供了纪律。后者虽然不以卫生检疫措施为规制对象,但其适用范围中包括了有关保护食品安全或动植物健康所必须的技术标准。《关税与贸易总协定》第 20 条(b)款明确承认,作为一般例外,卫生检疫措施可以豁免于 GATT 的义务。乌拉圭回合的谈判过程中,为确保《农业协定》所实现的农产品贸易自由化的利益不至于被卫生检疫措施的滥用(作为变相的贸易壁垒为保护主义服务)所损害,对《关税与贸易总协定》第 20 条(b)款的规定进行了细化和充实(《SPS 协定》前言)。最终作成的《SPS 协定》的特征不仅是对《关税与贸易总协定》第 20 条(b)款的解释,而且在制定几项新的义务的基础上,《SPS 协定》变成了一个完全独立于《关税与贸易总协定》第 20 条(b)款的新的协定。与《TBT 协定》相同,《SPS 协定》也作为多边贸易协定的组成部分对 WTO 所有成员具有约束力。因此,该协定强化了对滥用卫生检疫措施的规制。

《TBT 协定》与《SPS 协定》的适用范围是具有互补性的。《TBT 协定》将适用于除《SPS 协定》适用范围内的卫生检疫措施以外的其他所有技术标准和规格及其合格评定程序。因此,应根据卫生检疫措施来确定两个协定使用范围之间的界限。

如上所述,两个协定之间存在一些共同的因素,但是两者在实体规制方法上存在很多不同的内容。例如,《SPS 协定》要求卫生检疫措施必须根据科学的证据,但是作为《TBT 协定》适用对象的措施,根据对其规制的目的不同,不一定必然要求根据科学的证据。还有《TBT 协定》要求严格遵守非歧视原则,《SPS 协定》却不一定严格要求非歧视原则。因为,对有些有害动植物和疾病所具有的危险性,各个国家会作出不同程度的评估,很难避免特定的卫生检疫措施对一个特定的进口产品来讲带有一些歧视性。因为 WTO 成员根据两个协定所接受的义务有所不同,关于一项措施发生争议时,需要确认它是卫生检疫措施还是根据《TBT 协定》所采取的措施,这是非常重要的。接下来分别对这两个协定予以概述。

(2)《TBT 协定》的概要

(a) 适用范围和定义

如前所述,《TBT 协定》将适用于除属于《SPS 协定》适用范围的卫生检疫措施以外的其他所有技术规格和标准及其合格评定程序。该协定将各国制定的技术要求划分成技术规格(technical regulation)和标准(standard),任何一种规格都对产品的特性(型号、形状、款式、性能、销售条件以及标签和包装)作出了规定,有些情况下甚至规定了产品的工艺和生产方法(process and production method, PPM)。产品的 PPM 会影响产品特性,因此,在有些情况下相对产品本身的特性,根据 PPM 更能正确识别产品。[15]

技术规格的定义在"欧共体石棉案"中得到了明确化。[16] 该案中,上诉机构支持了专家组所作的解释(对特定产品的单纯的禁止措施不构成"技术规格")后指出,如果一项措施描述或授予一定程度的客观特征、品质以及特性,而且在对作为措施对象的产品可以确定的情况下构成"技术规格"。根据这一解释,上诉机构得出了以下结论,即本案中对"含有石棉纤维的产品"的进口禁止措施构成"技术规格",属于《TBT 协定》的适用范围。

标准和技术规格的差别在于其遵守方法的不同。生产厂商可以不遵守标准,但必须遵守技术规格。一般被认为,两者给国际贸易造成的影响是不同的。进口产品在不符合技术规格的情况下是无法得到销售许可的,但即使在不符合标准的情况下,进口产品也被允许销售。不过,不符合标准的进口产品的市场分额将受到消费者嗜好的影响。

《TBT 协定》的规制对象不仅限于中央政府制定的技术规格,地方政府和非政府机构制定的技术规格也属于其规制范围。成员国中央政府有义务采取其所能采取的措施保证地方政府和非政府机构遵守技术规格。[17]

适用于技术规格的《TBT 协定》的所有实体规则,通过附件 3 的"良好行为规范"也将适用于"标准"。"良好行为规范"为下列机构开放并接受:WTO 一成员领土内的任何标准化机构,无论是中央政府机构、地方政府机构,还是非政府机构;任何政府区域标准化机构或非政府区域标准化机构。[18] 各成员政府应保证上述标准化机构遵守"良好行为规范",无论这些标准化机构本身是

---

[15]《TBT 协定》附件 1,第 1 款和第 2 款。
[16] WT/DS135/R。
[17]《TBT 协定》第 3 条第 1 款。
[18]《TBT 协定》附件 3B。

否接受了"良好行为规范"。

《TBT 协定》也规制标准和规格的合格评定程序。合格评定程序是指,用以确定产品是否满足技术规格与标准中的相关要求而进行的技术性程序,包括试验、确认、检验以及证明。[19] 非公开的歧视性合格评定程序会成为保护主义的有力工具。《TBT 协定》为确保合格评定程序不给国际贸易造成不必要的障碍,将与适用于技术规格与标准的纪律几乎相同的纪律适用于合格评定程序。各成员在必须自觉遵守合格评定程序的同时,应采取其所能采取的合理措施,保证地方政府也遵守合格评定程序。[20] 各成员应保证只有在非政府机构遵守相关纪律的情况下,其中央政府机构方可依靠这些机构实施的合格评定程序。[21]

从上述分析可以看出,《TBT 协定》的适用范围因规制对象和主体而非常广泛,成员在酝酿、制定并适用措施等很多情况下都必须遵守协定规定的纪律。

(b) 产品规格与 PPM 标准的区别

产品规格是指对产品特征、质量、款式或性能的表述。有必要将产品规格与产品的工艺及生产方法(规定应该如何生产产品的规则)的标准(PPM 标准)予以区别。PPM 基准主要是在生产阶段,即在产品供销售之前的阶段适用。

《TBT 协定》主要还是适用于产品规格。除非被适用的 PPM 对产品的质量产生影响,不然《TBT 协定》就不适用于 PPM 标准。《TBT 协定》在关于产品规格的定义中提到"与产品有关的工艺或生产方法"也在说明这一问题(关于产品相关的 PPM 和与产品无关的 PPM 之间的区别,请参阅第十章第一节)。

例如,假设 A 国对原产于 B 国的进口药品采取了禁止措施。A 国的理由是,B 国没有以满足恰当的制造方法要件和生产车间必须具备的卫生标准进行生产,结果影响了药品的质量。在此情况下,PPM 标准将属于《TBT 协定》的适用范围,如果 A 国能够证明不按本国 PPM 标准进行生产就会影响产品的质量,那么就可以援引《TBT 协定》来辩护所采取的措施是正当的。

另一方面,假设 A 国以 B 国钢铁企业所执行的污染防止标准远远低于 A 国所实施的标准为理由,对 B 国钢铁产品的进口采取禁止措施。在此情况下,B 国生产的钢铁和 A 国以及第三国所生产的同类产品在质量上并没有差异。那么,《TBT 协定》的适用范围将不包括 A 国的 PPM 标准,A 国不能援引《TBT

---

[19] 《TBT 协定》附件 1、3。
[20] 《TBT 协定》第 7 条第 1 款。
[21] 《TBT 协定》第 8 条第 2 款。

协定》为进口限制措施辩护。

但是,《SPS 协定》作为卫生检疫措施只提及"产品工艺和生产方法"[22],因此可以作出如下解释:即《SPS 协定》可能适用于对产品质量不造成影响的与产品无关的 PPM 标准。

(c) 合法目标

《TBT 协定》允许成员制定、采取或实施为实现合法目标所必需的技术规格,同时要求考虑合法目标未能实现可能造成的风险。协定所规定的合法目标特别包括:国家安全要求;防止欺诈行为;保护人类健康或安全、保护动物或植物的生命或健康及保护环境。[23] 在此使用"特别包括"这一用语的含义是,合法目标中所列事项不是限定性的,并提示还要包括其他广泛的事项。在评估合法目标未能实现可能造成的风险时,应考虑的因素特别包括"可获得的科学和技术信息、有关的加工技术和产品的预期最终用途"。[24] 在此使用"特别包括"一词同样在提示,评估风险时需要考虑的因素在选择上允许有一定程度的灵活性。

(d) 非歧视原则

《TBT 协定》规定,成员在制定、采取或实施技术规格和标准的任何一个阶段应遵守最惠国待遇原则和国民待遇原则。[25] 非歧视原则同样也适用于合格评定程序。[26] 例如,不得对同类产品实施以其原产地为准的严格程度不同的检验措施。

(e) 避免对国际贸易造成不必要的障碍

《TBT 协定》的主要目标在于避免成员所实施的技术规格和标准等给国际贸易造成不必要的障碍。《TBT 协定》规定,无论是技术规格还是标准,各成员"应保证其制定、采用或实施在目的或效果上均不得对国际贸易造成不必要的障碍"。[27] 尤其是关于技术规格,协定规定成员应保证其技术规格对贸易的限制不得超过实现合法目标所必需的限度,同时应考虑合法目标不能实现时可能造成的风险。因此,判断一项技术规格未对国际贸易造成不必要的障碍时,它必须满足以下两个条件:第一,该项技术规格必须是为实现协定所规定的目标或其他合法目标而制定的;第二,该项技术规格必须是,成员对在合

---

[22]《SPS 协定》附件 A1。
[23]《TBT 协定》第 2 条第 2 款。
[24] 同上。
[25]《TBT 协定》第 2 条 2 款,附件 3,D。
[26]《TBT 协定》第 5 条第 1 款 1。
[27]《TBT 协定》第 2 条第 2 款、附件 3,E。

法目标未能得到实现的情况下可能造成的风险进行考虑的基础上,为实现合法目标可能利用的、对国际贸易所造成的限制是最低限度的措施。

为避免对国际贸易造成不必要的障碍,《TBT 协定》鼓励按照产品的性能而不是按照其设计或描述特征来制定技术规格和标准。[28] 根据产品的性能而制定的技术规格和标准将给生产商和出口企业赋予广泛的裁量权,从而减轻国际贸易的障碍。

根据《TBT 协定》,合格评定程序的制定、采用或实施是在目的和效果上仍然不应对国际贸易造成不必要的障碍,而且其严格程度不能超过为保证合格所必需的程度。[29] 成员必须考虑放宽程序所造成的风险,并决定风险是否超过减轻国际贸易的障碍所带来的利益。

此外,《TBT 协定》对成员提出了以下要求:应尽可能迅速地进行或完成合格评定程序[30];对信息的要求仅限于合格评定所必需的限度[31];对信息的机密性予以相同于合法商业利益的保护[32];对进口产品进行合格评定所征收的任何费用不得高于对国内产品征收的费用。[33]

(f) 国际协调

一般来讲,技术性贸易壁垒产生的原因在于,每个国家所制定、采用或实施的技术规格和合格评定程序之间存在很大的差异和不同。根据各种不同形状、设计来生产和销售同一种产品将增加生产成本,从而造成对国际贸易的障碍。技术规格和评定程序的国际协调将保证产品零部件的关联性和互换性,并减轻生产企业所支出的费用,同时也将给消费者带来更大的利益。在产品的技术规格得到协调的情况下,消费者对物美价廉产品的选择机会将变得更加广泛。

《TBT 协定》规定,在有关国际标准、指南及建议已经存在的情况下,各成员应使用这些国际标准、指南及建议来制定、采用或实施技术规格、标准以及评定程序。[34] 但是,由于基本气候因素或地理因素或基本技术问题,这些国际标准对达到其追求的合法目标无效或不适当时,成员可以不遵守国际标准。[35] 在合格评定程序方面,存在更多的理由允许成员脱离遵守国际标准的义

---

[28] 《TBT 协定》第 2 条第 8 款、附件 I。
[29] 《TBT 协定》第 5 条第 1 款 2。
[30] 《TBT 协定》第 5 条第 2 款 1。
[31] 《TBT 协定》第 5 条第 2 款 3。
[32] 《TBT 协定》第 5 条第 2 款 4。
[33] 《TBT 协定》第 5 条第 2 款 5。
[34] 《TBT 协定》第 2 条第 4 款。
[35] 《TBT 协定》第 2 条第 4 款、附件 3,F。

务。这些理由是:"国家安全要求;防止欺诈行为;保护人类健康或安全、保护动物或植物的生命或健康及保护环境;基本气候因素或其他地理因素;基本技术问题或基础设施问题"。[36]《TBT 协定》在要求成员遵守国际规格、指南或建议的义务的同时,允许成员不遵守义务而根据本国实际情况适用国内要件来灵活处理问题。

(g) 等效性与相互承认

《TBT 协定》规定,各成员应积极考虑将其他成员的技术规格作为等效规格加以接受,即使这些规格不同于本国的规格,只要他们确信这些规格足以实现与本国的规格相同的目标。[37] 因为技术规格的国际协调需要长期的过程并需付出很高的费用,所以,《TBT 协定》作为对协调技术规格的补充手段采纳了等效性原则。以进口成员和出口成员双方的技术规格足以实现同一政策目标为前提,进出口双方就有关等效问题达成协议之后,符合出口国技术规格的产品将被视作符合进口国的技术规格,其结果将大大减轻技术规格给国际贸易所带来的障碍。

关于合格评定程序,《TBT 协定》规定,各成员应保证,只要有可能接受其他成员合格评定程序的结果,即使这些程序不同于他们本国的程序,只要他们确信这些程序与其本国的程序相比同样可以保证产品符合有关技术规格或标准。[38] 该条款的目的在于避免一项产品在出口国和进口国的双方市场上受到重复检验,以节约因此而带来的财政支出及其他费用。协定同时规定,成员应考虑通过认可等方法核实其他国家遵守国际标准化机构发布的相关指南或建议,作为拥有适当技术资格的一种表示。[39] 作为实现等效的特殊方法,《TBT 协定》鼓励各成员应其他成员要求,就达成相互承认合格评定程序结果的协议进行谈判。[40]

(h) 其他规定

另外,《TBT 协定》就以下问题作出了规定:为保证透明度的通知义务[41]以及设立咨询所以提供信息[42];作为磋商与谈判的场所设立技术性贸易壁垒委员会[43];对发展中国家成员的特殊和优惠待遇及技术援助等。与《TBT 协

---

[36]《TBT 协定》第 5 条第 4 款。
[37]《TBT 协定》第 2 条第 7 款。
[38]《TBT 协定》第 6 条第 1 款。
[39]《TBT 协定》第 6 条第 1 款 1。
[40]《TBT 协定》第 6 条第 3 款。
[41]《TBT 协定》第 2 条第 9 款 2。
[42]《TBT 协定》第 10 条第 1 款。
[43]《TBT 协定》第 13 条。

定》的实施有关的争端应通过争端解决机构并遵循 WTO 的一般争端解决程序来解决。

(3)《SPS 协定》的概要

(a) 适用范围和定义

《SPS 协定》的适用对象是所有"可能直接或间接影响国际贸易的卫生与植物卫生措施(卫生检疫措施)"。[44] 用于下列目的的任何措施属于卫生检疫措施:第一,保护成员领土内的动物或植物的生命或健康免受虫害、病害、带病有机体或致病有机体的传入、定居或传播所产生的风险;第二,保护成员领土内的人类的生命或健康免受食品、饮料或饲料中的添加剂、污染物、毒素或致病有机体所产生的风险;第三,保护成员领土内的人类的生命或健康免受动物、植物或动植物产品所携带的病害,或虫害的传入、定居或传播所产生的风险;第四,防止或控制成员领土内因虫害的传入、定居或传播所产生的风险。卫生检疫措施特别包括最终产品规格、工序和生产方法、检验、检查、认证和批准程序;检疫处理,以及与粮食安全直接有关的包装和标签要求。[45]

根据上述规定可以看出,一项措施是否属于卫生检疫措施是以其目的为判断根据的。一项措施如果不给国际贸易造成影响,不是为了保护人类或动植物的生命与健康免受上述风险之一,就不受《SPS 协定》的适用。

在《SPS 协定》生效之前的 GATT 体制下,只有卫生检疫措施被认定为违反 GATT 原则之后才有必要根据例外规则主张其正当性。例如,一项措施被认定为违反《关税与贸易总协定》第 1 条或第 3 条的规定之后,才有可能援引《关税与贸易总协定》第 20 条。根据《SPS 协定》,没有必要事先确认一项措施是否违反 WTO 其他协定的规定,可以不通过《GATT 1994》而直接适用《SPS 协定》于该项措施。还有,如果一项卫生检疫措施被认为符合《SPS 协定》,就被推定为符合《GATT1994》的相关规定,尤其是第 20 条(b)的规定。[46]

(b) 基本权利和义务

WTO 成员有根据《SPS 协定》采取卫生检疫措施的主权权利,只要此类措施与本协定的规定不抵触。但是成员在行使此类主权权利时,有义务保证卫生检疫措施"在必要的限度内",根据"科学原理"和"充分的科学根据"来实施,除非有例外规定(第 5 条第 7 款的临时措施)。《SPS 协定》不要求最好的科学原理和证据是因为基于以下认识,即科学上的确凿性非常罕见,科学性结

---

[44]《SPS 协定》第 1 条。
[45]《SPS 协定》附件 A1。
[46]《SPS 协定》第 2 条第 4 款。

论的多数是根据种种科学见解中的价值判断来作出的。《SPS协定》承认各成员有作出此类价值判断的能力。

《SPS协定》进一步规定,成员必须保证其卫生检疫措施不在情形相同或相似的成员之间,包括成员领土和其他成员领土之间构成任意或不合理的歧视,卫生检疫措施的实施方式不得构成对国际贸易的变相限制。[47]

(c) 国际协调

《SPS协定》以承认各成员国有权采取各种卫生检疫措施为前提,要求各成员的卫生检疫措施应根据现有的国际标准、指南或建议制定。[48] 鼓励成员利用国际标准的目的在于,在尽可能广泛的范围内协调各成员的卫生检疫措施,减少此类措施给国际贸易带来的负担。但是,《SPS协定》并不要求卫生检疫措施向更宽松的标准看齐,其前言规定:"期望进一步推动各成员使用协调的、以有关国际组织制定的国际标准、指南和建议为基础的卫生检疫措施,……但不要求各成员改变其对人类、动物或植物的生命或健康的适当保护水平。"

《SPS协定》进一步规定,如存在科学理由,或成员确定的本国动植物卫生保护水平是适当的,各成员可采取或维持比根据有关国际标准、指南或建议制定的措施所能达到的保护水平更高的卫生检疫措施。[49] 存在科学理由的情况是指,一成员根据本协定的有关规定对现有科学信息进行审查和评估,确定有关国际标准、指南或建议不足以实现适当的动植物卫生保护水平。[50]

一项卫生检疫措施如果符合国际标准、指南或建议,应被视为保护人类、动物或植物的生命或健康所"必需"的措施,并被视为与本协定和《GATT1994》的有关规定相一致。[51] 当然,不符合相关国际标准、指南或建议的卫生检疫措施不应该受到不利的推定,即成员没有义务证明不符合相关国际标准、指南或建议的卫生检疫措施与有关《GATT 1994》的规定相一致。

(d) 等效性

与《TBT协定》相同,作为对国际协调原则的补充,《SPS协定》也采用了等效性原则。如出口成员的卫生检疫措施达到进口成员适当的卫生与植物卫生保护水平,则进口成员应将出口成员的措施作为等效措施予以接受,即使这些措施不同于进口成员自己的措施。[52] 为此,各成员应进行磋商,以便就承认

---

[47] 《SPS协定》第2条第3款。
[48] 《SPS协定》第3条第1款。
[49] 《SPS协定》第3条第3款。
[50] 《SPS协定》第3条第3款注释。
[51] 《SPS协定》第3条第2款。
[52] 《SPS协定》第4条第1款。

具体卫生检疫措施的等效性问题达成双边或多边协定。[53]

(e) 风险评估与适当保护水平的确定

风险评估和适当保护水平的确定进一步充实了上述成员的基本权利和义务的具体内容。各成员应保证其卫生检疫措施的制定以适合有关情况的"风险评估"为基础。[54] 风险评估是指,根据可能适用的卫生检疫措施评价虫害或病害在进口成员领土内传入、定居或传播的可能性,以及评价相关潜在的生物学后果和经济后果;或评价食品、饮料或饲料中存在的添加剂、污染物、毒素或致病有机体对人类或动物的健康所产生的潜在不利影响。[55]《SPS 协定》就风险评估方法和形式未作出具体规定,但列举了应该予以考虑的诸多因素。这些因素包括:可获得的科学证据;有关工序和生产方法;有关检查和检验方法;特定病害和虫害的流行;病虫害非疫区的存在;有关生态和环境条件;以及检疫或其他处理方法。[56] 在此列举的事项是限定性的,甚至可以考虑消费者的关心和社会的价值判断等非科学因素。[57] 再者,在评估对动物或植物的生命与健康造成的风险时,还可以考虑因风险引起的经济因素。[58]

在有关科学证据不充分的情况下,作出风险评估的成员可根据可获得的有关信息临时采取卫生检疫措施。但在此种情况下,各成员应寻求获得更加客观地进行风险评估所必需的额外信息,并在合理期限内据此审议卫生检疫措施。承认成员享有这种权利是预防原则在《SPS 协定》中的体现。

以上述风险评估为前提,WTO 成员在采取卫生检疫措施时对特定风险寻求多大程度的保护是一个重要问题。《SPS 协定》承认成员在实施卫生检疫措施时有权决定什么是"适当的保护水平"。[59] 可以说各成员有权选择包括"零风险"在内的保护水平,并可以通过公民投票等本国国内法上可能利用的程序行使上述权利。适当保护水平的选择本来是一个社会性的价值判断,因为其选择不是科学判断,可以说《SPS 协定》没有对成员提出就所选择的适当保护水平提供科学根据。

但是,为防止这种权利的滥用,《SPS 协定》也作出了一定的规制。协定要求各成员在确定适当的卫生与植物卫生保护水平时,应考虑将对贸易的消极

---

[53] 《SPS 协定》第 4 条第 2 款。
[54] 《SPS 协定》第 5 条第 1 款、第 7 款。
[55] 《SPS 协定》附件 A3。
[56] 《SPS 协定》第 5 条第 2 款。
[57] "欧共体激素牛肉限制进口案",参见松下满雄、清水章雄、中川淳司编:《GATT/WTO 案例研究》,日本有斐阁 2000 年版,第 322—325 页。
[58] 《SPS 协定》第 5 条第 3 款。
[59] 《SPS 协定》附件 A5。

影响减少到最低程度的目标。[60] 此外,各成员不得在保护水平方面制造任意的或不合理的差异,并避免此类差异造成对国际贸易的歧视或变相限制。《SPS协定》进一步规定,成员为实现适当的卫生与植物卫生保护水平,制定或维持卫生与植物卫生措施时,应保证此类措施对贸易造成的限制不超过为达到适当的卫生与植物卫生保护水平所必需的限度,同时考虑其经济和技术可行性。[61]

(f) 其他规定

《SPS协定》就以下问题也作出了规定。对病虫害非疫区等区域情况的调整[62],透明度的保证[63],控制、检查和批准程序[64],技术援助[65],发展中国家的特殊和优惠待遇[66]等。

最后,与《TBT协定》相同,有关卫生检疫措施引起的争端必须按照WTO的一般争端解决程序来解决。[67]

3 服务贸易

(1) 服务贸易的重要性

服务贸易是指金融、运输、通信、建筑、商品销售等服务的跨国交易。随着产业结构的高度发展,服务贸易(第三产业)在整个国民经济中所占的比重越来越大,这是经济发展的一般倾向。日本GDP中服务业产值所占比例已达60%,从事服务行业的人数占全部就业人口的60%以上。与此同时,国际贸易中服务业所占的比重也大大提高,根据2002年WTO年度报告显示,2001年全世界服务贸易出口总值达到1.4万亿美元,占世界出口贸易总量的19.4%。

与货物贸易不同的是,对服务贸易来讲类似关税的边境措施并不具有实际意义,对服务提供和消费所采取的国内规制措施将成为严重的贸易壁垒。另外,对服务所采取的国内规制的目的并不仅限于国内服务业的保护和培养,很多规制措施是出于保护消费者和文化传统等公共政策方面的理由,所以,一直

---

[60] 《SPS协定》第5条第4款。
[61] 《SPS协定》第5条第6款。
[62] 《SPS协定》第6条。
[63] 《SPS协定》第7条和附件B。
[64] 《SPS协定》第8条。
[65] 《SPS协定》第9条。
[66] 《SPS协定》第10条。
[67] 《SPS协定》第11条。

到最近几年为止,通过制定国际规则来促进服务贸易自由化的要求并不强烈。

但是,随着服务贸易规模的扩大,国际社会逐渐认识到服务贸易更加自由化的需要,以及为此制定国际规则来约束国内规制的必要性。特别是在金融、通信等重要服务贸易领域里具有国际竞争力的美国(世界上最大的服务贸易黑字国家),强烈主张将服务贸易自由化问题纳入乌拉圭回合的谈判议题中,最终克服了主张将服务贸易置于 GATT 框架外的发展中国家的反对,将服务贸易问题纳入了乌拉圭回合的谈判议题。服务贸易与和贸易有关的知识产权协定(TRIPS)及与贸易有关的投资措施(TRIMS)相同,是通过乌拉圭回合谈判确立国际规制的新领域。但是,由于服务贸易具有与货物贸易不同的特征,再者《GATT 1994》又不包括有关服务贸易的规定,国际社会通过谈判签订了独立于《GATT 1994》的新的协定。这就是作为《WTO 协定》附件 B 的《服务贸易总协定》(General Agreement on Trade in Services),简称《GATS》。

(2)《GATS》规则概述

(a) 服务贸易的四种类型

《GATS》的规制对象包括,对除政府因行使管理权限而提供的服务之外的所有种类的服务贸易(11 个部门,155 种服务业)造成影响的政府措施。这些服务贸易可分成以下四种类型:第一,过境提供:从一成员领土向其他成员领土提供服务;第二,境外消费:在一成员领土向其他成员服务消费者提供服务;第三,商业存在:一成员服务提供者通过在其他成员领土设立商业机构提供服务;第四,人员移动:一成员的自然人在其他成员领土提供服务。

(b)《GATS》的结构

《GATS》规定了关于四个类型 155 种行业服务贸易自由化的承诺和例外(保留)的规则和框架。据此《GATS》项下的义务也可分成三种类型:第一,在所有服务贸易领域里遵守的义务;第二,在作出承诺的特定领域里遵守的义务;第三,根据承诺内容遵守的义务,即:规定的义务包括最惠国待遇[68]和透明度的保证[69];规定的义务包括有关国内规制的义务[70],以及有关支付和转移的义务[71];规定的义务包括市场准入[72]、国民待遇。[73]

---

[68]《GATS》第 2 条。
[69]《GATS》第 3 条。
[70]《GATS》第 6 条。
[71]《GATS》第 11 条。
[72]《GATS》第 16 条。
[73]《GATS》第 17 条。

服务贸易的四种类型

类　型	内　容	实　例	印　象　图
1. 过境提供	从一成员领土向其他成员领土提供服务	通过电话接受国外律师提供的法律咨询	▲ ←---- ● サービス需要者　サービス供給者 需要国　　供给国
2. 境外消费	在一成员领土向其他成员服务消费者提供服务	国外旅游或出差人员在当地消费（住宿酒店、租用电器等）	△ ────→ ▲ ←---- ● サービス需要者　サービス需要者 需要国　　供给国
3. 商业存在	一成员服务提供者通过在其他成员领土设立商业机构提供服务	通过国外分支机构提供的金融服务	商業拠点 ■　　サービス供給者 ● ↓ サービス需要者 需要国　　供给国
4. 人员移动	一成员的自然人在其他成员领土提供服务	艺术工作人员应邀到其他国家进行艺术活动	サービス供給者 ● 自然人 ◆ ←---- ◇ 自然人 ↓ ▲ サービス需要者 需要国　　供给国

（注释）图中符号表示如下意思：
　　●：服务提供者（自然人或法人）　▲：服务消费者　■：服务提供者
　　◆：自然人　△：移动前的服务消费者　◇：移动前的自然人
　　────：移动　-------：提供服务

资料来源：经济产业省通商政策局编：《2002年版不公正贸易报告书》（经济产业调查会，2002年），第328页。

　　协定还包括规定有关航空运输、金融服务、海上运输、电子通信服务的特殊规则和自由化的谈判方法的附件。在金融领域里签订了《关于金融服务相关承诺的谅解》，对市场准入、国民待遇等作出了具体规定，从而实现了更进一步的自由化。

　　乌拉圭回合谈判的结果，除《GATS》、附件和谅解以外，还包括了承诺表(Schedule of Commitments)，承诺表上记载各国根据《GATS》所做的自由化承诺的具体内容，承诺表作为《GATS》不可分割的一部分与其同时生效。

(c)《GATS》的基本义务

WTO 成员接受《GATS》之后在服务贸易的所有领域里必须承担的一般义务主要包括两个方面:第一就是最惠国待遇原则(对所有成员给予相同待遇的义务)。[74] 最惠国待遇原则原来是货物贸易领域多边框架 GATT 的基本原则,在服务贸易领域里也同样被授予了基本原则的地位。关于货物贸易的最惠国待遇,是指对所有成员的同类产品给予相同的待遇。关于服务贸易的最惠国待遇则,是指对所有成员的服务提供者给予相同的待遇。

但是在服务贸易领域里,由于历史原因存在无法保证最惠国待遇的情况,所以《GATS》承认了最惠国待遇的例外。毗连边境地区固有的服务贸易[75],经济一体化框架内的服务贸易的自由化[76],劳动力市场一体化协定[77]等。此外还存在,以满足一定条件为前提,在个别领域和行业里豁免适用最惠国待遇的情况,"关于第 2 条豁免的附件"就必须满足的条件作出了规定。根据该附件的规定,成员可在《GATS》生效时提出豁免最惠国待遇原则的要求并进行登记。服务贸易委员会有权对超过 5 年的所有豁免进行审议。服务贸易委员会在审议中应审查产生该豁免的条件是否仍然存在,原则上此类豁免不应超过 10 年。日本未申请豁免,但美国在卫星传播、银行、保险、航空运输、宇宙运输、公路运输、管道运输等领域里申请了对最惠国待遇义务的豁免。

第二个在服务贸易所有领域里必须承担的一般义务是关于透明度的义务。《GATS》规定,每一成员应迅速公布有关影响本协定运用的所有普遍适用的措施。[78] 就透明度问题,《GATS》还进一步规定,每一成员对其他任何成员所提出的信息要求应迅速予以答复,每一成员应迅速并至少每年向服务贸易理事会通知对本协定项下具体承诺所涵盖的服务贸易有重大影响的任何新的法律、法规、行政准则和现有法律、法规、行政准则的任何变更。[79] 其结果,由于程序的不透明而引起的市场准入障碍将被取消,同时改善透明度的谈判也变得更容易一些。

(d)在作出承诺的服务贸易领域里应遵守的义务

成员可以选择特定服务贸易领域作出自由化承诺。在作出此承诺时,可

---

[74] 《GATS》第 2 条第 1 款。
[75] 《GATS》第 2 条第 3 款。
[76] 《GATS》第 5 条。
[77] 《GATS》第 5 条之二。
[78] 《GATS》第 3 条第 1 款。
[79] 《GATS》第 3 条第 3 款、第 4 款。

以就所承诺的领域在承诺表中提出附加条件,并以此为前提承担自由化义务（positiv list方式）。在已作出具体承诺的部门中,每一成员应保证其所有影响服务贸易的普遍适用的措施以合理、客观和公正的方式实施。[80] 每一成员应保证司法审查或其他补救措施,对影响服务贸易的行政决定进行审查。[81] 对已作出具体承诺的服务,如提供此种服务需要得到批准,则成员的主管机关应在根据其国内法律法规被视为完整的申请提交后一段合理时间内,将有关申请的决定通知申请人。[82] 有关资格要求和程序,以及技术要求和许可要求的各项措施,应依据客观和透明的标准,不得给其他成员的服务或服务提供者增加不必要的负担。[83]

一成员不得对与其具体承诺有关的经常项目交易的国际转移和支付实施限制[84],除非为保障国际收支采取或维持限制[85]。作出这一规定的意义在于,保证自由化的成果不被国际支付和转移的限制所侵蚀,因为即使作出自由化承诺,如果对国际支付和转移进行限制,自由化将受到实质性的阻碍,对国际支付和转移的限制进行制约是必需的。

（e）根据承诺内容遵守的义务

每一成员在作出市场准入承诺的部门中承担根据承诺条件保证市场准入的义务。[86] 具体来讲,一成员在作出市场准入承诺的部门中,除非承诺表中另行附加了条件,必须遵守下列义务:第一,不得进行数量限制（服务提供者数的限制、服务交易总额和资产总额的限制、服务总量的限制、服务提供者雇佣人数的限制）;第二,不得限制服务提供者的企业形态（例如,外国企业不得设置分支机构、外国企业必须与国内企业建立合资公司等等）;第三,不得限制外资参与服务领域（外资股份持有份额的限制、对国内服务部门投资总额的限制）。每一成员必须在其承诺表中作出承诺,对所有服务部门或类型不采取上述措施,除非表明对其全部或一部分提出保留。

成员根据承诺内容必须遵守的义务中还包括国民待遇义务。[87] 即每一成员在影响服务提供的所有措施方面给予任何其他成员的服务或服务提供者的待遇,不得低于其给予本国同类服务和服务提供者的待遇。但是,与最惠国

---

[80]《GATS》第6条第1款。
[81]《GATS》第6条第2款。
[82]《GATS》第6条第3款。
[83]《GATS》第6条第4款、第5款。
[84]《GATS》第11条。
[85]《GATS》第12条。
[86]《GATS》第16条第1款、第2款。
[87]《GATS》第17条。

待遇原则不同的是,国民待遇原则不是成员在所有服务领域里必须遵守的一般义务。一成员根据国内情况而不能提供国民待遇的情况下,可在本国的承诺表中表明遵守国民待遇原则的条件和限制。换言之,成员可根据每一服务部门来决定是否接受国民待遇原则。例如,把金融服务和银行业排除在国民待遇原则的适用范围之外等。而且,即使在某一服务部门中接受了国民待遇原则的情况下,也可保留在一定范围内采取内外有别的措施的权利。例如,在银行业中除存款业务之外接受国民待遇原则等。

(3) 服务贸易的逐步自由化

从以上论述可以看出,《GATS》并没有实现服务贸易自由化的最终目标,通过各国在各自的承诺表中已作出的自由化承诺,明确了在乌拉圭回合结束时可能达成的自由化水平。因此,承诺表所具有的特征与货物贸易领域里规定关税减让水平的减让表相同。WTO 成员之间达成的协议是为进一步扩大服务贸易和逐步实现更高水平的自由化而继续进行谈判。《GATS》第 19 条规定,各成员应在《WTO 协定》生效之日起 5 年内开始谈判,并在此后定期进行谈判(built-in agenda)。

在 WTO 的组织下,已经开始了部分服务贸易领域里的自由化谈判。关于基础电信(电话、数据通信、电报、传真等基础性电信服务)的谈判,1997 年 2 月,以遵守最惠国待遇原则为基础达成了协议。1998 年 2 月,包括协议的接受期限和生效程序,规定各国所作出的额外自由化承诺在内的《GATS》第 4 议定书已经生效(截至 2003 年 1 月,64 个国家和欧共体接受了该议定书)。在金融服务领域里,1997 年 12 月,由 70 个国家和欧共体参加,达成了在最惠国水平上的协议。协议作为《GATS》第 5 议定书于 1999 年 3 月生效,截至 2003 年 1 月,64 个国家和欧共体接受了该议定书。

《GATS》第 19 条规定的服务贸易领域逐步自由化的谈判于 2000 年 2 月开始。但是,在谈判开始之前 1999 年 11 月至 12 月举行的 WTO 第三次部长级会议(西雅图)上,各方未能就谈判准则和程序[88]达成协议,只好通过了规定 2001 年 3 月为止的谈判程序的路线图。根据这一路线图,各成员应在 2000 年 12 月末之前提交关于自由化的本国的提案(部门提案或一般提案),在收到各国提案后于 2001 年 3 月审议其后的谈判方式。

在上述谈判路线图确定之后,各方也对谈判方针展开了讨论,2001 年 3 月,确定了谈判目标、原则、范围、方式等有关谈判方针的重要问题。2000 年

---

[88] 《GATS》第 19 条第 3 款。

12月,谈判建议的提交期限过后各国继续提出建议,共有30个国家针对23个服务部门提交了建议。

承诺表的记载实例(与特定承诺相关的表格)

1. 在所有服务部门的共同承诺

分 类	市场准入的限制	国民待遇的限制	额 外 承 诺
承诺表所列所有服务部门	关于自然人的移动,只承诺属于下列分类的关于自然人的入境及临时滞留的措施: i)作为负责人管理分支机构的活动	关于商业存在,关于为科研与技术开发提供补贴不做承诺	

2. 根据各部门所作出的承诺

分 类	市场准入的限制	国民待遇的限制	额 外 承 诺
有关经营管理的咨询服务 (注释)本表只记载作出自由化承诺的部门。因此,关于未记入该栏目的服务部门,不承担根据特定承诺应该承担的义务(如市场准入、国民待遇)。但是遵守最惠国待遇义务	① 不作出承诺 ② 不加限制 ③ 限制对服务提供者的许可数量 ④ 除对每个部门所做的共同承诺中所记载的内容以外不另行作出承诺	① 不作出承诺 ② 不加限制 ③ 除对每个部门所做的共同承诺中所记载的内容以外不另行作出承诺 ④ 不作出承诺	(注释)本栏目记载下列措施:第16条(市场准入)和第17条(国民待遇)所规定的义务以外的,自发表明自由化意思的措施。

服务提供类型:① 过境提供 ② 境外消费 ③ 商业存在 ④ 人员移动
资料来源:经济产业省通商政策局编:《2002年版不公正贸易报告书》(经济产业调查会,2002),第334页。

2001年11月举行的WTO第4次部长级会议(多哈)宣言确定了服务贸易的谈判期限,与新回合的其他谈判项目相同,服务贸易谈判的结束时间为2005年1月1日。另外,多哈宣言决定,要求其他国家在2002年3月底之前提出取消服务贸易壁垒的申请,2003年3月底之前提出对申请的回答(宣言第15节)。由于整个谈判日程得到了正式确定,谈判进程有所进展。

4 与贸易有关的知识产权协定

(1)《TRIPS 协定》给国际贸易带来的意义

(a) 知识产权的国际保护

知识产权是指专利权和著作权等以人的智力成果为对象的权利,随着科学技术的高度发展和经济的知识化,其重要性日益为人们所认识。乌拉圭回合谈判的结果,签订了《与贸易有关的知识产权协定》(Agreement on Trade-Related Aspects of Intellectual Property Rights),简称《TRIPS 协定》。从此开始知识产权的保护被纳入了 WTO 体制。

知识产权不同于"对标的物能够自由使用、受益及处分"的所有权,不是以有形物为对象的权利。在《TRIPS 协定》的日语翻译文本中,将"Intellectual Property Rights"译成了"知识所有权",这是一个很容易引起误解的译法,因为"所有权"一词并不能准确表述以无形的信息和智力成果等为对象的权利的性质。因此,除引用协定条款和表述国际组织的固有名称时使用"知识所有权"这一概念以外,一般来讲广泛使用的是"知识产权"一词。

知识产权的国际保护在很早以前就已开始,1883 年的《保护工业产权巴黎公约》(以下简称《巴黎公约》)、1886 年的《保护文学艺术作品伯尔尼公约》(以下简称《伯尔尼公约》)是最初的保护知识产权的国际公约。这两个公约经过数次修改后现在仍然有效,1893 年设立的秘书处经过改组之后,于 1967 年设立了世界知识产权组织(WIPO)。现在,WIPO 在负责管理《巴黎公约》和《伯尔尼公约》的事实与国内法的协调,以及对发展中国家法制建设提供援助。但是这些公约以成员国法律制度的独立性为前提,只是大致规定了国民待遇原则和保护知识产权的程序。所以上述两个公约对知识产权的保护并不是完备的,而且保证成员国遵守条约的程序也不够充分。在促进各成员国内法的协调方面 WIPO 也取得了一定的成果,但是由于发达国家和发展中国家在知识产权保护问题上的严重对立,致使协调国内法的工作无法得到巨大的成果。

(b)《TRIPS 协定》的成立经过

在 GATT 时代,以美国和欧共体为核心,为打击侵害专利权和商标权的侵权商品,在东京回合结束时就提出了在贸易领域里保护知识产权的问题。但是在东京回合上没有达成相关协议,此后美国和欧共体对其他发达国家也施加影响,并说服了发展中国家,将保护知识产权的问题纳入了乌拉圭回合的谈判议题,最终《TRIPS 协定》得以成立。

在谈判开始之前,发展中国家对将保护知识产权的问题纳入乌拉圭回合谈判议题的做法采取了坚决反对的立场。发展中国家考虑的是,强化知识产权的保护将对本国企业的使用技术产生限制作用,并妨碍其经济发展。针对这一观点发达国家则强调,知识产权保护的不完备导致了技术的隐匿和封锁,以致妨碍了技术的传播,只有有效保护知识产权并建立争端解决机制才能促进技术向发展中国家的转移。经过一番争论之后,刚开始以查处侵权产品进口为主要内容的知识产权问题演变成了以强化发展中国家的保护为主要内容的关于知识产权保护的一般问题。

欧美等发达国家所做的说服工作产生了效果,知识产权问题被提到了乌拉圭回合的谈判桌上,最终各方达成协议签订了《TRIPS 协定》。在此需要注意的是,发展中国家之所以最后同意接受《TRIPS 协定》的原因在于,他们向发达国家提出的,在农产品和纺织品领域里扩大市场准入的要求得到了认可。农产品和纺织品是发展中国家的主要出口产品,但在 GATT 时代由于保护主义的持久和泛滥,使这些领域无法接受 GATT 的纪律约束。乌拉圭回合的结果是签订了《农业协定》和《纺织品与服装协定》,使这些领域重新回到了 GATT 的纪律之下。

上述协议的达成,充分显示了乌拉圭回合所采用的,在众多领域同时进行谈判这一方式的有效性,同时也反映了发达国家为确立必然导致产业结构变化的国际分工体制作出了政治上的决断。在多数发达国家农业和纺织业都具有强大的政治势力并受到了非常优厚的保护。《TRIPS 协定》的成立,是以发达国家放弃对这些产业的保护为代价的。

在乌拉圭回合的谈判过程中,有关药品和植物的专利权、专利的强制实施及平行进口的规制等问题,发达国家和发展中国家之间产生了争议,而针对美国的先发明主义和侵权产品的进口管制程序等问题,发达国家之间也仍然存在分歧。根据美国专利制度的先发明主义,对外国发明的保护只溯及到申请的提出时间为止,日本和欧共体一直要求修改这一歧视性做法。在《TRIPS 协定》的谈判过程中各方试图协调这一分歧,但未能达成一致意见,最后美国根据国民待遇原则修改了《专利法》,同意对外国发明溯及到发明时间予以保护。美国对侵权产品的进口管制程序是根据《关税法》第 337 条采取的措施,在 GATT 时代专家组曾经认定该措施违反《关税与贸易总协定》第 3 条的规定。[89] 关于此类问题,应该适用关于知识产权实施程序的《TRIPS 协定》第 41

---

[89] "美国 1930 年关税法 337 条案",参见松下满雄、清水章雄、中川淳司编:《GATT/WTO 案例研究》,日本有斐阁 2000 年版,第 52—56 页。

条来解决。发达国家和发展中国家之间的以及发达国家内部的,关于知识产权问题的分歧,在乌拉圭回合上并没得到完全解决,这些分歧给《TRIPS 协定》的适用留下了一些难题。

(2)《TRIPS 协定》的原则和概要

《TRIPS 协定》的内容不仅限于刚开始提出知识产权问题时就已存在的侵权产品的进口限制问题,该协定实际上包括了知识产权保护的所有问题。该协定的重要之处在于以下几方面:与一般原则一起规定了保护的最低水平、知识产权的行使程序和救济程序以及通过 WTO 的争端解决程序解决争议的义务等等。

(a)《TRIPS 协定》的一般原则

《TRIPS 协定》也和《关税与贸易总协定》及《GATS》一样,对最惠国待遇[90]和国民待遇[91]作出了规定。这些规定不仅适用于实质性保护水准,也适用于包括权利的取得与范围及权利行使程序等在内的协定的全部内容。原来人们一直认为,在知识产权领域里不存在保护外国人优越于本国国民的情况,只要规定国民待遇就不会产生其他问题。所以,《巴黎公约》和《伯尔尼公约》就不包括关于最惠国待遇的规定。但是,正在乌拉圭回合的谈判过程中美国和韩国签订了双边协定,根据该协定韩国同意给予美国国民优越于本国国民的待遇,以此为契机,在知识产权领域里提供最惠国待遇的必要性被人们所认识,并被规定在《TRIPS 协定》第 4 条中。

《TRIPS 协定》有关最惠国待遇和国民待遇的规定,没有承认发展中国家提出的延长过渡期的要求,从 1996 年开始在所有 WTO 成员之间一律适用。保护知识产权需要完善国内法律制度,并基本上通过国内措施来实现,因此《TRIPS 协定》的情况与对国内措施予以规制以缓和服务市场准入壁垒的《GATS》相类似。但是有关国民待遇义务,承认附条件(positiv list)和限制的《GATS》不同,《TRIPS 协定》原则上一律适用于所有成员,对例外作出一定限制是其特征。

《TRIPS 协定》所允许的国民待遇原则的例外,在《巴黎公约》和《伯尔尼公约》等多边条约中也同样得到了认可,基本上属于基于相互主义而受到限制的国民待遇。此类国民待遇被称作镜像(mirror image)国民待遇,它意味着承认了可以在成员国之间适用不同的待遇。这是因为,虽然 WIPO 所推行的知

---

[90]《TRIPS 协定》第 4 条。
[91]《TRIPS 协定》第 3 条。

识产权制度的国际协调是以成员国的自愿为基础的,但是在实际协调过程中有必要利用一个国家寻求享受其他国家较高水准的知识产权保护时不得不提高本国保护水准这一情况。即除非承担与其他国家同等的义务,不然无法回避受到其他国家的歧视性待遇,换言之,就是不允许不承担义务的"搭便车"现象。

《关税与贸易总协定》在自由化谈判的过程中虽然以相互主义为基础,但是排除了促进额外自由化的相互主义。与处理东京回合各项协定的办法相同,《关税与贸易总协定》是认可"搭便车"现象的。但是对《TRIPS协定》规定的额外保护水准,不允许根据相互主义要求国民待遇和最惠国待遇的例外,这是在尊重WIPO框架下条约的运作。

(b) 最低保护水准

《TRIPS协定》第2条第1款和第9条第1款规定,WTO成员应遵守《巴黎公约》和《伯尔尼公约》。因此,不是这两个公约缔约方的WTO成员也有义务给其他成员提供该公约所规定的知识产权保护。此外,《TRIPS协定》在第2部中,在对具体知识产权的内容与保护水准作出规定的同时,对于两公约没有规定的具体权利,或规定得不够充分的内容进行补充并追加了新的义务。因此,根据《TRIPS协定》的规定,WTO成员有义务遵守《巴黎公约》、《伯尔尼公约》和《TRIPS协定》第2部规定的保护知识产权的水准。

《TRIPS协定》规定的义务原则上适用于所有WTO成员,除过渡性安排以外协定未规定对发展中国家的特殊措施。根据《TRIPS协定》第65条规定的过渡性安排,自《WTO协定》生效之日起,发达国家在1年内、发展中国家在5年内(第3、4、5条除外,关于药品专利的过渡性安排为5年)、市场经济转型国家在5年内(第3、4、5条除外)、最不发达国家在10年内(第3、4、5条除外),分别无义务适用本协定的规定。

《TRIPS协定》在规定成员必须遵守一定程度的保护水准的基础上,第1条进一步规定,各成员可以(但并无义务)在其本国法律中实施比本协定要求更广泛的保护。这一规定显示,本协定规定的保护水准是最低保护水准。但是,因为知识产权毕竟是具有独占性或排他性的权利,过于强化保护必然引起对经济活动自由的限制,从而导致对贸易自由化的障碍。知识产权的过度保护与WTO的基本目标贸易自由化是相互抵触的。《TRIPS协定》在其前言中提出:"保证实施知识产权的措施和程序本身不成为合法贸易的障碍。"第41条第1款规定,保护知识产权的"程序的实施应避免对合法贸易造成障碍并为防止这些程序被滥用提供保障"。因此,有必要在与贸易自由化保持平衡的情况下促进知识产权的保护,有必要制定相应的基准以供判断多大程度的保护将会成为过度保护。尤其是保护期限和可否平行进口等问题是关系到知识产权保护与贸易自由化之间平衡关系的重要因素,关于这些问题,《TRIPS协定》没有作出抑止过度保护的规定。

(c) 权利用尽——平行进口问题

根据知识产权的用尽理论,经过商品销售渗透于商品的知识产权被用尽而消失后,其他人可以不通过权利人的许可而销售商品。各国国内制度一般都承认权利用尽理论,但是关于跨越国境的权利用尽是否也应该得到承认,存在意见分歧。关于这一问题乌拉圭回合未能达成协议。《TRIPS协定》第6条明确规定,除国民待遇和最惠国待遇原则以外,本协定的任何规定都不得用于处理知识产权的权利用尽问题。

如果进口国的法律制度承认国际性权利用尽则不会发生什么问题,不然没有得到权利人许可的平行进口将会受到进口国的限制。问题在于,根据《WTO协定》,成员是否被赋予了对平行进口进行规制的裁量权。

关于进口国不承认权利用尽而采取的进口限制措施,在《TRIPS协定》对权利用尽问题未作出明确规定的情况下,应该适用《GATT 1994》的规定,因此,平行进口的限制将违反《GATT 1994》第11条的规定。但是,《TRIPS协定》第1条规定,认可成员在其本国法律中实施比本协定要求更广泛的保护。根据这一规定,不承认国际性权利用尽,对平行进口进行限制是重视知识产权保护的做法,应该得到认可。此外,国民待遇义务和最惠国待遇义务也适用于权利用尽问题,《TRIPS协定》第6条的规定,是以关于权利用尽问题各国制度的不同为前提的。一直以来,权利用尽是由各国法律制度加以规定的问题,存在着各种各样的处理方式。因此,既然关于权利用尽成员之间还未达成协议,各成员就应该享有处理权利用尽问题的裁量权。

(d) 保护范围

受《TRIPS协定》保护的知识产权可分为两大类:第一,以发展文化为目的的版权及其相关权利;第二,以产业的发展为目的的工业知识产权。

(i) 版权及其相关权利

版权是指以著作、绘画、电影等文学艺术作品等为对象的权利,根据《伯尔尼公约》的规定,至少在作者死后的50年内得到保护。《TRIPS协定》规定,版权的保护期限自作品经授权出版后的日历年年底计算不得少于50年,或如果该作品在创作后50年内未经授权出版,则为自作品完成的日历年年底起计算的50年。[92] 关于保护水准,《TRIPS协定》各成员应遵守《伯尔尼公约》规定

---

[92] 《TRIPS协定》第12条。

的期限[93],关于计算机程序,应作为《伯尔尼公约》项下的文字作品加以保护。[94]

相关权利是指授予表演者、录音制品制作者和广播组织的权利。[95] 关于此类权利的保护,根据1961年的《罗马公约》,在该公约规定的范围内,国民待遇和最惠国待遇的例外[96],以及《TRIPS协定》第14条规定的对版权相关权利所附加的条件和限制[97]得到了认可。表演和录音的保护期限是自完成表演和录音的日历年年底起20年。广播的保护期限是自广播播出日历年年底起至少50年。

关于对计算机程序授予专利权的意义,与其说是有利于文化发展,更应该说有利于发展经济、版权等知识产权的相关权利也具有保护与音乐、艺术或广播有关产业的意义。所以,作为划分知识产权的标准,文化发展或经济发展等目标所具有的意义是相对的。

(ii) 工业知识产权

工业知识产权是对产业标记和创作所授予的专有权利。此类权利与保护文化发展的版权有所差别,但是外观设计中包括一些可能作为版权来保护的内容。工业知识产权中以登记注册为法定要件的权利很多,这一点也是与版权加以区别的重要标志。

产业标记权的保护对象是标记所能发挥的识别产品质量和性能及生产者的功能,《TRIPS协定》第15条至第21条(商标权)及第22条至第24条(地理标识),对此作出了规定。

地理标识权,是以产品质量和社会声誉已经得到确立的原产地标记为保护对象的权利。[98] 例如,Japan、Scotch、Camembert、Palma等,只要一提到这些地名,就使人必然联想到其生产的产品,像这样的地名应该得到保护。《巴黎公约》只规定,可以对标有虚假地理标识产品在进口时予以扣押[99]。《TRIPS协定》规定,各成员应防止使公众产生误解的,或虚假的地理标识。[100] 此外,关于葡萄酒和烈酒的地理标识,《TRIPS协定》规定即使在不产生误解的

---

[93] 《TRIPS协定》第9条第1款。
[94] 《TRIPS协定》第10条第1款。
[95] 《TRIPS协定》第14条。
[96] 《TRIPS协定》第3条第1款。
[97] 《TRIPS协定》第14条第6款。
[98] 《TRIPS协定》第22条第1款。
[99] 《巴黎公约》第10条第2款。
[100] 《TRIPS协定》第22条第2款。

情况下也应防止使用此类标识,即提出了额外的保护要求。[101] 所以,Japan 或 Scotch 等标识,不得适用于该产地以外的地方生产的产品上。

关于产业领域里的创造性成果的权利,其保护对象是新开发的技术、外观设计等,根据《TRIPS 协定》规定,主要有以下几方面:专利权[102]、工业设计权以及集成电路布图设计权[103]。

专利权,是以通过发明或技术革新开发出的技术为对象的权利,对投入庞大资金进行研究和开发的企业来讲,是极为重要的权利。所以在乌拉圭回合的谈判过程中,发达国家和发展中国家就专利问题产生意见分歧,尤其在有关对药品现有客体授予专利,以及强制实施专利的问题上双方展开了激烈的争论。

因为药品的专利不同于其他技术,现有客体本身作为专利得到认可,但是有些成员,尤其是发展中国家成员为抑止药品价格未对药品授予专利。《TRIPS 协定》第 27 条第 1 款规定:"专利可以授予所有技术领域的任何发明,无论是产品还是方法",明确肯定了现有客体本身可以授予专利。其结果,关于对现有客体本身不授予专利的国家在过渡期内必须采取的措施,《TRIPS 协定》第 70 条第 8、9 款作出了规定。

对现有客体本身不授予专利的国家在过渡期内必须完善本国的法律制度,但是《TRIPS 协定》第 70 条第 8 款设立了所谓的信箱制度,根据这一制度即使在过渡期内,成员应自《WTO 协定》生效之日起,采取措施保证能够提出有关药品专利的临时申请。[104] 根据该规定如有人申请专利,在其申请日应适用本协定规定的授予专利的标准。[105] 该申请被授予专利时,自被授予专利之日以后,自申请之日起给予 20 年以上的保护。[106]

《TRIPS 协定》第 70 条第 9 款规定了根据第 8 款规定申请专利的药品的专有销售权。在药品本身根据第 8 款(a)被申请专利的情况下,专有销售权应得到认可,其期限为,在该成员国内获得销售许可之日起 5 年以内,或自获得销售许可之日起至所申请的专利被授予或被拒绝为止的较短的期限内。这一规定的适用只限于以下情况,即《WTO 协定》生效后,一项申请的客体在其他

---

[101]《TRIPS 协定》第 23 条。
[102]《TRIPS 协定》第 27—34 条。
[103]《TRIPS 协定》第 25、26 条,第 35—38 条。
[104]《TRIPS 协定》第 70 条第 8 款(a)。
[105]《TRIPS 协定》第 70 条第 8 款(b)。
[106]《TRIPS 协定》第 70 条第 8 款(c)。

国家被提出专利申请,并被授予专利权和销售权。[107]

《TRIPS 协定》第 31 条规定的强制实施权是指,专利权人以外的其他人未经权利人的授权能够实施知识产权,尤其是专利权的实施权利。在日本,强制实施权作为裁定实施权,以权利不实施知识产权,或以公共利益和利用发明等理由,得到了认可。广泛承认强制实施权将会导致对权利持有人权利的限制,但有限的承认也将导致对新技术的推广和应用的限制。

在乌拉圭回合谈判中,发达国家采取限制强制实施的立场,主张限定性地列举承认强制实施的情况,未列举的不予承认实施。发展中国家则主张,应该事先规定可以强制实施的条件,只要符合条件无论根据什么样的理由都应承认强制实施。《TRIPS 协定》第 31 条采纳了发展中国家的意见,列举了不予承认强制实施的 12 种情况。

但是,《TRIPS 协定》没有对强制实施得到认可时应该根据的实体标准作出具体规定。例如日本《专利法》规定,在不实施专利的情况下认可强制实施的条件是专利权持有人在 3 年之内没有恰当地实施专利[108],但《TRIPS 协定》却没有作出此类期限的规定。《TRIPS 协定》第 31 条(b)规定的"紧急状态"和"公共非商业性使用"的含义也不是很明确的。因此,在实际适用过程中,很多情况只能依赖成员的国内制度,从这一意义上讲,不得不说这是反映发展中国家立场的规定。

除上述内容以外,《TRIPS 协定》为促进公平竞争,未披露信息[109],而对实施协议许可中限制竞争行为的控制作出了规定。[110] 第 39 条是关于保护自然人和法人合法控制的信息及被提交到政府的有关药品等实验数据的规定。第 40 条的规定从知识产权属于具有排他性的专有权这一情况出发,承认成员政府对实施协议许可中由于当事者之间实力悬殊而发生的限制竞争行为进行规制的权利。作为限制竞争行为,该条列举的是,排他性返授条件、阻止对许可效力提出质疑的条件以及强制性一揽子许可等。

(e) 知识产权的实施程序

《TRIPS 协定》在其第三部分中规定了知识产权的实施及权利受到侵害时的补救程序。其第 41 条规定了实施程序中成员应该遵守的一般义务:避免对

---

[107] "印度药品专利案",参见松下满雄、清水章雄、中川淳司编:《GATT/WTO 案例研究》,日本有斐阁 2000 年版,第 336—340 页。
[108] 日本《专利法》第 83 条。
[109] 《TRIPS 协定》第 39 条。
[110] 《TRIPS 协定》第 40 条。

合法贸易造成障碍及滥用这些程序[111];有关知识产权的实施程序应该公平和公正,这些程序不应不必要的复杂和费用高昂,不应限定不合理的时限或造成无理的延迟[112];裁决要采取书面形式及提供作证机会[113];保证司法机关对最终行政裁定的审查[114]等等。此外,《TRIPS协定》还就以下问题作出了规定:民事或行政程序及救济措施[115];防止侵犯知识产权的临时措施[116];海关对侵权货物的中止放行[117];刑事程序。[118]

上述关于知识产权实施程序的规定,为保障《TRIPS协定》规定的权利保护水准,以一定的具体形式向成员提出了必须遵守的方法。无论关于知识产权保护水准的实体规则有多么完善,如果在实施方法的选择上成员具有广泛的裁量权,势必引起各国之间在程序上的不统一。其结果是,即使权利得到保护,但复杂而不合理的程序却给权利持有人带来沉重的负担。对应该遵守的程序本身作出某种程度的规定,这有利于统一的知识产权保护程序的形成,从而保证对权利侵害采取迅速的对策以稳定权利持有人的地位。

(f) WTO争端解决程序的适用

作为签订《TRIPS协定》的成果,最重要的应该是WTO争端解决程序的适用。如上所述,WIPO对知识产权的保护不够充分的最大原因在于,当一缔约方违反协定时不能对其采取有效措施。发达国家积极争取将知识产权问题纳入GATT框架内,其目的也在于利用贸易报复措施的威慑力来敦促发展中国家确立知识产权保护制度。

WTO《DSU》第22条规定,如某一成员未能使被认定与一适用协定不一致的措施符合该协定,有关成员可以对该成员中止减让及其他义务,即承认发动报复措施。该条第3款同时规定,如相关成员认为对相同部门中止减让或其他义务不可行或无效,则可寻求中止对同一协定项下其他部门的减让或其他义务。例如,在发展中国家的措施被认定违反《TRIPS协定》,而且该发展中国家没有采取纠正措施的情况下,如在知识产权领域里采取报复措施事实上不可能,相关成员可以对该发展中国家主要出口产品发动进口限制(报复)措施。可以说WTO争端解决程序的适用,为确保《巴黎公约》和《伯尔尼公约》

---

[111] 《TRIPS协定》第41条第1款。
[112] 《TRIPS协定》第41条第2款。
[113] 《TRIPS协定》第41条第3款。
[114] 《TRIPS协定》第41条第4款。
[115] 《TRIPS协定》第42—49条。
[116] 《TRIPS协定》第50条。
[117] 《TRIPS协定》第51—60条。
[118] 《TRIPS协定》第61条。

再加之《TRIPS 协定》所规定的保护水准发挥了重要作用。发展中国家在乌拉圭回合中反对将知识产权问题纳入谈判议题也是因为预料到了这一结果。

(3)《TRIPS 协定》与公共卫生——药品的获得机会

如前所述,发展中国家在乌拉圭回合中强烈反对将知识产权问题纳入谈判议题。其原因之一就是,阿根廷、巴西及印度等发展中国家为保证低价药品的供应,没有承认对现有客体本身授予专利。但谈判结果是,《TRIPS 协定》规定对现有客体本身也应授予专利,并认可了从过渡期一开始起可以提出临时申请和享有专有销售权。关于药品现有客体的专利,过渡期被延长了 5 年,这一期限过后应授予药品专利权并予以保护。

上述做法必然会引起发展中国家药品价格的上涨,并将对国民获得药品的权利产生限制作用。在乌拉圭回合的开始阶段这一情况已被预料到了,加之由于非洲各国 HIV 患者的增加,相关国家开始讨论解决问题的对策。

2001 年 4 月,WTO 和世界卫生组织(WHO)的秘书处联合举行了"关于可获得药品的工作小组"会议,同年 6 月,受一些非洲国家的要求举行了以"知识产权和药品的获得"为议题的专门会议。通过这些会议的讨论,2001 年 11 月,多哈部长级会议上通过了《关于〈TRIPS 协定〉与公共卫生的宣言》,该宣言的目的是确保获得治疗 HIV 或结核、疟疾等感染性疾病的药品,以协调知识产权和公共卫生的关系。

多哈宣言强调,《TRIPS 协定》不应该妨碍成员国采取有关公共卫生措施的权利,并确认各成员应具有灵活地、最大限度地援用《TRIPS 协定》的权利。具体是指承认各成员享有决定强制实施和权利用尽制度(平行进口)的自由。此外,TRIPS 理事会要求在 2002 年底之前提出关于没有足够药品制造能力的成员应采取措施的建议。关于药品,在部长级会议上达成了以下协议:延长《TRIPS 协定》第 66 条第 1 款规定的过渡期,在 2016 年之前不得要求最不发达国家成员适用第二部第 5 节(专利权)和第 7 节(对未披露信息的保护)的规定;豁免最不发达国家授予专有销售权的义务,并指示 TRIPS 理事会实施这一协议。根据这一宣言,2002 年 6 月举行的 TRIPS 理事会正式决定,延长适用于最不发达国家的过渡期并豁免其授予专有销售权的义务。

如上所述,因现有客体专利权的导入引起发展中国家药品价格上涨是预料之中的事情。一直以来各国认为,药品价格的上涨应该以《TRIPS 协定》第 8 条规定的为维护公共健康措施的实施,或包括为维护公益的强制实施,以及通过世界卫生组织的援助来加以解决。制药厂商也对出售至发展中国家的药品价格予以一定程度的考虑并设定了较低的价格。当有人主张限制专利权,应该给发展中国家提供更廉价的药品时,欧美制药厂商为保护自己的专利权采取了消极的态度,甚至考虑没有必要采取更多的措施。WTO 秘书处在其所做的解释中也指出,药品价格上涨的问题应该通过《TRIPS 协定》第 8 条规定的原则和强制实施权的适用来解决。

发展中国家药品价格上涨问题,尤其是以治疗 HIP 感染性疾病的药品开发为契机,引起了国际社会的关注。拥有多数疾病患者的发展中国家因财力和技术方面的制约未能很好地采取对策,也未得到足够的国际援助。在这一过程中,遭到国际社会谴责的欧美制药厂商改变以往的态度,主动提出了压低治疗 HIP 药品价格或无偿提供的申请。另一方面,关于药品平行进口问题,欧美制药厂商一贯要求予以严格的限制。这是因为担心低价进口到发展中国家的药品又被转移到药品价格高昂的国家。但是欧美制药厂商所作出的低价提供或无偿援助等努力,对发展中国家来讲几乎是杯水车薪,后来对药品制造商的谴责更加强烈了。

在以非洲各国为中心展开医疗援助活动的非政府组织,通过广泛的宣传活动唤起了国际舆论的支持,并得到了本国政府的广泛支持和理解,发挥了重要作用。正是在此种形势下,产生了《关于〈TRIPS 协定〉与公共卫生的宣言》,明确规定必须关注对治疗 HIV 或结核、疟疾等感染性疾病药品的获得机会。在现今国际社会,对非政府组织的重要性人们已有了足够认识,他们在联合国经济与社会理事会已获得了观察员资格。尤其是在人权领域里,非政府组织在国际规则的形成、维护与发展过程中发挥了重要作用,但在经济领域里对规则的变更发挥如此明确的作用还是罕见的。

通过乌拉圭回合谈判,将服务贸易与知识产权等新领域纳入其规制对象后,现在 WTO 体制正在面临并讨论的是,环境与劳动等非贸易关心事项。WTO 体制所面临的新问题不仅限于与自由贸易相互矛盾的事项,甚至包括一些与整个市场经济体制所重视的经济合理性都会发生冲突的,具有不同价值取向的事项。本节所阐述的知识产权和药品获得机会的问题也在提示,在今后的有关贸易以外的关心事项的议论中,考虑对根植于被称为"草根"的"市民社会"的价值是非常重要的(请参阅第十章)。

5 政府采购

(1) 政府采购的含义

为向全社会提供公共财产和服务(教育、国防、铁路、公共交通、电、煤气、自来水等公益事业,道路、桥梁等公共设施),各国政府机构在经常性地购买货物和服务。政府采购就是一国政府机构为实现公共目的而实施的购买货物和服务的行为。

在实施政府采购时,各国政府均采取优惠国内供应商或产品的做法并歧视国外供应商或产品,一直到最近几年为止,这一歧视性采购的做法在政治上被认为是理所当然的事情。因此,在各国国内经济生活中,政府采购市场是最受保护的部分。《关税与贸易总协定》第3条第8款(a)明确规定,政府机构所进行的非商业采购(政府采购)属于国民待遇原则的例外,公然认可了歧视外国产品的权利。乌拉圭回合上签订的《GATS》也作出规定,主要非歧视原则不适用于政府购买服务的活动。

为妨碍外国供应商参加本国政府采购市场,各国政府设置了形形色色的壁垒。美国的"购买美国产品法"(By American Act)或国防部的预算法,是公开地优先采购国内产品的法律。另外还有虽然不是公开的但事实上是歧视性的政府采购程序,致使外国供应商事实上被排挤于政府采购市场。例如,采用外国供应商很难具备的资格要求、利用优惠国内厂商的设计和款式、不充分公开政府采购信息以及不给外国供应商提供申请所需的足够时间、对违法政府采购提起申诉程序的欠缺等等,都属于事实上的歧视。

(2)国际规制的强化与扩大

在签订《关税与贸易总协定》的当时,20世纪30年代以来各国维持的高关税仍然被视作最严重的贸易壁垒。但是经过数次大规模关税削减谈判,到了20世纪70年代,关税以外的贸易壁垒,即非关税壁垒的问题开始引起人们的关注。在政府采购领域里,由于政府职能的增多与多样化,政府采购市场的规模也得到扩大,历来存在的歧视性政府采购作为非关税壁垒对国际贸易产生的影响也达到了不容忽视的程度。歧视具有比较优势的外国供应商的做法,明显是在阻碍资源的最佳配置与效率,也是贸易摩擦产生的原因之一。正是在这一形势之下,1973年开始的东京回合上诸多非关税贸易壁垒的问题被列入谈判议题。1979年谈判正式结束时,签订了一些有关非关税壁垒的个别协定(也称作守则)。其中就包括《政府采购协定》,该协定于1981年生效,以下称为《1979年政府采购协定》。在多边条约中该协定首次对与歧视性政府采购有关的贸易与竞争力问题作出了规定。其适用范围不免有些谨小慎微的地方,但该协定是为开放各国政府采购市场,引入竞争机制而制定国际规制的最初尝试。在政府采购领域里制定国际规则至少有如下几方面的意义:第一,避免贸易摩擦同时又增大贸易机会,带来更加有效的资源配置;第二,国内外供应商为争取采购合同相互竞争,有利于政府财政预算的实质性节约以及高质量采购的获得;第三,更大的市场机会将有利于企业享受规模经济的实惠,从而保证有更多的资金投入到研究开发中。

但是《1979年政府采购协定》只约束接受该协定的缔约方,最终接受的国家只有美、欧、日等发达国家为主的23个国家。1987年该协定经过修改后,被乌拉圭回合结束时签订的新的《政府采购协定》(1996年1月1日生效)所继承。

1994年4月15日,与WTO的其他协定一起在马拉喀什签署的《政府采购协定》进一步加强了《1979年政府采购协定》的纪律,尤其是扩大了其适用范围。乌拉圭回合的谈判议题本来不包括签订政府采购协定的问题,该协定的谈判是根据《1979年政府采购协定》设立的政府采购委员会的权限进行的。因此,只有《1979年政府采购协定》的缔约方参加了谈判,最后成立的《政府采购协定》本身也没有被作为一揽子接受的多边贸易协定之一,而是属于任意接受的诸边贸易协定。截至2002年5月,接受《政府采购协定》的国家是包括欧、美、日在内的28个国家和地区,现在包括中国台湾地区在内的11个国家和地区在进行加入该协定的谈判。剩下的一百多个WTO成员仍然在适用《GATT 1994》第3条第8款的规定,这些国家可以在本国政府采购领域里不遵守国民待遇原则。

(3)《政府采购协定》的特征

《政府采购协定》主要规定了缔约方在有关政府采购的国内法规、程序以及做法方面应该享受的权利及承担的义务。下面主要阐述其特征。

(a) 非歧视原则的适用

《1979年政府采购协定》的目的是,停止优惠国内供应商的做法并打开国内政府采购市场,在平等的商业条件下将政府采购合同的签约机会开放给国际竞争。为实现此目的,协定禁止对其他缔约方的供应商和产品的任何形式的歧视,要求服从协定的所有政府机构向其他缔约方的供应商和产品提供最惠国待遇和国民待遇。现行政府采购协定也继承了《1979年政府采购协定》的基本规则,就属于协定适用范围内的政府采购,要求缔约方对其他缔约方的供应商和产品给予最惠国待遇和国民待遇。[119] 值得注意的是,现行协定规定了比较彻底的非歧视待遇。现行协定规定,每一参加方应该保证其采购机构不得依据外国联营或所有权的程度而给予一当地设立的供应商的待遇低于给

---

[119] 《政府采购协定》第3条第1款。

予另一当地设立的供应商的待遇,以及应保证其采购机构不得依据供应产品或服务的生产国而歧视当地设立的供应商。[120]

(b) 适用范围的扩大

现行《政府采购协定》的最大特征是,其适用范围比《1979 年政府采购协定》的适用范围有了很大的扩展。根据《1979 年政府采购协定》所做的统计,自 1990 年至 1994 年,每年总金额达 300 亿美元的政府采购合同适用了该协定。据推测,根据现行《政府采购协定》开放给国际竞争的政府采购合同金额将达到约 3000 亿美元。

现行《政府采购协定》并没有规定一般适用范围及一般适用范围的例外,与《1979 年政府采购协定》相同,现行协定只适用于其附件中明确限定的政府采购项目,并服从缔约方之间的严格的相互主义。[121]

第一,现行《政府采购协定》只适用于附录 I 附件 1 中各缔约方所列中央政府机构所实施的超过 13 万特别提款权(SDR:SDR 是 IMF 的货币单位,13 万 SDR 相当于 1900 万日元)的采购。与东京回合时所做的承诺相比较,多数缔约方扩大了成为适用对象的政府机构的数目。各国可以在附件 1 的注释中对特定机构和采购加以限制或不包括在适用范围内。

第二,各缔约方同意《政府采购协定》适用于附录 I 附件 1 所列中央政府机构所实施的服务的采购(附录 1 附件 4)。各缔约方服务采购的基准金额原则上是 13 万 SDR。此外各缔约方还同意,将中央政府机构对附录 I 附件 1 所列包括土木工程在内的建筑服务的采购也包括在协定的适用范围内。适用于所有缔约方的基准金额为 500 万 SDR(日本为 450 万 SDR)。

但是几乎所有缔约方都以严格的相互主义为条件,关于将哪些特定服务视作《政府采购协定》的适用对象,只有在缔约方之间达成相互承认的情况下,才同意在采购此类服务时服从《政府采购协定》的纪律。例如,美国、欧共体,以及 EFTA 各国将金融服务纳入了《政府采购协定》的适用对象,但日本却没有纳入。因此,针对日本金融服务提供者,这些国家可以不承担开放金融服务市场准入机会的义务。在《GATS》项下,提供国民待遇的条件是,在各国承诺表列明服务部门并服从在承诺表中所做的限制,这属于对特定服务的单独承诺。因此,在《GATS》项下,在未实现自由化的服务部门仍然受到一般市场准入限制的情况下,外国服务提供者能够利用根据《政府采购协定》参与服务采购机会的可能性实际上被否定了。

---

[120] 《政府采购协定》第 3 条第 2 款。
[121] 《政府采购协定》第 1 条。

第三,缔约方将附录 I 附件 2 所列地方政府机构所采购的货物、服务及建筑服务不同程度地纳入了适用范围。这意味着政府采购的绝大部分将服从国际规制与纪律。包括日本在内的多数国家将地方政府采购(货物或服务)的基准金额设定为 20 万 SDR,但美国和加拿大设定为 35.5 万 SDR。几乎所有缔约方所设定的建筑服务的基准额为 500 万 SDR,但日本和韩国为 1500 万 SDR。

关于地方政府的采购,各缔约方均以高度的相互主义为适用条件。例如,以美国 37 个州同意适用《政府采购协定》,以及其他 2 个州和 7 个主要城市同意对一定的货物和服务的采购适用国民待遇为交换条件,欧共体同意将现行《政府采购协定》适用于针对美国地方政府的采购,但把服务采购排除在外。此外,因为加拿大没有同意对州政府采购也适用《政府采购协定》,其他缔约方也暂时排除了所有地方政府采购适用于加拿大。

第四,在更加严格的相互主义和各种限制条件下,《政府采购协定》也适用于缔约方在附录 I 附件 3 中所列其他所有机构(属于部门 C 的机构,包括国营企业和国家控股的企业)的货物和服务及建筑服务的采购。适用基准额根据各缔约方有所不同,货物和服务采购的基准额是 13 万 SDR 至 45 万 SDR,建筑服务基准额的幅度在 500 万 SDR 至 1500 万 SDR 之间。因为各国所列出的属于部门 C 的机构种类多样并附带种种适用条件,属于此类型的机构被称作"其他一切机构",关于此类机构不存在明确的定义。因为属于部门 C 的适用对象的范围是根据具体情况基于相互主义的双边谈判来决定的,所以没有必要作出明确的定义。实际上部门 C 包括国家以某种形式所有、控制或与政府有联系的所有机构。尤其是关于电信部门等属于部门 C 的特定实体未能达成协议,被排除在《政府采购协定》的适用范围之外。

最后,上述在附件中明确划定的各缔约方的适用范围,是在马拉喀什部长级会议上各国作出的同意适用协定这一意义上的"减让",不能将其视作最终的承诺。1995 年 4 月 15 日以后,各缔约方也可通过双边谈判,或在单方面提出扩大适用范围的限度内,修改"减让"的范围。其结果,在最惠国待遇原则的适用范围将逐步得到扩大的同时,相互主义的适用力度将随之而减少。此外,国防安全保障、公共道德以及公共秩序、人类与动植物的生命与健康的保护等,根据经济以外的理由所规定的一般的适用例外也应予以注意。[122]

---

[122] 《政府采购协定》第 23 条。

各国适用基准金额的比较

区分	日本	美国	EC	加拿大	韩国
中央政府					
货物	130	130	130	130	120
服务	130	130	130	130	130
建筑服务	4,500	5,000	5,000	5,000	5,000
设计咨询服务	450	130	130	130	130
地方公共机构	都道府县及政令指定城市	37个州	所有地方政府		9个道、汉城、5个城市
货物	200	355	200	355	200
服务	200	355	200	355	200
建筑服务	15,000	5,000	5,000	5,000	15,000
设计咨询服务	1,500	355	200	355	200
政府相关机构	70个机构	7个机构	自来水、运输、能源		23个机构
货物	130	400	400	355	450
服务	130	400	400	355	—
建筑服务	15,000	5,000	5,000	5,000	15,000
设计咨询服务	450	400	400	355	450

(c) 关于采购程序的详细规则

为保证非歧视原则的适用,以及为货物和服务的外国供应者提供参与政府采购的公平机会,现行《政府采购协定》规定了详细的采购程序。程序规则的概要如下:

(i) 关于招标程序的规则

现行《政府采购协定》以遵守下列详细程序规则[123]为条件,承认三种类型的招标程序。

第一,公开招标程序(在日本被称为一般竞争契约),是指对一项招标感兴趣的所有供应商均可提交投标书的程序。[124]

第二,选择性(在日本被称为指名竞争契约)招标程序,是指得到采购机构邀请的供应商享有投标机会的程序。[125] 为保证国际竞争的有效性,采购机

---

[123] 《政府采购协定》第7—16条。
[124] 《政府采购协定》第7条第3款(a)。
[125] 《政府采购协定》第7条第3款(b)、第10条。

构应尽量广泛邀请外国供应商参加投标。为保证在供应商的资格审查程序及条件方面不歧视其他缔约方的供应商,《政府采购协定》第 8 条作出了详细的规定。

第三,有限招标程序(在日本被称为随意契约),是指采购机构与供应商进行单独磋商的程序。[126]《政府采购协定》对此类程序的适用条件作出了严格的限制,即公开招标和选择性招标无供应商参加或即使有供应商参加也是相互串通的,需要采购的产品或服务只能由一特定供应商供应,且不存在合理的选择和替代;有关采购机构未能预见的事件造成的极为紧急的情况等等。[127]

《政府采购协定》就国内外所有供应商准备和提交投标书及受理投标所必需的最短的程序期限作出了规定。[128] 一般来讲,公开招标程序中接受投标的期限是自邀请通知公布之日起计算不得少于 40 天。[129] 采购机构向供应商提供的招标文件中应包含允许其提交符合要求的投标书的所有信息,这些信息包括:特定采购通知中要求公布的信息,要求供应商提供的任何经济和技术要求、财政担保,授予合同的标准、支付条件,以及接受投标书的截止日期和期限等其他重要信息。[130]

为确保政府采购的公平性和透明度,投标书的提交、接受和开启及合同授予必须遵守严格而详细的程序规则。[131]

投标书只有在开启时符合通知或招标文件的基本要件,并由符合参加条件的供应商提出,方可被考虑授予合同。采购机构应将合同授予已被确定完全有能力执行合同的投标人,且其投标书无论对于国内产品或服务,还是对其他参加方的产品或服务,均为价格最低的投标书,或为根据通知或招标文件中所列具体评审标准确定为最具优势的投标书。如一采购机构收到一项比其他所提交的投标书中的条件低得多的投标书,则该采购机构可询问该投标人,以保证该投标人能够遵守参加的条件并能够履行合同条款。[132]

在满足下列条件的情况下,采购机构为确认一项投标书的优势或劣势可与提交投标书的供应商进行谈判。采购机构在最初公布的邀请通知中已表明此种意向或评审显示,就通知或招标文件中所列具体评审标准而言,任何投标

---

[126]《政府采购协定》第 7 条第 3 款(c)。
[127]《政府采购协定》第 15 条。
[128]《政府采购协定》第 11 条第 2 款。
[129]《政府采购协定》第 11 条第 2 款(a)。
[130]《政府采购协定》第 12 条第 2 款。
[131]《政府采购协定》第 13 条。
[132]《政府采购协定》第 13 条第 4 款。

书都不具备明显优势。

(ii) 确保程序透明度的规则

为保证所有感兴趣的供应商知晓采购机会和采购内容,采购机构必须公布招标邀请通知。该通知应在附录 2 所列公众能够获得的出版物中公布。而且采购机构应使用 WTO 的一种官方语言公布有关采购的简要通知。[133]

采购机构在确定授予合同后必须公布以下事项:授予合同中产品或服务的性质和数量;中标投标人的名称和地址;获胜决标的价值或在授予合同过程中予以考虑的最高和最低报价。[134] 如有参加招标的供应商请求,采购机构应迅速提供以下信息:关于采购程序和做法的说明;关于该供应商的资格申请为什么被拒绝、其现有资格为什么被取消以及为什么未被选中的原因的有关信息;对于未中投标人,有关其投标书未被选中的原因及有关被选中投标书的特点和相对优势以及中标投标人的名称。[135]

每一采购机构应在《政府采购协定》附录 4 所列有关出版物上,以使其他缔约方和供应商知晓的方式,迅速公布有关本协定所涵盖的有关政府采购的、普遍适用的法律、法规、司法判决、行政裁决和任何程序。[136] 为提高程序的透明度,每一缔约方应每年收集并向政府采购委员会提供其属本协定涵盖范围内的政府采购的统计数字。[137]

(iii) 其他程序规则

采购机构制定的技术规格,如质量、性能、安全和体积等,其制定、采用或实施不得以对国际贸易造成不必要的障碍为目的,也不得产生此种效果。采购机构规定的技术规格应根据性能而非设计,如存在国际标准,则应依据国际标准,如无国际标准则应依据国家技术规格、公认的国家标准或建筑规格。[138]

《政府采购协定》明确禁止了对政府采购产生反向效果的措施,即采购机构不得对供应商强加、寻求或考虑补偿(指通过当地含量、技术许可、投资要求、抵消贸易或类似要求等手段用以鼓励当地发展或改善国际收支的措施)。发展中国家可以在加入本协定时就补偿问题进行谈判,但此类要求只被利用于参加采购程序的资格审查,而不得被利用于授予合同的标准。[139]

---

[133]《政府采购协定》第 9 条。
[134]《政府采购协定》第 18 条第 1 款。
[135]《政府采购协定》第 18 条第 2 款。
[136]《政府采购协定》第 19 条第 1 款。
[137]《政府采购协定》第 19 条第 5 款。
[138]《政府采购协定》第 6 条。
[139]《政府采购协定》第 16 条。

(d) 发展中国家的特殊和优惠待遇

《政府采购协定》规定，适当考虑发展中国家，特别是最不发达国家的发展和贸易需要，给予他们特殊和优惠待遇。[140]

(e) 争端解决程序

现行《政府采购协定》规定的关于纪律的强化与扩大的内容中，最后一项重要内容关系到争端解决程序。《1979 年政府采购协定》未规定缔约方承担如下义务，即一缔约方对其他缔约方的供应商提供通过国内司法程序针对某一政府采购措施提起诉讼的权利。此外，作为缔约方之间的有关政府采购的争端解决程序，可以援用《关税与贸易总协定》第 23 条的规定，但是被申诉国完全有可能阻碍争端解决程序专家组报告的通过或特定补救措施的许可。现行《政府采购协定》从国内国际两方面强化了有关争端解决的程序。

在国际层面上，因为《政府采购协定》规定应适用 WTO《DSU》所规定的一般争端解决程序来解决有关政府采购引起的争端，WTO 争端解决程序的强化程度要远远超过 GATT 争端解决程序。[141] 但是，因为《政府采购协定》是属于诸边贸易协定，也有其特殊的程序需要优先考虑。[142]

在现行《政府采购协定》的特殊规定中，特别值得注意的是对"交叉报复"的禁止。即除《政府采购协定》以外的任何协定项下产生的任何争端，均不得造成《政府采购协定》项下减让或其他义务的中止，且《政府采购协定》项下产生的任何争端不得造成其他协定项下减让或其他义务的中止。[143] 另外，《政府采购协定》规定，在被认定违反协定的措施不可能撤销的情况下，争端解决机构可授权争端当事方就补偿问题进行磋商。[144] 这是对 WTO 一般争端解决程序不溯及补救原则的纠正，是为确保实现补救的实效而对程序所赋予的灵活性。

在确保实现补救的实效性方面，现行《政府采购协定》更加引人注目的是，作为国内争端解决程序，要求参加方必须导入行政诉讼程序以给私人创造提出申诉的渠道。如上所述，在《1979 年政府采购协定》的项下可以援用 GATT 争端解决程序，但这毕竟是国与国之间的争端解决程序，私人作为当事者完全被排除在该程序之外。然而，国家之间的争端解决程序并不能满足实施《政府采购协定》的要求。因为违反协定的措施几乎都在各个不同的案件

---

[140] 《政府采购协定》第 5 条。
[141] 《政府采购协定》第 22 条第 1 款。
[142] 《政府采购协定》第 22 条第 3 款、第 5 款及第 6 款。
[143] 《政府采购协定》第 22 条第 7 款。
[144] 《政府采购协定》第 22 条第 3 款。

中发生,并与特定的采购合同和供应商有关联,等到根据GATT争端解决程序设立专家组时,实际上采购程序早已结束,采购合同也被授予并已开始履行,因此争端解决小组的裁决对私人当事者来讲几乎不具有任何意义。根据GATT的做法,因为不承认恢复原状等溯及性补救措施,专家组甚至未能作出宣告采购合同无效或重新实施采购程序,或对受损害的供应商提供补偿等建议。

《1979年政府采购协定》的上述缺点在"挪威高速公路收费设备采购案"中得到了证实。[145] 本案中,属于《1979年政府采购协定》适用对象的采购机构利用单一招标程序将外国供应商完全排除于投标资格申请者范围之外。根据该协定设立的争端解决专家组虽然认定挪威没有遵守协定的义务,但未能给外国供应商提供任何形式的实际补救。专家组只要求挪威采取为保证将来遵守协定"所必需的措施"而已。

现行《政府采购协定》通过授予受损害的供应商提出申诉的权利解决了上述问题。现行协定规定,每一参加方应规定"非歧视、及时、透明和有效的程序",以保证各供应商能够对违反协定的情况提出申诉。[146] 根据现行协定,任何供应商都有权向法院或公正独立的审查机关就其所关心的政府采购的合法性提出申诉。如一审查机构不是法院(即独立的审查机关来审查案件)的情况下,则该机构应接受司法审查,或应遵守该协定规定的程序。[147]

为纠正违反《政府采购协定》的行为和保持商业机会,审查机关有权迅速采取临时措施。现行协定规定,纠正违反协定的权限甚至可以包括命令重新进行招标或宣布已授予的合同无效。[148] 但在宣布授予合同无效将给采购机构和合同当事方造成重大不利后果的情况下,审查机构可避免宣布合同无效,并命令给予损害赔偿。而且损害赔偿可限于准备投标书或抗诉所需的费用。[149] 换言之,该条款旨在授予参加方如下权利,即禁止审查机关作出积极损害(提出申诉的供应商被授予合同时应该得到的利益的损失)赔偿的决定,或为抑止违反协定的行为作出惩罚性损害赔偿的决定。但是,将来采购机构如果滥用这一限制审查机关权限的权利时可能引起问题。

因为上述审查程序承认了私人可根据国际协定本身在国内司法程序中提

---

[145] "挪威高速公路收费设备采购案",参见松下满雄、清水章雄、中川淳司编:《GATT/WTO案例研究》,日本有斐阁2000年版,第94—97页。
[146] 《政府采购协定》第22条第2款。
[147] 《政府采购协定》第20条第6款。
[148] 《政府采购协定》第20条第7款(a)。
[149] 《政府采购协定》第20条第7款(c)。

起诉讼的权利,可以说它实质上承认了国际协定的直接适用,作为《WTO协定》的国内实施方式,应该受到重视。(关于国际协定的国内实施,请参阅本书第四章)

(4)《政府采购协定》在日本国内的实施

《政府采购协定》在日本国内的实施,不是通过协定的直接适用(除上述申诉程序之外),而是通过有关国内法的制定来完成的。

首先,关于"中央政府机关"的政府采购程序,作为法律制定了《会计法》(昭和22年法律35号),作为行政规章制定了《预算决算与会计令》(昭和22年勅令165号)及《预算决算与会计令暂行特例》(昭和21年勅令558号)。在适用《政府采购协定》的采购过程中,关于中央政府机构的采购(附录1所列国家行政组织法规定的32个机关及其内部机构或下属机构的地方分支机构),关于制定货物或特定服务采购程序特例的政令(昭和55年政令55号),以及关于制定国家货物和特定服务采购程序特例的省令(昭和55年大藏省令55号)等法规,从国内法上保证了《政府采购协定》所规定的程序。

除中央政府之外地方政府(附录2所列适用地方自治法的47个都道府县及12个政令指定都市)的采购,根据地方自治法颁布的政令来保证协定在国内的实施。有关属于部门C的机构(附录3所列70个公共法人)的采购,则通过每个特殊法人或独立行政法人的内部章程中的与《政府采购协定》一致的规定来分别保证协定在国内的实施。

在日本,除上述会计法规定的采购程序以外,在内阁设置的工作计划执行促进委员会,作为自主措施,制定了程度上超过《政府采购协定》的非歧视、公正、透明的采购程序并监督程序的执行。例如,《政府采购协定》规定,对金额超过13万SDR的政府采购才能适用协定规定,但自主措施规定金额在10万SDR至13万SDR的采购也可适用《政府采购协定》来处理。还有政府采购协定规定,接受投标时间不得少于40天,但自主措施规定的接受投标的时间是50天以上。另外,除一般货物的自主措施以外,还有关于超大容量计算机、非研究开发卫星、电脑、电信及医疗等各部门的采购都有各自的自主措施。

关于《政府采购协定》规定的申诉审查程序,日本根据上述工作计划执行促进委员会于1992年2月制定的"关于政府采购的工作计划",作为自主措施在政府采购协定生效之前已开始实施申诉审查程序。出于对现行协定的国内实施的需要,根据1995年12月1日内阁作出的《关于设立政府采购申诉处理促进本部的决定》,在总理府设立了政府采购申诉处理促进本部,该部决定由政府采购申诉处理委员会负责审查申诉,从而建立了继承上述自主措施规定的申诉处理程序的新的申诉审查体制。

2001年1月6日,随着部级行政机构的重新调整,政府采购申诉处理促进本部被设置在内阁府属下。该部的部长是内阁官房长官,由相关15个省(府,厅)级机构的事务次官组成。负责有关政府采购申诉的受理和审查的政府采购申诉审查委员会由包括学者专家在内的7名委员和16名专职委员构成,这两个机构形成了日本政府采购申诉审查的核心部门。自1996年成立以来至2002年6月共处理了5件申诉案件。

(5) 有关政府采购的最新动态

1996年12月在新加坡举行的第一次WTO部长级会议就政府采购的透明度问题进行了研讨,决定成立"政府采购透明度工作组",并为达成适当的协议内容进行准备工作。工作组成立后,《政府采购协定》参加方以外的WTO成员也参加了工作组的工作。该工作组自1997年5月召开第一次正式会议以来,在制定有关采购机会、采购法令、采购程序及措施、授予合同结果的公布等规则方面做了很多工作,为保证WTO成员政府采购的透明度及改善竞争环境做出了贡献。

2001年11月,在多哈举行的第4次WTO部长级会议在其宣言中强调继续进行有关政府采购透明度的审议工作。2003年举行的第5次部长级会议就谈判方式达成协议后决定就多边规则进行谈判。

2002年2月,政府采购委员会决定,作为根据《政府采购协定》第24条第7款的新的谈判,就修改现行协定的有关条款、扩大适用范围、取消歧视性措施与做法等三个问题进行谈判,并通过一项时间表和工作计划,即在2005年1月1日之前结束谈判并向第5次部长级会议提交修改有关《政府采购协定》条款的临时协议。

到目前为止,工作组审议内容中最引人注意的是谈判各方一致同意,有关政府采购透明度的新协议将采用多边贸易协定的形式,而不是诸边贸易协定。这意味着新的《政府采购协定》将对WTO的全体成员产生约束力,《政府采购协定》的国际规制将构成WTO体制的重要组成部分。

第 8 章 区域主义和 WTO 体制

1 多边贸易体制与区域经济一体化

（1）多边主义与区域主义

WTO，一般被理解为是根据多边主义（multilateralism）的理念而建立的国际贸易组织。WTO 的多边主义是指，通过全体成员的协商来处理问题的做法，但同时包括无条件的一般最惠国待遇原则（规定成员承担对其他成员提供非歧视的、公平待遇的义务）。最惠国待遇原则是 WTO 的重要原则之一，其立足点在于对第二次世界大战前各国所推行的经济政策的反省，是当时那些封闭的、歧视性的经济政策导致了世界贸易的急剧萎缩（请参阅第五章第一节）。这里所说的 WTO 最惠国待遇原则的含义是指，在 WTO 框架内处理具体问题时，以保证其他成员能够均沾因此而产生的利益为前提，同时允许部分成员通过双边磋商来解决问题。但应该注意的是，在作出对其他成员产生不利后果（如设定新的义务）的处理结果时，必须遵循国际法原则，除非所有成员同意，其处理结果对其他国家不产生效力。

与多边主义形成对照的是区域主义（regionalism）、双边主义（bilateralism）和单边主义（unilateralism）。区域主义是指，只限于领土相邻或相近的一些国家之间的处理问题的模式。双边主义是指，只限于有共同利益或存在对立关系等有利害关系的国家之间的处理问题的模式。如前所述，如果区域主义和双边主义的运作与 WTO 的宗旨和目标相一致，也可以将它们视作广义的多边主义的一部分，但是，如果区域主义和双边主义采取与多边框架相背离的立场而只考虑其自己的利益，那么它将走向多边体制的对立面并导致多边体制的衰退。单边主义是不以国际规则为依据，试图以本国的判断为标准，依靠单边措施来处理国际问题的模式，不得不说这一模式蕴含着否定国际制度的危险因素（请参阅第六章第五节）。

对处理国际问题的模式可以做上述区分，但不应该忘记的是，WTO 的多边主义包括了特定国家通过他们之间的协商来处理问题的做法。作为特定国家之间协商解决问题的例子,如发达国家首脑会议、四大国贸易部长会议、APEC以及有利害关系的成员之间的双边磋商等等,不胜枚举。在这些场合审议的问题属于 WTO 的规制对象,而且在参加协商的国家当中包括 WTO 成员的情况下,如果处理问题的结果与 WTO 协定的宗旨和目标及相关规定相一致,可以将这些情况视作 WTO 体制框架内的活动。与此相反,一些国家在协商过程中援引《WTO 协定》,即表面上显示出在 WTO 框架内处理问题的印象,但从其结果来看却只是为了成员本身的利益并与《WTO 协定》的宗旨和目标相背离,应该说这样的区域主义或双边主义是与 WTO 体制相对立的。

实际上各国所实施的贸易政策是多边主义与区域主义,或双边主义的组合或综合,根据所要解决的事项以及所处的具体情况,某一因素会体现得更浓重一些。因此,从 WTO 多边体制这一角度出发,重要的是应该观察清楚,各国在贸易政策的实施过程中所运用的区域主义或双边主义所发挥的实际作用,即是对多边体制的补充和完善,还是构成了与多边体制的对立与矛盾。本章所阐述的区域主义的类型是指作为最惠国待遇原则例外的,即《关税与贸易总协定》第 24 条所规定的关税同盟和自由贸易区。[1]

(2) 区域经济一体化在 GATT 中的地位

《关税与贸易总协定》第 24 条第 4 款规定:"各缔约方承认,通过自愿签署协定从而发展此类协定签署国之间更紧密的经济一体化,以增加贸易自由。"作为最惠国待遇原则的例外,该条款认可了特定成员之间建立的经济一体化关系。该条第 5 款以下的内容规定了区域经济一体化所必备的具体要件。作为区域经济一体化的类型得到认可的是关税同盟与自由贸易区以及为设立此类经济一体化关系而签订的临时协定。无论是关税同盟还是自由贸易

---

[1] 近年来,作为与《WTO 协定》没有直接联系的区域主义类型,像 APEC 这样的区域合作关系也在广泛发展。APEC 是亚太区域(环太平洋区域)各国为建立区域合作框架于 1989 年成立的。当时只有 12 个国家参加,现在参加方已增加到 21 个国家和地区。APEC 通过参加方之间的对话建立经济合作关系,以促进贸易与投资的自由化以及经济技术合作关系的发展。参加方以外的国家也能均沾在 APEC 框架内实现的自由化利益,其基本原则是,坚持开放的区域主义、强化并促进多边体制、与 WTO 的原则保持一致、关注亚太区域的多样性、尊重协商一致的原则等。根据上述原则 APEC 在其 1994 年宣言中决定了关于贸易与投资自由化的长期目标和今后的经济技术合作方针。在 1995 年的大阪行动方针中制定了根据 1994 年宣言的具体行动计划并已进入实施阶段。其后,通过应对亚洲金融危机和参加 WTO 新回合等活动,APEC 在积极参与国际经济重大事物的同时,积极实现并强化区域之间的合作关系。

区,其目的只在于促进参加方之间的贸易自由化。在起草《关税与贸易总协定》的当时所设想的是,像比利时、荷兰及卢森堡等三国这样的较小规模的区域经济一体化,但现在包括欧盟在内的大规模经济一体化在迅速发展,其规模远远超出了原来的设想。

(a) 贸易创造效果与贸易转移效果

与在 GATT 成立初始阶段原则上被否定的特惠制度相比,区域经济一体化所具有的最大特点是,实质上取消成员之间包括关税在内的所有贸易壁垒。特惠制度的特点在于,在相互提供特惠的国家之间依然维持关税等贸易壁垒。但是,《关税与贸易总协定》第 24 条认可的经济一体化的条件是,必须实质上取消成员之间存在的所有贸易壁垒,至少在其成员之间形成扩大的单一市场。市场的扩大将促进竞争,从而使成员之间经济效益更好的产业所生产的产品得以流通,同时能够提高由于规模效应而产生的效率来促进经济发展。一体化市场的经济发展将带来更多的需求从而增加来自非成员的产品进口机会,最终创造出更多的贸易机会。因为特惠制度认可贸易壁垒的维持,不会产生此种贸易创造效果。

另外,仅限于一体化成员之间的贸易自由化意味着,未参加经济一体化的其他国家的效率更好的企业将被排除于一体化市场之外。例如,A 国与 B 国之间实现了贸易自由化的情况下,会引起如下现象,即比 B 国企业效率更好的 C 国企业在 A 国市场上与 B 国企业进行竞争时,由于遇到不适用于 B 国企业的贸易壁垒而失去部分竞争力。在此情况下,原来进口至 A 国的 C 国产品将被 B 国产品所代替,从而出现贸易转移现象。其结果,由于 A 国和 B 国实现贸易自由化,竞争力强的 B 国产品代替 A 国产品而产生的良性经济效果将被贸易转移效果所抵消。

区域经济一体化具有上述两种相反的效果,即积极的贸易创造效果和消极的贸易转移效果。因此,区域经济一体化对全世界的贸易自由化与发展来讲是否有利,还没有明确的答案。评估结果取决于对成员国的经济结构、消费者嗜好,或一体化之前的贸易壁垒的程度以及一体化后对外贸易壁垒的水平等因素的综合判断。可以认为,《关税与贸易总协定》第 24 条允许成员发展经济一体化的理由在于对贸易创造效果大于贸易转移效果的期待,但是第 24 条第 5 款以下规定的要件并未要求对经济一体化的经济效果进行分析。经济一体化的主要要件是,取消成员国之间的贸易壁垒和不得在经济一体化后将贸易壁垒提高至一体化之前的水准。可以说这一要件旨在提高经济一体化的贸易创造效果而限制贸易转移效果,但是很难说满足该要件就会必然导致贸易创造效果大于贸易转移效果的结果。因此,关于《关税与贸易总协定》第 24

条第 4 款的解释,意见分歧非常激烈。

(b)《关税与贸易总协定》第 24 条第 4 款的解释

《关税与贸易总协定》第 24 条第 4 款第一句承认了经济一体化的积极作用,第 2 句规定,经济一体化的目的应为便利成员领土之间的贸易,而非增加其他缔约方与经济一体化成员之间的贸易壁垒。由于经济一体化的具体要件规定在第 5 款以下的各款中,关于如何解释第 4 款的性质存在意见分歧。

重视经济一体化所带来的经济效果的观点认为,第 4 款在规定独立于其他各款的要件,其理由是,贸易创造效果是从经济上肯定经济一体化的决定性因素,即使一项经济一体化满足了第 5 款以下规定的要件,但如果贸易创造效果不能高于贸易转移效果,就不应该得到认可。与此相反,另有一种观点虽然承认贸易创造效果带来贸易机会的扩大是经济一体化得到肯定的原因,但在解释第 4 款时主张不予考虑贸易创造效果。根据此观点,第 4 款无非是宣告认可缔约方之间的经济一体化而已,一项经济一体化如果能够满足第 5 款以下的要件,就应该被视为符合第 4 款的规定,对其应予以认可。

上述两种观点中,前者与作为经济一体化制度基础的经济理论相一致,从制度论的角度来讲也许是恰当的解释。但是,如前所述,第 4 款只规定了经济一体化的积极性,即其目的在于不增加其他缔约方与经济一体化成员之间的贸易壁垒。根据条约的解释原则,必须依其用语的通常意义进行解释。根据第 4 款的用语很难作出如下解释,即除第 5 款以下的要件之外,第 4 款在要求作出以经济效果的分析为依据的审查。另外作为现实问题,正确预测经济一体化的经济效果是个难以做到的事情,考虑到在 GATT 时代关于经济一体化要件的审查都流于形式这一情况,恰当的解释应该是第 4 款在宣告认可缔约方之间的经济一体化而已。

基于上述分析,作为经济一体化的基础,通过贸易创造效果来扩大贸易机会这一政策目标虽然有无法实现的可能,但经济一体化只要满足第 5 款以下规定的要件,《关税与贸易总协定》第 24 条第 4 款就将其视作在促进贸易扩大并予以认可。如此看来,不得不说作为最惠国待遇原则例外的经济一体化得到肯定的根据并不是很扎实的,因为经济一体化得到认可的根据不仅仅局限于其直接的经济效果。

(c)经济一体化对贸易自由化的促进功能

就经济一体化的效果来讲,比经济效果更重要的应该是它对整个世界贸易自由化的促进作用。WTO 由经济结构与发展水平互不相同的成员构成,因为在各成员内部支持贸易自由化的程度也有很大差异,推进贸易自由化将会遇到种种障碍。尤其是所有成员一致同意的规则的形成将需要长期的谈判过程,再加之利害关系的调整也需要作出相互妥协,制定一个保证有足够纪律的规则不是一件很容易的事情。相对来讲,在少数几个国家之间推行贸易自由化会很容易实现,因此允许持积极态度的国家之间尽快实现贸易自由化有其一定的合理性。

WTO个别成员之间通过实现贸易自由化所带来的利益,根据最惠国待遇被没有承诺自由化义务的国家所均沾,这一情况致使对自由化持消极态度的成员轻易产生对承诺义务的消极态度。这就是所谓的"搭便车"问题,被人们指责为最惠国待遇的弊端。"搭便车"现象的存在,不仅招来了积极促进自由化的成员国内的不满和批评,还会使积极的成员为迫使消极成员也作出自由化承诺而采取拖延自由化的政策,最终会成为贸易自由化停滞不前的原因。

在上述背景下,促进对贸易自由化持积极态度的部分成员之间的经济一体化尽管是局部性的,但最终推动了自由化的向前发展,另一方面还会给对自由化持消极态度的成员带来压力以促使其转变消极态度。例如,在乌拉圭回合谈判正在进行的1988年1月,美国和加拿大两国签订了《美加自由贸易协定》。1992年,美国、加拿大两国再加上墨西哥签订了《北美自由贸易协定》。北美的这些举动与欧共体的"共同市场的完成",共同促进了1992年的《亚西安自由贸易协定》的成立,同时成为促成乌拉圭回合谈判成功的重要因素。

为实现全世界的贸易自由化,经济一体化作为一个跳板在发挥积极的作用。这是经济一体化得到认可的重要原因,尽管作为最惠国待遇原则的例外,经济一体化可能导致歧视性贸易政策的扩大,或因贸易转移效果对非参加方产生不利影响,但其积极作用不可否认。所以,在审查经济一体化的要件时,重要的是如何抑止其弊端的发生,而不是完全消灭其弊端。

2 区域经济一体化的类型与要件

(1) 经济一体化的类型

《关税与贸易总协定》所认可的经济一体化是关税同盟与自由贸易区以及为设立此类经济一体化关系而签订的临时协定。此外还有根据《GATS》第5条成立的经济一体化,以及根据授权条款发展中国家之间成立的经济一体化。

关税同盟,是指对于同盟成员之间实质上的所有贸易,或至少对生产于此类领土产品的实质上的所有贸易,取消关税和其他限制性贸易法规,同盟每一成员对同盟以外领土的贸易实施实质上相同的关税和其他贸易法规,以单一的关税领土代替两个以上关税领土的经济一体化形式。[2] 在关税同盟成立之前,同盟成员作为独立的关税领土实施单独的关税和贸易法规。复数国家通过签订协定承诺相互取消关税和贸易法规,并对外实施实质上相同的关税和贸易法规。关税同盟的特征就在于它对外实施实质上相同的贸易法规,以及同盟成员在整体上构成单一关税领土。

自由贸易区,是指在两个或两个以上的一组关税领土中,对成员领土之间的实质上所有有关原产于此类领土产品的贸易取消关税和其他限制性贸易法规的经济一体化形式。与关税同盟类似的是,成员之间的贸易实质上实现了完全的自由化,但取消关税和其他限制性贸易法规的适用范围限于有关产自此类领土的产品,这是它与关税同盟的不同之处。这一区别产生的原因在于,自由贸易区的成员在经济一体化之后仍然维持独立关税领土的地位,对产自未参加自由贸易区的国家的产品实施独自的关税和贸易法规。如果在成员领土之间原产于成员以外国家的产品的贸易也得到自由化,成员以外国家的产品将通过关税等贸易壁垒较低的成员国进入自由贸易区,最终将会导致贸易壁垒较高的成员国的贸易法规失去实际意义。

关税同盟成员只限于成员领土产品来取消关税和其他限制性贸易法规是可能的,但第24条第8款(a)规定的关税同盟的定义明确使用了"至少"这一用语,因此应该认为,取消关税和其他限制性贸易法规原则上应适用于所有同盟成员领土之间的贸易。因为关税同盟作为单一关税领土适用实质上相同的关税和贸易法规,实际上不存在像自由贸易区那样限制成员以外其他国家产品在成员领土之间流通的必要。而且,如果关税同盟成员对成员以外国家产品在成员领土内流通进行限制,成员之间将会产生维持海关报关手续的必要,这将减损经济一体化带来的效率。

如上所述,关税同盟与自由贸易区的本质区别在于,关税同盟将对外适用实质上相同的关税和贸易法规,即经济一体化的程度要高于自由贸易区。但是自由贸易区和关税同盟并不存在先后关系,即不存在经济一体化必须经过自由贸易区这一阶段后向关税同盟发展这一情况,现在我们所知道的多数自由贸易区并没有将来向关税同盟方向发展的计划。寻求经济一体化的国家在很多情况下都对成员之间的历史与现状进行考虑,并以此为基础刚开始就确定一体化的程度。当然,经过一定程度的发展,自由贸易区再向关税同盟发展的可能性是完全存在的。20世纪60年代以后,非洲和拉丁美洲的发展中国家也开始签订经济一体化协定。但是,这些初期的经济一体化的多数都以失败

---

[2] 《关税与贸易总协定》第24条第8款。

而告终。虽然其失败的原因有种种情况,但根据1957年设立的欧洲经济共同体(EEC)的成功经验来考虑,失败的主要原因在于,参加经济一体化的这些发展中国家的经济还未发展到一定水平。多数发展中国家采用专制的政治体制,其社会缺乏稳定,没有形成自由的国内市场。在这些发展中国家并不存在以自由竞争为前提的市场机制,政治权力对经济与市场的介入非常频繁。虽然这些国家试图推行经济一体化,但难以对既得利益与国家利益之间的矛盾进行调整,他们不可能通过经济一体化扩大市场规模与促进竞争从而搞活经济是理所当然的事情。

从上述先例应该吸取的教训是,抛弃狭隘的国家利益,对成员之间的利害关系进行有效的调整,极力限制政治对经济的不必要的干预。20世纪90年代以来,多数发展中国家和市场经济转型国家开始推行经济一体化政策,问题是他们能否通过债务危机和金融危机等经济上所遇到的困难吸取上述教训。

(2) 经济一体化的要件与审议

关税同盟的法律要件是:实质上完全(substantially all)取消同盟成员之间的关税和其他限制性贸易法规[3];和关税同盟形成之后的关税及其他贸易壁垒不得高于形成之前的水平[4];适用实质上相同的关税和其他贸易法规。[5]自由贸易区的法律要件是:对成员领土之间的实质上所有有关产自此类领土产品的贸易取消关税和其他限制性贸易法规[6];自由贸易区形成之后的关税及其他贸易壁垒不得高于形成之前的水平。[7] 有关成立关税同盟和自由贸易区的任何临时协定应包括在一合理持续时间内形成此种关税同盟和自由贸易区的计划和时间表。[8]《关于解释1994年关税与贸易总协定第24条的谅解》(本节简称《解释谅解》)进一步充实和完善了经济一体化的要件。

《GATS》第5条规定了服务领域中经济一体化的法律要件。其中包括"涵盖众多服务部门"[9],"不实行或取消第17条意义上的实质上所有歧视"。[10] 因为关于服务领域的经济一体化至今没有进行过充分的讨论,以下主要阐述《关税与贸易总协定》第24条规定的要件。

---

[3]《关税与贸易总协定》第24条第8款(a)(i)。
[4]《关税与贸易总协定》第24条第5款(a)。
[5]《关税与贸易总协定》第24条第8款(a)(ii)。
[6]《关税与贸易总协定》第24条第8款(b)。
[7]《关税与贸易总协定》第24条第5款(b)。
[8]《关税与贸易总协定》第24条第5款(c)。
[9]《GATS》第5条第1款(a)。
[10]《GATS》第5条第1款(b)。

（a）经济一体化的审议

决定成立关税同盟或自由贸易区的成员必须通知WTO,对所有被通知的经济一体化WTO将成立工作组进行审议。[11] 在GATT时代,曾经就每一项经济一体化设立了工作组并进行审议,WTO成立后,分别由货物贸易理事会、服务贸易理事会、贸易发展委员会（主要负责审议根据授权条款成立的发展中国家的经济一体化）设立工作组审议经济一体化是否符合相关法律规定。但是,预计到经济一体化数量的增加,为提高审议效率,于1996年2月在总理事会内部设置了常设"区域贸易协定委员会",由该委员会来统一负责审议工作。

无论是工作组还是常设委员会均由政府代表组成,并采用协商一致的决策方式。因此,就一项具体经济一体化进行审议时,主张要件已经满足的国家和提出质疑的国家互不相让各持己见,其结果在很多情况下在最终完成的报告中不得不并列记载赞成与反对双方的意见。在GATT时代,"欧共体柑橘特惠制度案"（L5776）或"欧共体香蕉进口制度案"等案中,就经济一体化合法性的争议,争端解决专家组曾经作出过报告,但最后都未能得到通过。"欧共体柑橘特惠制度案"中,专家组以工作组报告中正反两方面意见都被记载为理由,指出就缔约方之间未能达成协议的事项无法作出判断,并回避了关于《关税与贸易总协定》第24条的解释作出任何判断。就目前的情况来看,"区域贸易协定委员会"在负责实质性审议,可至今没有作出最终报告。但是,专门设置的常设委员会能够澄清问题并保证审议的连续性,其工作应该得到一定的积极评价。

（b）经济一体化的要件

（i）实质上所有贸易的自由化

经济一体化得到认可的首要条件是,必须实现成员之间"实质上所有贸易"的自由化。[12] "实质上"一词的用意在于不需要完全彻底的自由化。因此,允许保留一定程度的贸易壁垒,问题是如何确定其被允许的程度。在过去的审议过程中出现的问题是,有关贸易数量与质量的评估方法以及保障措施（《关税与贸易总协定》第19条）等贸易救济措施的处理。

在对1957年设立的EEC负责审议的GATT工作组会议上,EEC成员主张应以贸易量的80%为判断标准,其他国家则反对这一主张,认为确定一个特定比例是不恰当的。[13] 负责审理1960年设立的EFTA的GATT工作组会议上,就农产品被排除在自由化范围之外的问题展开了争论。EFTA成员主张,

---

[11] 《关税与贸易总协定》第24条第7款、GATS第5条第7款、《解释谅解》第7款。
[12] 参见《关税与贸易总协定》第24条第8款（a）（i）、（b）。
[13] BISD6S/100-101。

应该允许部分产品被排除在自由化范围之外,其他国家则反驳,主张法律规定并不允许把主要经济领域排除在自由化范围之外。[14] 上述两个工作组的报告作出之后,再也没有对贸易数量与质量的评估问题进行过深入的讨论,此后作出的报告也只是罗列各方不同意见而已。就此问题乌拉圭回合上重新展开议论,有建议主张不能承认将主要贸易部门排除在自由化范围之外的做法,但因为没有达成一致意见,致使《解释谅解》未能就此问题作出明确的解释标准。但是《解释谅解》的前文指出,"如果排除任何主要贸易部门,此种贡献(对扩大世界贸易的贡献)则会减少",明确了将主要贸易部门排除在自由化范围之外的消极性。

就此问题由于成员之间很难形成统一意见,如何解释这一要件成了遗留问题。在解释相关条款时必须首先予以确认的是,尽管成员之间的意见分歧很大,但必须根据协定的宗旨和目的及条款中的用语来确定一种解释。根据"实质上所有"这一用语的通常意义,其含义是指,虽然有些贸易壁垒在形式上得到了保留,但与贸易壁垒被完全撤销的情况实质上没有区别。那么,在特定贸易部门被排除在撤销贸易壁垒的范围之外的情况下,能否说这与实质上所有贸易壁垒被撤销没有什么区别呢。

只是根据数量标准来判断这一问题时,应根据过去的贸易实绩为基础来计算未被取消的贸易壁垒的情况,但有些产品由于限制严格而不存在贸易实绩。在此情况下,如果不将因撤销贸易壁垒而产生的预计贸易量记入计算的基础数据中,将很难得出确切的量化标准。考虑到《关税与贸易总协定》第24条是最惠国待遇原则的例外,对此规定予以严格的解释是必须的,再则,考虑到第24条将经济一体化与单纯的特惠制度加以区别并规定前者提高贸易创造效果所必需的要件这一情况,应该说违背这一情况的解释是不恰当的。

基于上述理由,可以作出如下解释,即虽然存在允许保留各别产品贸易壁垒的可能,但将特定贸易部门排除在自由化范围之外的经济一体化是不能满足"实质上所有"要件的。在判断这一要件是否得到满足时不能只考虑量的因素,还应该考虑质的方面。质的方面主要是指,上述对特定贸易部门的处理及贸易壁垒未被取消的各别产品的性质,或被保留下来的贸易壁垒在成员国之间的分配情况。

关于保障措施等贸易救济措施的处理,因为《关税与贸易总协定》第24条第8款(a)(i)及(b)规定,将"根据第11条、第12条、第13条、第14条、第15条及第20条规定被允许的必要措施"排除在必须取消的贸易壁垒的范围之

---

[14] BISD9S/83-84.

外,这一规定引起了一些问题。一般情况下,经济一体化的成员在发起保障措施时将其他成员国排除在保障措施发起对象的范围之外,针对这一做法,非经济一体化成员的国家认为,在援用《关税与贸易总协定》第 24 条时并不允许停止适用该协定的其他规定,主张《关税与贸易总协定》不允许缔约方选择性地适用第 19 条,这一争论一直持续至今未能得到解决。[15]

如果将《关税与贸易总协定》第 24 条第 8 款(a)(i)及(b)的规定理解成不是限定性的列举而是在举例,那么,作出第 19 条也被排除在必须取消的贸易壁垒之外的解释不是不可能的。但是经济一体化以外的国家所提出的保障措施必须适用于其他经济一体化成员的主张让人感到有些奇怪。因为《关税与贸易总协定》第 24 条是作为最惠国待遇的例外承认经济一体化的,根据这一规定经济一体化成员可以对非成员国采取歧视性措施。将"实质上所有贸易"的自由化作为要件予以规定并允许一些歧视性安排的目的不只是为了避免这些歧视性安排变成特惠关税,更重要的是扩大这些歧视性安排的贸易创造效果。因此,不加任何考虑坚持保障措施必须非歧视地适用于经济一体化其他成员的观点是对第 24 条宗旨的否定。如果诚实解读该规定的内容,应该说《关税与贸易总协定》第 24 条第 8 款的规定允许在"必要的"限度内将某一措施排除在必须撤销的贸易壁垒的范围之外,很难将该条款解释成旨在排除贸易救济措施,或在规定经济一体化成员之间维持贸易救济措施的义务。

另外,有观点认为,应将保障措施等贸易救济措施理解成促进更加自由化的"安全措施",并与其他"限制性贸易规则"加以区别,因为要求经济一体化成员之间实现的是"实质上所有贸易"的自由化,所以几乎不存在实现"更加自由化"的必要,其结果更没有必要考虑"安全功能"。就关税同盟而言,原来的数个关税领土变成一个单一的关税领土,而且被视为一个缔约方。[16] 如果要求经济一体化成员之间必须维持保障措施,那么将会产生 GATT 缔约方之间也必须适用保障措施的奇怪事态。

(ii) 贸易壁垒在总体上不得超过经济一体化之前的水平

这是在判断关税同盟(适用实质上相同的关税和贸易法规)是否合法时尤其成为问题的要件,当然在争论自由贸易区的合法性时也会讨论这一要件。经济一体化实现后的贸易壁垒的总体水平不得超过经济一体化实现之前各成员领土内所实施的贸易壁垒的总体水平。[17] 因为在关税同盟成立之前其成员各自适用不同的关税,运用什么样的标准来对成立前后的关税水平进行比

---

[15] BSID20S/156、20S/169、20S/181、20S/192、20S/207.
[16] 《关税与贸易总协定》第 24 条第 1 款。
[17] 《关税与贸易总协定》第 24 条第 5 款(a),(b)。

较是个问题。另外,有关其他贸易法规,因为关税同盟成立后也将适用实质上完全相同的贸易壁垒,包括贸易救济措施的处理还会引起问题。自由贸易区成立后,因为其成员对外仍然适用各自的关税和贸易法规,不会产生与关税同盟同样的问题,但因为原产地规则的变更等因素导致贸易壁垒变得比自由贸易区成立之前的总体水平还要高的情况是可能的,所以这一问题有必要进一步研讨。

关于关税水平的评估方法,GATT 工作组在审议 EEC 的关税时产生过很大的意见分歧。非 EEC 成员的国家认为,应根据每个国家的各别产品进行评估,EEC 成员则认为应计算出总体上的平均水平进行比较即可。[18] 在此后召开的工作组会议仍然重复同样的争论,最终未能得出谁是谁非的结论。根据乌拉圭回合的谈判结果,关于关税的总体水平,《解释谅解》规定应根据加权平均关税税率和实证的关税来全面评估关税和费用。关于其他贸易法规,因为无法进行量化和总体水平的计算而未能规定明确的标准,只是确认了"可能需要审查的单项措施、法规、所涉产品以及受影响的贸易量"。

乌拉圭回合上签订的《解释谅解》就评估关税水平的标准作出了规定,应该说这一要件比原来得到了进一步的明确。但是就其他贸易法规只列举了评估必须考虑的因素而已,基本上没有改变原来的状况,今后还需要进一步明确。

(iii) 实质上相同的关税和贸易法规的适用

关税同盟必须对外适用实质上相同的关税和贸易法规。[19] 如果对外适用实质上相同的关税和贸易法规有困难,那就应该选择自由贸易区,因此,对外适用实质上相同的关税和贸易法规与其说是关税同盟的法律要件,应该将其视作使关税同盟区别于自由贸易区的重要因素。但是,在关税同盟成立时部分国家以保障措施或为维护国际收支平衡为理由在采取进口限制措施的情况下,也会产生一些问题。

这些问题反映了与前述"实质上所有贸易的自由化"有关的争论中所出现的问题的另一个侧面。主要争论的是,关于关税同盟成立时正在实施的贸易限制措施,在关税同盟成立之后,只有原来实施的成员继续实施该措施,还是由关税同盟的全体成员来继续实施该贸易限制措施。这一问题在审议经济一体化之后的贸易壁垒水准是否超过了原来的水准时成为重要的考虑因素。

审议有关 EEC 成立的工作组会议上同样就此问题进行了议论。《EEC 条

---

[18] BISD6S/72.
[19] 《关税与贸易总协定》第 24 条第 8 款 (a)(ii)。

约》第 108 条及第 109 条规定,在 EEC 成立时某一成员为维护国际收支平衡而采取的数量限制措施,在 EEC 成立后采取措施的成员或 EEC 都可以继续采取该数量限制措施。EEC 成员国认为,"其他贸易法规"包括数量限制措施,并主张在成员之间废除数量限制措施的同时应对非成员国适用统一的数量限制措施。EEC 成员国主张的意思是,因为法律要求关税同盟适用实质上相同的贸易政策,所以某一成员为维护国际收支而采取的数量限制措施也应该得到统一适用。针对这一观点,其他 GATT 缔约方采取了反对态度,他们指出《关税与贸易总协定》第 24 条第 8 款(a)(i)规定的"其他贸易规则"包括数量限制,但是第 24 条 5 款和第 8 款(a)(ii)规定的"其他贸易法规"并不包括数量限制。他们的根据是,因为第 24 条第 8 款(a)(i)规定的是"限制性"贸易规则,而且排除了为维护国际收支而采取的数量限制措施,所以在只规定"其他贸易法规"的情况下不应该包括数量限制。[20]

WTO 成立后,在欧共体和土耳其成立关税同盟时,土耳其也采取了原来欧共体根据《多种纤维安排》实施的数量限制措施,印度将此做法申诉到 WTO 的争端解决机构,专家组和上诉机构分别就此争议作出了报告。[21] 上诉机构指出,允许援引《关税与贸易总协定》第 24 条的规定抗辩违反《关税与贸易总协定》其他条款的措施,但要求关税同盟成员国证实以下两点:第一,措施是在完全符合第 24 条第 5 款(a)和第 8 款(a)的关税同盟成立时开始采取的;第二,如果措施不被认可,关税同盟的成立会受到妨碍。关于第二个条件,土耳其作出的判断是,即使不采取相同的数量限制措施,关税同盟的设立也不受妨碍。上诉机构指出,利用原产地规则完全能够防止关税同盟成员以外国家产品通过土耳其流入同盟内部,同时也能满足第 24 条第 8 款(a)(i)的要件,最后作出裁决关税同盟的成立将不受妨碍。

以实施实质上相同的贸易法规为理由,关税同盟的其他成员也采取关税同盟成立时部分同盟成员正在采取的数量限制措施是否合法的问题,应根据所采取的数量限制的性质来确定。例如,《保障措施协定》规定,一个关税同盟可作为一个单独整体或代表一成员国实施保障措施,但必须满足各自情况下的法律要件。[22] 恰当的解释应该是,即使在以实施实质上相同的贸易法规为理由的情况下,如果关税同盟所有成员都要采取保障措施,必须满足作为单独整体实施保障措施所必需的要件。在作为单独整体实施的保障措施不能满足法律要件的情况下,原来采取措施的成员只能在维持或放弃保障措施两者

---

[20]　BISD6S/77—79.
[21]　WT/DS34/AB/R.
[22]　保障措施协定第 2 条第 1 款。

之间作出选择。关于以维护国际收支平衡为理由实施的数量限制措施,因为被排除在关税同盟成员之间必须废除的限制性贸易法规之外[23],各别成员必须作出是维持措施还是废除措施的选择,除非关税同盟所有成员都遇到了国际收支上的困难。上述解释也与第24条第5款(a)规定的贸易壁垒不得高于关税同盟成立之前水平的要求相一致。

(ⅳ) 计划和时间表

法律上认可立即设立的关税同盟与自由贸易区,同时也认可分阶段的组织与建立。无论哪一种类型的经济一体化,立即满足法律要件是很困难的事情,一般情况下需要分阶段地、逐步地撤销贸易壁垒并实施实质上相同的关税和贸易法规。关于分阶段地、逐步地撤销贸易壁垒并实施实质上相同的关税和贸易法规作出安排和规定的就是临时协定。

临时协定必须包括在一合理持续时间内形成关税同盟或自由贸易区的计划和时间表。[24] 关于合理期限的长短,在GATT时代未能达成协议。1961年签订的欧共体和希腊的合作协定为希腊设定了22年的过渡期来废除进口关税,这一做法遭到了GATT其他缔约方的质疑。[25] 此外还有观点认为,合理期限不是无期限的,经济发展水平相差悬殊的国家之间的经济一体化未必需要设定严格的期限,应该允许根据情况可以变更的灵活的表述。[26] 从整体上看,主张根据情况随机应变的必要性,即计划和时间表不是一成不变的意见占主导地位,关于期限的审议并不是很严格的。[27] 在GATT时代始终未能就期限问题达成协议,但乌拉圭回合上签订的《解释谅解》第3款规定"合理期限"原则上不能超过10年,签订临时协定的成员如果认为10年时间不够充分的情况下,可以向货物贸易理事会作出充分的说明,以延长期限。根据以往的教训,在临时协定中提及"合理期限"并明确规定在合理期限内分阶段撤销贸易壁垒是必要的。

(3) 原产地规则

原产地规则是在确定产品的产地时遵守的规则。在对所有贸易伙伴适用无条件的最惠国待遇的情况下,实际上没有必要确定产品的产地。但是,在对WTO非成员国不给予最惠国待遇的情况下,有必要区分成员与非成员,对

---

[23] 《关税与贸易总协定》第24条第8款(a)(ⅰ)。

[24] 《关税与贸易总协定》第24条第5款(c)。

[25] BISD11S/150.

[26] BISD18S/172、BISD19S/92、104.

[27] BISD13S/62、BISD27S/131.

WTO 成员适用普遍优惠制及征收反倾销税和反补贴税时也需要确定产品的产地。原产地规则也与经济一体化密切相关。自由贸易区经常需要区分成员和非成员的产品,关税同盟也在限于成员产品撤销关税和其他贸易法规时需要区分成员和非成员的产品。

为区分彼此的产品,各国都在实施各自的确定产品产地的原产地规则,因为原产地的确定方法有可能导致贸易壁垒的产生,乌拉圭回合签订了《原产地规则协定》。确定原产地的标准有三种方式:一是税则归类变更标准,即伴随税则归类变更时,以最终实施实质性变更的国家为标准确定原产地;二是从价百分比标准,以给产品价值增加一定比例的增值为标准确定原产地;三是加工工序标准,以特定制造或加工过程发生的国家为标准确定原产地。

在乌拉圭回合上就确定原产地的特定标准未能达成协议,《原产地规则协定》规定,为协调原产地规则,部长级会议应与海关合作理事会(the Customs Co-operation Council, CCC)合作制定工作计划和统一规则。[28] 在原产地规则协调工作计划完成之前,各成员在实施原产地规则时应保证不造成贸易限制或壁垒、标准的明确化、透明度的保证、一致、统一及公平合理的管理原产地规则。[29] 工组计划中应该明确记载目标和原则,应以税则归类变更标准为原则,应以从价百分比标准和加工工序标准为补充,制定统一的规则。[30] 工作计划的结果应将作为《原产地规则协定》不可分割的组成部分列入附件。[31] 原计划在 3 年内完成该计划,但至今未能完成。[32]

过去与经济一体化有关的原产地规则中所产生的问题是,制定比原来各成员原产地规则更加严格的规则,将违反要求成员之间贸易自由化的《关税与贸易总协定》第 24 条第 8 款,或要求不得提高经济一体化后贸易壁垒的《关税与贸易总协定》第 24 条第 5 款等条款。确定某一产品是否属于经济一体化的标准比成员原来所实施的标准变得更加严格时,一体化成员之间的贸易自由化将受到限制,其结果将抑止贸易创造效果。但是,就此问题与前述要件一样,至今为止所召开的工作组会议未能得出结论。希望这一问题能够通过《原产地规则协定》规定的工作计划制定的统一规则最后得到解决。

---

[28] 《原产地规则协定》第 9 条。
[29] 《原产地规则协定》第 2 条。
[30] 《原产地规则协定》第 9 条第 2 款(c)。
[31] 《原产地规则协定》第 9 条第 4 款。
[32] 《原产地规则协定》第 9 条第 2 款(a)。

3　区域经济一体化的最新动向

如前所述，GATT 成立当时所设想的是较小规模的经济一体化，但实际上发展的经济一体化却是大规模的，如 1957 年设立的欧洲经济共同体（EEC）向欧共体（EC）的转变，然后又扩大到欧洲联盟（EU），欧洲联盟又与多数国家签订了建立自由贸易区的协定。此外，还出现了像以色列和美国之间建立的自由贸易区那样，地域上互不接近的国家之间的经济一体化现象。

包括 GATT 时代建立的关税同盟和自由贸易区在内，WTO 已收到了很多关于经济一体化的通知，但大部分是 20 世纪 90 年代以后建立的。引发经济一体化发展的契机是欧洲和北美洲的经济一体化动向。1986 年欧共体通过《单一欧洲议定书》试图在 1992 年完成统一市场，以此相对应，1988 年美国和加拿大签订《美加自由贸易协定》，1993 年完成了包括墨西哥在内的《北美自由贸易协定》。随着前苏联和东欧国家社会主义经济体制的瓦解以及这些国家经济体制向市场经济的转型，欧共体与 EFTA 和东欧国家，或前苏联各共和国之间也签订了诸多自由贸易协定。在此情况下，过去对经济一体化持消极态度的日本也开始了政策上的大转变，作为对多边贸易体制的补充开始积极研究经济一体化问题。下面包括日本政府的努力在内，概述欧洲、北美洲和亚洲的经济一体化情况。

（1）欧洲经济一体化的扩大与深化

现在的欧洲联盟是由 15 个国家组成的，但是在 1958 年设立 EEC 时的成员只有当时的联邦德国、法国、意大利、荷兰、比利时和卢森堡等 6 个国家，名称也叫做欧洲经济共同体（EEC）。1967 年，由 EEC 的 6 个成员组成并于 1952 年建立的欧洲煤钢共同体（ECSC），和 1958 年建立的欧洲原子能共同体（EURATOM）与 EEC 合并，成立了欧洲经济共同体（EC）。欧共体成立之后，1973 年丹麦和爱尔兰、1981 年希腊、1986 年西班牙和葡萄牙、1995 年澳大利和亚芬兰及瑞典先后加入欧共体，现在其成员已发展到了 15 个国家。现在，欧共体与捷克、匈牙利、波兰、斯洛文尼亚、马耳他、拉脱维亚、立陶宛、爱沙尼亚及吉普路斯等国家之间进行的谈判已经结束，正在进行与保加利亚和罗马尼亚的谈判。今后其他东欧国家和前苏联各共和国及土耳其加入欧盟的问题已被提上了议事日程，欧盟正在逐渐向东扩大。

通过 1986 年的《欧洲单一议定书》试图在 1992 年完成统一市场的欧共体实现了自然人、货物、资本与服务的区域内自由化之后，1992 年签订《欧洲联盟条约》(《马斯特里赫特条约》)试图实现货币的统一,与此同时就外交和国防安全,以及司法内务领域里的合作问题达成协议,将欧共体的名称改为欧洲联盟。欧洲经济共同体演变成欧洲共同体(欧共体)之后,欧洲联盟是以欧共体、欧洲煤钢共同体和欧洲原子能共同体等三个共同体为基础而建立的。《欧洲联盟条约》及欧共体条约(《罗马条约》)后来经过1997年的《阿姆斯特丹条约》和2000年《尼斯条约》的修改,一直被适用到现在。以实现贸易自由化为目标开始的EEC的经济一体化,虽然瑞典、丹麦和英国等部分国家没有参加,但现在已实施货币统一政策(2002年欧元开始流通),正在逐步实现所有经济领域里的一体化。2002年,经过50年的有效期限,欧洲煤钢共同体(ECSC)结束了其使命。

就与《WTO协定》的关系而言,最重要的是作为关税同盟的欧共体。欧共体掌管制定并实施统一的贸易政策的权力,不承认各成员具有独立的贸易权限。WTO的成员是欧共体本身,在投票表决时欧共体拥有的票数与其成员国的票数相等。[33] 欧共体的贸易政策由成员国任命的委员组成的欧共体委员会来实施,其法律根据是欧共体条约和由成员部长级官员为代表组成的理事会制定的理事会规则,以及欧共体委员会制定的委员会规则。刚成立时,只作为咨询机构的欧洲联盟也被赋予了一定权限以参与制定规则。欧共体的规则具有法律约束力,在所有成员国内有直接适用的可能。[34] 此外,在欧共体所设立的欧共体法院,不仅欧共体的成员和机构有申诉权,也承认私人和法人享有就针对他们自己的决定或有关他们自己的决定提出申诉的权利。[35]

欧共体在对其自身进行深化和扩大的同时,还积极地与其他国家签订贸易协定和合作协定,以其关税同盟为核心正在形成一个庞大的自由贸易区。欧共体自1958年成立以来,以成员原有的殖民地为核心,与地中海沿岸各国、非洲国家、加勒比海、太平洋各国(ACP各国)之间签订了经济合作协定。尤其是与ACP各国之间,从1963年的《雅温得协定》开始,通过1975年以后的4次《洛美协定》的签订,建立并维持了密切的经济合作关系。2000年第四次《洛美协定》终止后,签订了《科托努协定》,欧共体与这些国家维持着包括民主与人权问题在内的合作关系。现在与包括结束加入谈判的中欧与东欧10个国家之间签订了欧洲协定,并设立了自由贸易区。其后将其合作范围扩大到中南美洲各国,2000年与墨西哥签订自由贸易协定,并与南美洲的南部共同市场(MERCOSUR)、安第斯共同体和智利进行了为签订自由贸易协定的谈判,

---

[33] 《WTO设立协定》第9条。
[34] 《欧共体条约》第249条。
[35] 《欧共体条约》第230条。

可以看出,欧共体在向全世界扩张其合作关系的网络。

在西欧,1973年以英国和丹麦的加入为契机,与欧洲自由贸易联盟(EFTA)签订了自由贸易协定。欧洲自由贸易联盟是为对抗欧洲经济共同体的成立,于1960年由英国倡导而建立的经济合作组织,1973年英国和丹麦、1995年澳大利亚和瑞典及芬兰先后退出该组织而加入了欧共体,现在该组织的成员只有冰岛、挪威、瑞士和列支敦士登四国。通过上述国家之间签订的自由贸易协定,西欧各国已被纳入了以欧共体关税同盟为核心的自由贸易区。1994年,欧共体与除瑞士以外的EFTA三个成员签订欧洲经济圈条约,设立了欧洲经济圈(EEA),在人员、货物、资本及服务的自由流动及研究开发和环境领域里强化并扩大了更紧密的合作关系。

(2) 北美洲的经济一体化(NAFTA)

(a) 北美自由贸易区

北美自由贸易区,是1994年由加拿大、美国和墨西哥三国设立的。1989年,加拿大和美国已建立美加自由贸易区,在此基础上吸收墨西哥后形成的是北美自由贸易区(NAFTA)。北美自由贸易区试图在三国范围内实现如下目标:取消贸易壁垒;促进公平竞争;扩大投资机会;保护知识产权;为实施协定和争端解决设立有效程序;为提高协定的利益确立三国之间的、区域性的及多边的合作框架。

贸易壁垒的取消是通过美加、美墨、加墨之间签订的双边协定来完成的。加拿大与美国同意继承根据《美加自由贸易协定》取消关税,并约定在1998年之前完成关税取消计划。美国和墨西哥、加拿大和墨西哥也分别达成协议,原则上在10年内,对部分产品在15年内,分阶段逐步取消关税。值得一提的是,美国和墨西哥达成协议,就两国间的农产品贸易立即取消数量限制措施,代之以关税配额制,并约定在15年内实现自由化。这一做法与乌拉圭回合谈判结果签订的《农业协定》所规定的农产品贸易壁垒关税化的做法是相同的,给乌拉圭回合的农业谈判带来了一定影响。在纺织品和服装领域里,虽然规定了相当严格的原产地规则,但同样实现了关税与数量限制的取消。

《北美自由贸易协定》的争端解决程序是对《美加自由贸易协定》的继承和发展,据说也参照了GATT的争端解决程序。《北美自由贸易协定》设立了三个争端解决程序,这些分别是第20章规定的一般争端解决程序、第19章规定的有关反倾销和反补贴措施的争端解决程序、第11章规定的有关投资争端的处理程序。一般争端解决程序包括双边磋商、为协定的实施与运作而设置的自由贸易委员会对问题的处理、仲裁小组的设置等三个阶段。关于专家组报告的约束力没有明确规定,争端当事方通过双边磋商,可就利用与专家组报告不同的方式解决争端达成协议,在不能达成协议的情况下,申诉国被授予发动报复措施的权利。可以说争端解决专家组程序具有调解和仲裁的双重性格。

关于反倾销税和反补贴措施的争端解决程序,《北美自由贸易协定》规定了由两国合作专家组来审查成员根据其国内反倾销法规和反补贴措施法规所采取的最终行政裁决的程序。这一专家组程序代替了国内司法审查程序,不仅缔约方有权根据自己的意愿提起申诉,也可以根据在国内司法程序享有起诉权的私人的申请提起申诉。对加拿大和墨西哥来讲,签订《北美自由贸易协定》的最大目的在于争取美国反倾销税和反补贴税的废除或缓和,可以说专家组程序是对此目的的回应。专家组程序代替国内司法程序将对被申诉的行政裁决是否符合国内法进行审查,并适用与国内司法审查相同的审查标准。这一点与WTO争端解决程序专家组的审查有所差异。有关投资争端的处理程序,以东道国与投资者之间的争端为其受理对象,是为投资者提供优厚保护的程序。

除上述规定以外,《北美自由贸易协定》还包括有关环境与劳动问题的附件。这些附件规定,遵守关于环境与劳动的成员国国内法规,并设置了环境与劳动委员会(请参阅第十章第二节)。将环境与劳动问题规定在自由贸易协定中的做法几乎无先例可寻,这是因为成员中包括墨西哥这一《北美自由贸易协定》的特殊情况所致。《北美自由贸易协定》是在乌拉圭回合接近尾声时完成的,加之从20世纪90年代开始贸易与环境问题引起了国际社会的关注,现在WTO内部已设置"环境与贸易委员会"在审议此问题。根据这些情况,可以设想《北美自由贸易协定》对环境与贸易问题的处理将会对今后WTO对同一问题的处理提供一定的教训和启示。

(b) 南美共同市场(MERCOSUR)

1991年,巴西、阿根廷、乌拉圭及巴拉圭四国签订《亚松森协定》,成立了以2006年成立关税同盟为目标的南美共同市场。南美共同市场的主要目标如下:货物、服务与生产要素的自由流通;制定实质上相同的关税与贸易法规;为保证成员之间适当的竞争条件进行政策调整;为强化经济一体化过程对相关领域里的立法进行调整。

南美共同市场与上述欧共体和北美自由贸易协定不同,它是根据授权条款建立的发展中国家的经济一体化,1992年向GATT提出了通知。以南美共同市场的通知为契机,关于发展中国家经济一体化的成立条件,是根据授权条款还是根据《关税与贸易总协定》第24条来审议,或结合两者进行审议等问题,在GATT内部引起了一场争论。经过一番审议后GATT决定,不通过理事会下设的工作组而是根据授权条款和《关税与贸易总协定》第24条,由贸易发展委员会来审议南美共同市场的合法性。1996年WTO成立自由贸易协定委员会之后,由该委员会负责审议工作。

(c) 美洲自由贸易区(FTAA)

1994年,参加在麦阿密举行的美洲国家首脑会议的34国(古巴未参加)领导人一致同意就设立自由贸易区展开谈判。会议约定在2000年之前为建立自由贸易区取得谈判的实质性进展,并于2005年结束谈判。此后经过4次部长级会议的讨论,于1998年4月在智利圣地亚哥举行的第2次美洲国家首脑会议决定正式开始谈判。2001年,在布宜诺斯艾利斯召开的第6次部长级会议和在魁北克召开的第3次美洲国家首脑会议上,美洲自由贸易协定的草案被提交上来,并于同年7月公布了该草案。

美洲自由贸易协定的谈判以透明度为原则,谈判过程中向企业、工会及市民团体广泛征求意见,并与市民社会进行了对话。谈判期限是至少在2005年1月之前结束谈判,并于同年12月使谈判结果生效。2002年4月1日,提出了有关谈判方法和形式的建议,同年5月15日,实际上开始了谈判。除透明度以外,谈判以协商一致的决策方式、与《WTO协定》的一致性及其改善、一揽子接受方式、与双边或次区域协定的共存、对经济总量小的国家的照顾等内容为原则,并分成市场准入、投资、服务、政府采购、争端解决、农业、知识产权、反倾销与反补贴税及竞争政策等9个组进行了谈判。整个谈判由主管贸易的副部长组成的谈判委员会统一管理,并设置了审议交叉性问题的委员会和专家组。经济总量与发展水平互不相同的34个国家将会建立一个什么样的自由贸易区,是一个值得瞩目的举动。

(3) 亚洲的经济一体化

(a) 东南亚自由贸易协定(AFTA)

1992年召开的东南亚国家首脑会议上决定成立东南亚自由贸易区,并于1993年开始削减关税的谈判。在此之前,于1977年东南亚各国签订了特惠贸易协定,但该协定毕竟是有关特惠的安排,只是就关税削减达成协议并未设定取消关税与其他贸易壁垒的目标。该特惠协定未能按照规定得到实施,成员为提高协定的实际效果作出了种种努力,但未能实现充分的贸易自由化,最终也未能就取消关税达成协议。

20世纪80年代,由于经济增长速度的减缓,发达国家的保护主义及区域经济一体化现象开始蔓延,另一方面受中国改革开放的影响,向东南亚的外国投资开始减少,这些情况致使东南亚国家就建立自由贸易区达成协议。根据东南亚自由贸易协定,农产品及大多数其他产品被排除在自由化的范围之外,关于自由化范围内的产品原则上在 15 年内废除关税,其他贸易壁垒在 5 年内废除。随后召开的东南亚国家首脑会议决定,扩大撤销关税的产品种类并提前实施已经达成的自由化,菲律宾、马来西亚、新加坡、伯尔尼、印度尼西亚于 2002 年完成东南亚自由贸易协定所设定的目标。

作为管理东南亚自由贸易协定运作的国际组织,成立了由部长级代表和秘书处总干事组成的理事会,并由高级经济专家会议和秘书处协助其工作。理事会的职能是监督、调整并审议协定的实施。成员之间的争端在不能通过双边磋商解决的情况下可向理事会申诉,在必要的情况下理事会将所受理的争端再向部长级会议提出。但是争端解决条款只有这些,考虑到理事会由各国政府代表组成这一情况,可以说它基本上是个调整成员间利害关系的程序。

与其他经济一体化的情况相同,近几年来东南亚自由贸易区在积极地与其他国家和区域加强经济方面的合作与联系。在亚洲与日本、中国、韩国等 3 国之间建立了协商机制(ASEAM +3)并就与中国签订自由贸易协定一事开始审议,也设置了由专家构成的工作组在探讨与日本加强经济合作的问题,另外还参加了包括欧共体在内的定期磋商会议(ASEM)。

(b) 日本的经济一体化政策——东亚经济一体化

自 20 世纪 80 年代开始经济一体化趋势开始增强时,日本认为经济一体化是不利于多边体制的做法而对其采取了消极的态度。日本也参加了 APEC 与 ASEAM +3 等区域经济一体化框架,但主要议论的是区域经济合作关系的构筑与政策调整,即使在就贸易自由化达成协议的情况下,其利益也将根据最惠国待遇原则被所有贸易伙伴所均沾。但是日本的主要贸易伙伴几乎都签订了经济一体化协议,因为经济一体化规模的扩大,日本在出口市场的地位变得更加不利。另外日本政府也考虑到,20 世纪 80 年代后期至 90 年代签订的经济一体化协定对乌拉圭回合谈判发挥了促进作用,因此改变了原来的消极态度,实现了政策上的转变。

日本关于经济一体化政策的基本立场始终是将其作为对 WTO 多边贸易体制的补充与发展。以此为前提,日本提出的政策目标是:"继续为 WTO 新一轮回合努力的同时,利用与感兴趣的国家和区域之间签订的区域经济合作协定,利用多种方式筹划与制定高标准的规则与制度"。其经济合作协定也以从促进跨国经济活动为出发点,包括自然人的移动与争端解决程序,以及其他经济制度的协调等广泛领域。换言之,为促进跨国经济活动的顺利发展,预先考虑与可能达成协议的对方签订经济合作协定,制定高标准的规则与制度,发挥促进 WTO 的规则与制度建设的先导作用,这是日本政府对经济一体化的定位。

日本政府政策转变后的第一个成果就是与新加坡签订的经济合作协定。日本政府接受了吴作栋首相于 1992 年访问日本时提出的建议,经过产、官、学共同研究和政府之间的谈判,于 2001 年两国首脑签署了经济合作协定。根据上述日本政府的政策立场,协定内容不仅包括关税的取消,同时涵盖了海关检验与认证程序的相互承认、知识产权领域里的合作(程序简化)、服务贸易与投资自由化、电子商务制度的协调、自然人的移动等广泛领域。另一方面,虽然没有把农产品贸易完全排除在自由化的范围之外,但毕竟保留了部分农产品贸易壁垒,根据 GATT 第 24 条规定所要求的"实质上所有"贸易的自由化,不得不说还存在一些问题。

实际上,日本与新加坡之间的贸易关系中,农产品贸易的自由化并不会产生多大的影响。但是,考虑到现在日本将要与墨西哥、韩国及东南亚自由贸易区之间为建立经济合作关系而进行的谈判(日本国内产、官、学联合论证与研究工组已经结束或正在进行)或签订协议这一情况,日本与新加坡之间的经济合作协定将成为先例,日本不得不考虑保护国内农业,这是日本将部分农产品排除在自由化范围之外的原因。关于与墨西哥的经济合作关系,日本国内已完成合作研究并提出了开始谈判的建议。2002 年 10 月,在 APEC 首脑会议上日本和墨西哥两国首相之间就开始谈判达成了协议。关于韩国与东南亚自由贸易区的经济合作关系,正处于专家研究论证阶段,今后将要采取什么样的形式目前还不明确。但是,一旦进入实际谈判阶段,农业将会成为重要问题,根据处理农业问题的具体方法可以看出日本政府经济一体化政策的真实面目。日本与墨西哥的经济一体化谈判中,已就玉米、青椒及南瓜等敏感农产品开始了讨论。

此外,同样对经济一体化持消极态度的还有韩国,以及已加入 WTO 的中国及其台湾地区,现在这些国家和地区已开始具体考虑经济一体化问题,这些情况包括了将来建立"东亚自由贸易区"的可能性。

第9章 WTO体制与发展中国家

1 乌拉圭回合与发展中国家

休戴克(Robert E. Hudec)在论述发展中国家针对GATT所采取的态度时指出:"GATT的发展中国家缔约方从未同意过接受与发达国家同样的纪律,他们最先采取的行动就是如何豁免于GATT规则所要求的义务。然后,发展中国家提出了新的额外要求,即在发展中国家之间以及他们与发达国家之间适用特殊而差别待遇。发展中国家在GATT的地位,可以说是在寻求特殊地位的历史过程中展开的"。[1]

从乌拉圭回合开始到结束(1986年至1994年)的整个过程中,发展中国家对待多边贸易体制的态度发生了很大变化。发展中国家改变了以往一边享受发达国家关税减让的恩惠,同时要求豁免GATT义务以及发达国家给予特殊而差别待遇的立场,积极参加了乌拉圭回合的各项谈判。在谈判的整个过程中,发展中国家不仅深入参与了WTO各项协定的谈判和起草工作,以新兴工业国家为核心的发展中国家也基于相互主义原则积极参加了关税减让谈判。除政府采购协定等诸边贸易协定以外,他们还同意了以一揽子接受方式(single undertaking)接受乌拉圭回合的谈判结果。最后,发展中国家不仅接受了服务贸易和与贸易有关知识产权等新领域里的纪律,在补贴与反补贴税、反倾销税等领域里(过去有详细规则但发展中国家没有接受)也服从了国际纪律。

发展中国家的态度为什么会发生如此大的转变呢,其原因与20世纪80年代发生的一些情况有密切的联系。第一,20世纪80年代累计债务问题的扩大给发展中国家的经济政策带来了很大的影响。1982年8月,墨西哥陷入无法偿还外债的危机(default),以此为契机累计债务问题变得更加严重并波及到了拉丁美洲、非洲及亚洲一些国家。陷入累计债务危机的多数发展中

---

[1] 罗伯特·E.休戴克:《GATT与发展中国家》,小森光夫编译,日本信山社1992年版,第2页。

家都寻求 IMF 提供援助,作为提供贷款的条件(conditionality),IMF 要求这些国家采用古典派经济理论所提倡的以市场机制为导向的经济政策。IMF 提出的附加条件根据国家和时期有所不同,但更多情况是为调整宏观经济结构的不均衡,要求发展中国家实施以贸易和投资自由化为核心的结构调整政策。

第二,在这一时期,发展中国家长期坚持的进口替代政策被实践证明是失败的。在进口替代工业化战略指导下,发展中国家大力推行工业产品的国产化政策并极力减少进口。为此发展中国家实施了利用高关税和非关税壁垒来保护国内产业的贸易政策。但是在这些国家推行进口替代政策的过程中,原材料和中间产品及生产资料的进口增多反而导致了国际收支的恶化,导致累计债务问题变得更加严重。于是,陷入累计债务困局的发展中国家向出口导向型工业化政策转变,并开始削减贸易壁垒。

第三,亚洲新兴工业国的迅速成长,尤其在工业产品领域里这些国家的出口有了迅猛的发展。面对这一情况,发达国家也广泛认识到,有必要将这些国家以更加巩固的形式纳入多边贸易体制。另一方面,亚洲的新兴工业国也认识到,在第二次石油危机发生后,整个世界经济陷入衰退局面,为寻求保护主义倾向日益严重的发达国家开放其市场,有必要积极参加多边贸易体制并强化其纪律。

在上述历史背景下,发展中国家一改以往的消极姿态,积极参加乌拉圭回合谈判,并努力将自身的要求反映在谈判结果中。

发展中国家的积极参加,给乌拉圭回合谈判带来了令人瞩目的影响。第一,由于谈判包括了广泛的议题,致使发展中国家无法像过去那样(例如在 UNCTAD 的场合)采取团结一致向发达国家提出共同要求的策略。因为发展中国家的利害关系也因谈判内容变得多样化,利害关系多样化的结果形成了超过原来的发展中国家与发达国家对立模式的新的组合与对立。例如,在《农业协定》的谈判过程中,就农产品出口补贴问题欧共体和美国之间产生意见分歧时,加拿大、澳大利亚、阿根廷、智利、泰国、印度尼西亚等农产品出口国形成了凯恩斯俱乐部,对促进谈判进展发挥了巨大作用

第二,因为乌拉圭回合启动宣言(埃特角城部长级会议宣言)采取了一揽子接受的谈判原则,使发达国家和发展中国家在不同谈判领域里进行交易和妥协并最终达成协议成为可能。具体来说,发达国家要求签订《服务贸易总协定》和《与贸易有关的知识产权协定》,发展中国家则要求《纺织品与服装协定》和《农业协定》以及《保障措施协定》的成立,最后双方都作出了让步与妥协。

2 《WTO 协定》与发展中国家

(1) 自由化的进展

乌拉圭回合谈判的结果，发展中国家的贸易自由化有了很大的发展。第一，不仅是工业产品，农产品的数量限制也原则上得到了禁止。关于数量限制的取消期限，最不发达国家比其他发展中国家得到了更长的暂缓期限，但是暂缓期限结束后原则上必须取消数量限制。为维护国际收支平衡维持数量限制的例外规定继续存在[2]，但是根据《关于1994年关税与贸易总协定国际收支条款的谅解》援引这一例外制度应服从更加严格的纪律。即以维护国际收支平衡为理由采取数量限制的国家必须承担以下义务：尽快公布其取消为实现国际收支平衡而采取的限制措施的时间表；优先选择那些对贸易干扰作用最小的措施；不能超过处理国际收支状况所必需的程度；必须接受 WTO 内部设立的国际收支限制委员会的定期审议；如有其他成员提出磋商请求，应在国际收支限制委员会内部进行磋商。

第二，与过去相比较，在乌拉圭回合上发展中国家就众多产品承诺了关税减让。乌拉圭回合后发达国家的关税减让率（整个进口产品中关税减让产品所占的比例）从78%上升到了99%。而发展中国家的关税减让率则从21%飞跃上升到73%。

严格来讲，乌拉圭回合谈判不是上述变化的唯一原因，多数发展中国家在乌拉圭回合开始之前或以其并行，作为结构调整政策的一环主动采取了促进贸易自由化发展的政策，单方面进行了数量限制的取消和关税减让。乌拉圭回合所发挥的作用就是，将发展中国家的贸易自由化政策纳入了多边贸易体制的轨道，促进其发展的同时为其确定了发展方向。

(2) 发展中国家在乌拉圭回合谈判中所取得的成果

通过乌拉圭回合谈判，发展中国家在其最具利害关系的领域里取得了哪些成果呢，以下主要讨论这一问题。

第一，《纺织品与服装协定》的签订确定了逐步取消《国际纺织品贸易安排延长议定书》(MFA)。将在10年的过渡期内逐步取消根据 MFA 实施的数量限制。毫无疑问纺织品是多数发展中国家的重要出口产品。据推测，过渡期结束后数量限制的取消能够使全球纺织品出口额增加34%至60%，其中绝

---

[2] 《GATT 1994》第12条。

大部分应该是发展中国家纺织品的出口增长。

第二,农产品贸易的自由化。在乌拉圭回合上谈判《农业协定》的同时,就农产品关税削减也进行了谈判,将农产品关税平均削减了 37%。发展中国家最关心的热带农产品的政府补贴也被削减了 43%。关于发达国家出口补贴和国内支持(价格支持、直接支付及其他国内补贴)的削减问题也取得了很大成果。这些成果将给出口农产品的发展中国家带来更多的出口机会。但是将进口差价税和最低进口价格等非关税壁垒转换成关税并不能立即实现农产品贸易的自由化。对作为这些非关税壁垒适用对象的农产品,允许征收能够反映以 1986 年至 1988 年为基期的国际国内价格差异的高关税。对被列为关税化对象的农产品的关税削减,将在 WTO 成立后逐渐进行或由新的关税减让谈判来处理(请参阅第七章第一节)。

(3) 对发展中国家的纪律强化

另一方面,乌拉圭回合上签订的众多协定,加强了对发展中国家一直以来所推行的贸易政策和投资政策的国际规制。一是《TIRPS 协定》。多数发展中国家都不具备充分保护知识产权的法律制度,有的发展中国家甚至完全不具备知识产权制度。《TIRPS 协定》以所有 WTO 成员为对象,为保护专利权和版权等知识产权,对关于国内法上必须保证的最低保护标准作出了详细的规定。此外,关于知识产权的保护程序,《TIRPS 协定》进一步规定了成员严格执行(enforcment)包括民事程序、边境措施在内的行政程序和刑事程序的义务。但是,发展中国家得到了比发达国家更长的不适用《TIRPS 协定》的过渡期限。发达国家在自《WTO 协定》生效之日起 1 年内不承担适用《TIRPS 协定》的义务,发展中国家在 5 年内不承担适用《TIRPS 协定》的义务,最不发达国家则在 10 年内不承担适用《TIRPS 协定》的义务。[3](请参阅第七章第四节)

二是《TRIMS 协定》。《TRIMS 协定》从对贸易具有限制效果的外国投资规制措施中,列举了违反《GATT 1994》第 3 条(国民待遇原则)和第 11 条(数量限制的一般取消)的措施,并对这些措施予以明确禁止[4],同时要求成员将其正在实施的措施通知货物贸易理事会。[5] 被禁止的投资规制措施包括当地含量要求(违反《GATT 1994》第 3 条)、进出口平衡要求(违反《GATT 1994》第 3 条)、外汇限制及出口限制(违反《GATT 1994》第 11 条)等。[6]

---

〔3〕《TRIPS 协定》第 65 条第 1 款、第 65 条第 2 款、第 66 条第 1 款。
〔4〕《TRIMS 协定》第 2 条。
〔5〕《TRIMS 协定》第 5 条。
〔6〕《TRIMS 协定》附件列示清单。

《TRIMS协定》除列举违反《GATT 1994》第3条和第11条对贸易具有限制效果的外国投资规制措施以外,没有规定成员应承担的新的义务。在乌拉圭回合谈判开始之前,发展中国家为实施进口替代工业化战略曾经频繁利用上述措施,以维护国际收支平衡而采取的限制(《关税与贸易总协定》第12条)或以发展经济的例外(《关税与贸易总协定》第18条)为理由,他们的这些措施得到了允许。《TRIMS协定》的签订强化了对发展中国家上述措施的国际法规制。但是,与《TIRPS协定》相同,发展中国家得到了比发达国家更长的不适用《TRIMS协定》的过渡期限。自《WTO协定》生效之日起发达国家应在2年内,发展中国家应在5年内,最不发达国家应在7年内,分别取消对贸易具有限制效果的外国投资规制措施。[7]

三是《补贴与反补贴措施协定》(《SCM协定》)。东京回合上签订的《1979年补贴与反补贴措施协定》规定:"各缔约方承认补贴是发展中国家经济计划的组成部分"。[8] 该协定同时规定:"本协定不得妨碍发展中国家缔约方采取扶持本国工业(包括出口部门)的措施和政策"。[9] 即允许发展中国家为发展经济利用补贴来保护本国产业。就此问题,《SCM协定》只规定:"各成员承认,补贴可在发展中国家成员的经济计划中发挥重要作用"。[10] 可见,与《1979年补贴与反补贴措施协定》相比,《SCM协定》支持发展中国家补贴政策的态度已大幅度减弱。

另外,《SCM协定》禁止国内产品优先使用补贴和出口补贴的规定[11],原则上适用于发展中国家。但是《SCM协定》豁免了最不发达国家禁止提供出口补贴的义务,而且自《WTO协定》生效之日起8年内不要求最不发达国家遵守禁止提供国内产品优先使用补贴的义务。其他发展中国家可以自《WTO协定》生效之日起8年内不适用禁止出口补贴的规定,在5年内不适用禁止国内产品优先使用补贴的规定。[12]

(4)《WTO协定》关于发展中国家特殊而差别待遇的原则

宣告启动乌拉圭回合的埃斯特角城部长级会议在宣言中提倡,将《关税与贸易总协定》第4部及其他文件中明确规定的给发展中国家提供特殊而差别

---

[7] 《TRIMS协定》第5条第2款。
[8] 《1979年补贴与反补贴措施协定》第14条第1款。
[9] 同上。
[10] 《SCM协定》第27条第1款。
[11] 《SCM协定》第3条第1款。
[12] 《SCM协定》第27条第2款、第3款。

待遇(differential and more favorable treatment,S&D)的原则作为约束谈判的一项原则。《WTO协定》附件中的各项协定和谅解及部长宣言均对发展中国家特殊而差别待遇作出了规定,可以看出,乌拉圭回合并没有意图取消这些特殊而差别待遇。

WTO秘书处接受WTO贸易与发展委员会的委托完成的《关于WTO协定及各项决定中特殊而差别待遇的实施情况》的报告(WTO 2000),就各种特殊而差别待遇作出如下分类:扩大发展中国家贸易机会的规定;要求发达国家保护发展中国家利益的规定;允许发展中国家在作出承诺、适用措施和政策手段时享有灵活性的规定;为发展中国家提供暂缓期限的规定;向发展中国家提供技术援助的规定;关于最不发达国家的规定。

第一,是要求发达国家为发展中国家出口产品改善市场准入机会的规定。例如,GATT时代的普遍优惠制度(GSP)、WTO《农业协定》第15条第1款要求发达国家为发展中国家设定更加有利的减让税率。《纺织品与服装协定》第2条第18款规定,要求发达国家为属于进口限制对象的发展中国家纺织品改善市场准入机会。

第二,为保护发展中国家成员的利益,要求发达国家采取或不采取某种措施。这是《WTO协定》中规定的最多的特殊而优惠待遇的类型。例如《SPS协定》第10条第2款规定,发达国家采用卫生检疫措施时应给予发展中国家成员有利害关系产品更长的时限以符合该措施,从而维持其出口机会。《反倾销协定》第15条规定,在实施会影响发展中国家根本利益的反倾销措施之前,应探讨建设性补救的可能性。

第三,豁免发展中国家的义务或承诺,或允许其承担更轻的义务。例如,《TBT协定》第12条第4款规定,虽然可能存在国际标准、指南和建议,但是在其特殊的技术与社会经济条件下,发展中国家可以采用某些技术规格、标准或合格评定程序,旨在保护与其发展相适应的本国技术、生产方法和工艺。WTO《TRIMS协定》第4条规定,以满足一定要求为条件允许发展中国家暂时偏离法律规定的一些义务。

第四,在要求成员实施协定义务时,为发展中国家提供暂缓期限的规定。《TRIPS协定》第65条第2款、第66条第1款、《TRIMS协定》第5条第2款、《SCM协定》第23条第2款、第27条第3款,以及还有更多的规定属于此类待遇。

第五,发达国家和WTO的各种机构为发展中国家提供必要的人员培训和信息等技术方面的支援,以提高其履行义务的能力。《海关估价协定》第20条第3款规定,发达国家成员应向发展中国家提供技术援助,其中包括海关估价人员的培训,在制定实施措施过程中的援助,有关海关估价方法信息的提供。《GATS》第 25 条第 2 款规定,在实施服务贸易自由化与履行《GATS》的过程中,WTO 秘书处应向发展中国家提供技术援助。

第六,对最不发达国家提供比发展中国家更加优惠的规定。例如,《TRIPS 协定》第 66 条第 1 款和《TRIMS 协定》第 5 条第 2 款规定,在履行协定义务时允许最不发达国家享有比一般发展中国家更长的暂缓期限。

《WTO 协定》各附件关于发展中国家特殊和优惠待遇的具体规定见一览表。

发展中国家特殊而差别待遇条款一览表

类型 协定	①增大发展中国家贸易机会的规定	②要求发达国家保护发展中国家利益的规定	③允许发展中国家享有灵活性的规定	④为发展中国家提供暂缓期限的规定	⑤向发展中国家提供技术援助的规定	⑥关于最不发达国家的规定	各协定规定的合计
农业协定	1		9	1		3	14
关于粮食纯进口发展中国家的决定		4			1		
SPS 协定		2		2	1		5
纺织品协定	1	3				2	6
TBT 协定		6	1	1	7	1	16
TRIMS 协定			1	2		1	4
反倾销协定		1					1
关于与单独企业进口有关最低评估价格的决定		2					2
装运前检验协定							0
原产地规则协定							0
进口许可协定		3		1			4
SCM 协定		2	8	6			16
保障措施协定		1		1			2
GATS	1	1	2		2	1	7
TRIPS 协定		2			1	3	6
DSU		7	1		1	2	11
GATT 1994 第 18 条			3				3
GATT 1994 第 36 条	4	3	1				8
GATT 1994 第 37 条	2	6					8

（续表）

类型＼协定	① 增大发展中国家贸易机会的规定	② 要求发达国家保护发展中国家利益的规定	③ 允许发展中国家享有灵活性的规定	④ 为发展中国家提供暂缓期限的规定	⑤ 向发展中国家提供技术援助的规定	⑥ 关于最不发达国家的规定	各协定规定的合计
GATT 1994 第 38 条	2	5					7
授权条款	1		2			1	4
关于为最不发达国家提供优惠的决定						7	7
关于最不发达国家特惠关税待遇豁免						1	1
合计	12	49	30	18	14	22	145

资料来源：WTO Doc., WT/COMTD/W/77, 25 October 2000, pp.76—77。

（5）对 WTO 特殊而差别待遇的评价

与 GATT 项下的特殊而差别待遇相比较，《WTO 协定》规定的特殊而差别待遇具有以下几方面的特点：

第一，首先与 GATT 时期相比较，强化了对发展中国家经济发展政策的限制。在 GATT 项下得到允许的政府主导的经济发展政策和进口替代工业化战略，根据 WTO 项下的特殊而差别待遇将很难得到继续维持。最能明确说明这一点的就是《SCM 协定》所规定的特殊而差别待遇。该协定第 27 条第 1 款规定："各成员承认，补贴可在发展中国家成员的经济计划中发挥重要作用。"对发展中国家的经济计划中补贴所能发挥的作用给予了一定的理解，但并没有无条件肯定补贴的积极性。更加严格的纪律是，对作为发展中国家经济发展战略（进口替代工业化和幼稚产业的保护等）重要手段的出口补贴和国内产品优先使用补贴，在适用《SCM 协定》的暂缓期限结束后原则上予以禁止。[13] 而且，一般发展中国家必须在 8 年内逐步取消出口补贴[14]，如一特定产品已达到出口竞争力，则该发展中国家在 2 年内取消出口补贴。[15] 这意味着，发展中国家不适用禁止出口补贴规定的暂缓时间最长不能超过 8 年，如有可能应该在暂缓期限到来之前提前"毕业"。《SCM 协定》还规定，如有利害关系的成员质疑发展中国家的出口补贴并提出请求，补贴与反补贴措施委员会应对

---

[13]《SCM 协定》第 27 条第 2 款、第 3 款。
[14]《SCM 协定》第 27 条第 4 款。
[15]《SCM 协定》第 27 条第 5 款。

该发展中国家成员的出口补贴进行审议，以审查该出口补贴是否符合其发展的需要。

其次，《关于1994年关税与贸易总协定国际收支条款的谅解》（以下简称《国际收支条款谅解》）对发展中国家进口替代政策的重要根据《关税与贸易总协定》第18条B款的适用，从程序上进行了限制。因为允许以保护国内幼稚产业为理由进行进口限制的《关税与贸易总协定》第18条C款的援用在程序上非常困难（向缔约国团作出通知并进行磋商，必须事先得到缔约国团的同意），自20世纪60年代以后，多数发展中国家援用《关税与贸易总协定》第18条B款，以维护国际收支平衡为理由实施并维持了进口限制措施。尤其在1972年，援用该条款的简化磋商程序得到采纳之后[16]，《关税与贸易总协定》第18条B款的援用实际上进入了放任自流的状态。《国际收支条款谅解》规定，发展中国家可以继续援用1972年的简化磋商程序，但除最不发达国家以外的发展中国家中，只有按照以往磋商中提交补贴与反补贴措施委员会的时间表进行自由化努力的发展中国家，或在同一年内其贸易政策被贸易政策审议机制审议的发展中国家，才能适用简化磋商程序，而且不得连续两次以上根据简化磋商程序进行磋商。[17] 此外，各成员必须公布其取消为国际收支平衡目的而采取的限制性进口措施的时间表，不公布时间表则必须提出正当理由。[18] 一成员应将为国际收支目的而采取的进口限制措施的情况，或在实施此类措施过程中的任何变化，以及取消此类措施的时间表的任何变化情况通知总理事会。任何成员都有权请求国际收支限制委员会审议成员的通知。[19] 经审议国际收支限制委员会认为就一项措施的正当性有必要进行磋商时，应与采取措施的成员进行磋商。国际收支限制委员会应向总理事会报告其磋商情况，报告原则上包括对采取措施成员提出的建议。[20]

《国际收支条款谅解》并没有否定发展中国家成员利用1972年的简化磋商程序的权利，但通过种种程序方面的限制对发展中国家为国际收支平衡而采取的进口限制措施提出了新的纪律。实际上，1990年13个国家援用《关税与贸易总协定》第18条B款实施了进口限制措施，但在2000年只有两个国家援用了该条款，一个是最不发达国家，另一个是其他发展中国家。

第二，《WTO协定》基本上没有对发展中国家提供不同于发达国家的优惠

---

[16] BISD20S/47.
[17] 《国际收支条款谅解》第8款。
[18] 《国际收支条款谅解》第1款。
[19] 《国际收支条款谅解》第10款。
[20] 《国际收支条款谅解》第13款。

待遇,而是停留于提供适用期限的暂缓和技术援助,或在作出自由化承诺时要求发达国家关注和照顾发展中国家的利益。最典型的是《TRIPS协定》,该协定在其前言中指出,协定的目的是"减少对国际贸易的扭曲和阻碍","促进对知识产权的有效和充分保护,并保证实施知识产权的措施和程序本身不成为贸易的障碍"。同时该协定承认知识产权是私权。虽然协定在前言中提出"认识到最不发达国家在国内实施法律和法规特别需要最大的灵活性,以便他们能够创造一个良好和可行的技术基础",但在正文中原则上要求所有成员一律履行义务,对最不发达国家和其他发展中国家只是提供了比发达国家更长的暂缓期限而已。[21]

此外,《GATS协定》要求各成员根据其承诺表逐步实现服务贸易的自由化,对发展中国家提供的待遇是,"自由化进程的进行应当尊重各成员的国家政策目标及其总体和各部门的发展水平",发展中国家在将来的服务贸易自由化谈判中作出具体承诺时享有一定程度的灵活性而已。

另外,发达国家在促进服务贸易自由化的过程中,不承担对发展中国家的服务提供优惠待遇的义务。以"发展中国家的更多参与"为题的《GATS》第4条第1款要求发达国家在服务贸易自由化的谈判中达成如下协议,为发展中国家更多地参与世界贸易提供方便:一是增强发展中国家国内服务能力、效率和竞争力,特别是通过在商业基础上获得的技术;二是改善发展中国家服务进入分销渠道和利用信息网络的机会;三是在对发展中国家有出口利益的部门和服务提供方式实现市场准入自由化。但是这些规定只是提出了今后服务贸易自由化的谈判方针而已,不是具体规定发达国家义务的条款,更不是要求发达国家给发展中国家提供更加优惠待遇的规定。与货物贸易自由化谈判(关税减让)相同,在服务贸易自由化谈判中也将进行基于相互主义的自由化要求与承诺的交换。发展中国家在没有作出服务贸易自由化承诺,并开放本国服务贸易市场之前很难得到发达国家的市场开放,即不许发展中国家有"搭便车"的机会。

第三,考虑到发展中国家的法律方面的能力和行政能力,承认义务豁免和适用义务的暂缓期限,或在提供技术援助等方面的特殊和优惠待遇方面基本上继承了GATT的规定。

例如,《海关估价协定》规定,不属于东京回合《海关估价协定》缔约方的发展中国家成员,可以在自《WTO协定》生效之日起5年内不适用现行《海关

---

[21]《TRIPS协定》第65条第2款、第66条第1款。

估价协定》。[22] 关于《海关估价协定》第 6 条规定的计算价格(computed value)的适用,发展中国家享有 8 年的暂缓期限。[23] 发达国家成员应按双方同意的条件,向提出请求的发展中国家成员提供技术援助。[24] 这些规定与东京回合《海关估价协定》的相关规定是完全一致的。在《TBT 协定》与《进口许可协定》中也有同样的规定。

第四,从上述规定可以看出,《WTO 协定》为发展中国家提供的特殊和优惠待遇在性质和功能上与 GATT 时代的相关规定有很大的区别。GATT 时期的特殊和优惠待遇以国际经济新秩序为基本理念,试图对基于自由主义理念的 GATT 基本原则(非歧视原则和相互主义)进行修改,而且这一修改被视作缩小发达国家和发展中国家经济发展差距的重要手段。与此相反,根据《WTO 协定》的规定,发展中国家只有与发达国家同样遵守以自由主义为理念的《WTO 协定》的基本原则和各项规则,才能缩小和发达国家之间的经济发展差距。《WTO 协定》的特殊和优惠待遇是以《WTO 协定》的基本原则和规则的普遍适用为前提,其地位是为允许在适用过程中有一定灵活性的现实手段而已。换言之,在 GATT 时期被视作局外人的发展中国家被纳入了 WTO 体制的内部。

3 WTO 体制内的发展中国家问题

将发展中国家纳入其体制内部的基础上成立的 WTO,在将发展中国家吸收到多边贸易体制内并援助其经济发展的过程中遇到了一些困难。

(1)《WTO 协定》的实施(implementation)问题

在 1998 年日内瓦第 2 次部长级会议之前,关于如何保证发展中国家实施《WTO 协定》的问题,作为 WTO 的重要课题被提上了议事日程。发展中国家,尤其是最不发达国家提出了由于财力、人力及制度方面的制约,很难实施庞大而复杂的《WTO 协定》的问题。尤其是针对设定较长实施暂缓期限的一些协定(例如,《TRIPS 协定》、《TRIMS 协定》),他们提出了延长暂缓期限的要求。还有一些发展中国家甚至提出了《WTO 协定》并没有给他们带来刚开始所预期的利益。尤其是关于《纺织品与服装协定》、《SPS 协定》、《农业协定》、

---

[22] 《海关估价协定》第 20 条第 1 款。
[23] 《海关估价协定》第 20 条第 2 款。
[24] 《海关估价协定》第 20 条第 3 款。

《TRIPS 协定》、《反倾销协定》、《TRIMS 协定》,发展中国家主张这些协定并没有充分反映他们的利益,从而提出了修改的必要性。

面对发展中国家所提出的问题,第 2 次部长级会议在宣言中宣告了以下内容:为确保多边贸易体制的威信,以扩大贸易与就业机会,提高全世界的生活水准,完全和忠实地履行《WTO 协定》是必不可少的条件;为确保完全和忠实地履行《WTO 协定》,在总理事会下设置新的程序。在 1999 年 12 月第 3 次部长级会议(西雅图会议)召开之前,部分发展中国家向总理事会提出了与《WTO 协定》的实施相关的包括 150 个论点在内的清单。第 3 次部长级会议以这些论点为基础进行了审议,但就这些问题没有得出最终结论。其后,总理事会召集审议《WTO 协定》实施问题的特别会议(Implementation Rview Mechanism, IRM),自 2000 年至 2001 年先后召开 4 次会议进行了审议。2001 年 11 月在多哈举行的第 4 次 WTO 部长级会议,经过审议 IRM 的讨论结果通过了有关实施问题的部长决定。[25]

该部长决定列举了包括《GATT 1994》在内的 11 项 WTO 的协定,并要求缓和发展中国家在实施时感到困难的一些协定的要件,或规定发达国家在针对发展中国家适用这些协定时予以特别照顾。前者例如,关于《TRIPS 协定》的实施,如果有最不发达国家向货物贸易理事会提出延长 7 年的暂缓期限[26]的请求时,要求该理事会以积极的态度(consider positively)审议该申请。关于《海关估价协定》也作出了同样的延长暂缓期限的规定。

关于后者例如,《SPS 协定》第 10 条第 2 款规定:"如适当的卫生与植物卫生保护水平有余地允许分阶段采用新的卫生与植物卫生措施,则应给予发展中国家成员有利害关系产品更长的时限符合该协定,从而维持其出口机会。"部长宣言决定,这里所说的"更长的时限"最少应该是 6 个月。同样,《SPS 协定》附件 B(卫生与植物卫生法规的透明度)第 2 款规定:"各成员应在卫生与植物卫生法规的公布和生效之间留出合理时间间隔,使出口成员、特别是发展中国家成员的生产者有时间使其产品和生产方法适应进口成员的要求。"部长宣言决定,这里所指的"合理时间间隔"为至少 6 个月。

多哈部长级会议宣言所包括的关于《WTO 协定》实施的决定是在会议之前就已达成协议的事项。关于实施问题未能达成协议的论点,在继续进行审议。将要达成的协议和多哈发展议题一起以一揽子接受方式纳入预计于 2005 年 1 月 1 日之前结束的谈判结果中。

---

[25] WT/MIN(01)/17.
[26] 《TRIPS 协定》第 5 条第 2 款。

(2) 发展中国家实施能力的提高(capacity building)

关于《WTO协定》实施问题的议论,与为提高发展中国家实施《WTO协定》的能力,发达国家及WTO的各个机构应该积极向其提供技术援助的议论密切相关。上述有关实施问题的WTO部长级会议决定请求WTO秘书处,保证将发达国家技术援助的重点放在增强发展中国家实施《WTO协定》的义务,以及更有效地参加多边贸易谈判的能力建设方面。

如上所述,在《WTO协定》中随处可以发现对发展中国家提供技术援助的规定。根据这些规定,发达国家成员和WTO的各个机构也以提高发展中国家成员实施《WTO协定》的能力为目的,实施了方方面面的技术援助计划。例如,日本通过国际合作事业机构(JICA)支援泰国、印度尼西亚、马来西亚、菲律宾、中国等国家贸易政策负责官员在WTO进修等技术支援工作(WTO capacity building initiative)。

WTO本身也实施了各种各样的技术援助计划。WTO实施的技术援助主要有以下5种情况,即举办研讨会、举办讲座、派遣专家、提供信息、通过多媒体提供技术援助等。研讨会在一个国家或地区举办,研讨内容涉及WTO的所有问题或对专题问题(例如反倾销、海关估价)进行研讨。讲座一般针对特定题目,讲解一般理论问题的同时还要进行案例分析和模拟训练。派遣专家的目的是支援发展中国家成员为实施《WTO协定》做好国内法制建设,以及履行《WTO协定》的种种通知义务。此外,针对成员所关心的特定贸易政策做讲座。信息提供是以各发展中国家成员驻日内瓦WTO总部的代表团的成员,以及访问日内瓦的贸易政策负责官员为对象,提供有关WTO的最新信息。多媒体技术援助是指制作电子版WTO训练计划,并通过CD-ROM或网络将其提供给成员。

过去WTO的技术援助计划均由WTO秘书处的各个部门筹划实施。2001年成立了WTO培训中心,由该机构来统一负责技术援助活动。2001年6月,WTO秘书处总干事决定改组秘书处的培训部门(Training Division)并设立WTO培训中心(WTO Training Institute)。该中心的主要活动是召集发展中国家贸易政策负责官员来WTO的日内瓦总部进行为期12周的贸易政策研讨班。WTO秘书处各个部门的职员或其他国际组织(UNCTAD、WIPO等)及部门的专家负责课程讲授。2001年举办的进修班由85个国家和地区的88名贸易政策负责官员参加了学习。2001年10月举行了关于争端解决程序的专门进修班,由30名贸易政策负责官员参加,其中一半是发展中国家的代表。2002年开始了通过网络进行学习的远程进修学习计划。

(3) WTO 的决策过程与发展中国家的参加

WTO 决策程序的原则是 1 国 1 票制,但实际决策程序是经常采用协商一致的方式。根据从 GATT 时代起延续下来的一个做法,关于启动新的谈判回合等重要事项先由少数大国进行非正式会议(绿色房间会议),就决策内容作出草案,事后将非正式会议的决策内容提交到全体成员的大会上以协商一致的方式通过。对此做法,没有机会参加非正式会议的发展中国家提出抱怨,认为 WTO 的决策程序缺乏透明度,从而经常引起争执。

发展中国家关于 WTO 决策程序的意见和不满,终于在西雅图 WTO 第 3 次部长级会议上爆发,导致此次部长级会议未能启动新的回合而以失败告终。

多哈第 4 次 WTO 部长级会议吸取了西雅图会议失败的教训,开始对发展中国家参与决策以及决策的透明度等问题予以一定的关注。多哈会议所采取的具体决策方式是,将所有成员分成 7 个组进行非正式首席代表会议(Meeting of Heads of Delegations, HODs),将对达成的草案通过"绿色房间会议"再进行讨论,最后在全体会议上以协商一致的方式作出决定。从提高 WTO 的决策透明度和保证发展中国家参加的角度来看,这一做法比原来有了一些改善。但是 HODs 主席的选派过程并不透明,而且最终草案是在"绿色房间会议"上完成的,在多数发展中国家没有机会参加会议的情况下,面对庞大的会议文件发展中国家根本没有时间进行充分的审议。对此,发展中国家仍然抱有极大的不满和批评。

现在,在发展中国家已发展到占 WTO 成员 3/4 的情况下,如何保证发展中国家能够参加 WTO 的决策程序以及决策的透明度,是事关 WTO 民主原则的重大课题。

第 10 章 WTO 体制与非贸易价值

1 贸易与环境

(1) 贸易与环境问题的登场

1991 年"金枪鱼与海豚案 1"[1]的主要原因是美国以保护海豚为理由，对连同海豚一起捕获的金枪鱼采取了进口限制措施。该案 GATT 争端解决专家组裁决指出，美国的做法违反了《关税与贸易总协定》的相关规定。该案中以保护海豚为目的的环境价值和保证金枪鱼进出口自由的贸易价值之间发生了正面冲突，以此为契机，如何处理环境保护与贸易自由化的关系这一问题开始引起国际舆论的关注，并引发了一场争论。1992 年，在里约热内卢召开的联合国环境与发展大会也将环境与贸易自由化的问题作为重要议题纳入了讨论范围。

"金枪鱼与海豚案 1"所提出的问题是，以保护环境为目的所实施的贸易限制措施(trade related environmental measure, TREM)，是否符合《关税与贸易总协定》的规定(1995 年以后是《WTO 协定》)。在各国国内环境问题日益恶化，国际社会对全球环境问题的关心日益高涨的情况下，各国采取 TREM 的可能性也越来越大了。

采取 TREM 的情况有各种类型，既有国家根据多边环境保护条约发动的措施，也有发动单边措施的情况。此外，有些情况下所保护的环境价值不超出发动贸易限制措施的国家的管辖范围，但也有被保护的对象超出一国管辖范围的情况。进口限制措施是 TREM 的典型形式，采取此类措施的理由通常有两种：一种是以产品的使用和消费对环境有害为理由；另一种是以产品的工艺和生产方法(process and production methods, PPM)对环境有害为理由采取措施。上述"金枪鱼与海豚案 1"所涉及的贸易限制措施属于后者。

---

[1] "美国限制墨西哥金枪鱼进口案"，参见松下满雄、清水章雄、中川淳司编：《GATT/WTO 案例研究》，日本有斐阁 2000 年版，第 231—235 页。

具体来讲,乌拉圭回合后作为紧要课题登场的"环境与贸易"争论的核心是 TREM 是否符合《WTO 协定》的问题。本节主要讨论以下内容:首先,分析和整理关于 TREM 的合理性环境保护派与自由贸易派各方所持的观点,并确认"环境与贸易"问题的具体意义。其次,讨论有关 TREM 的争论中较为复杂的 PPM 规制问题,以确认现行《WTO 协定》是否允许以规制 PPM 为目的而实施 TREM。在此主要讨论 WTO 法律规制框架的修改问题,以及对 TREM 作出规定的多边环境保护条约与《WTO 协定》之间的关系。最后,重新确认贸易与环境问题中最复杂而困难的部分。

(2) 关于 TREM 的争论与问题的核心

关于 TREM 的合理性,环境保护派和自由贸易派展开了以下几个方面的争论:环境保护派认为,环境价值与贸易价值是相互矛盾的,并提出以下观点,即贸易自由化和经济增长,以及不支付适当代价的生产活动导致不可持续的资源消耗和大量废弃物的排泄,从而扩大环境污染并造成生态环境的严重破坏,即环境成本的外部化。[2] 环境价值高于贸易自由化带来的利益,而且出于环境问题的紧迫性,实施符合一定环境标准的 TREM,即使在损害贸易利益的情况下也应该得到认可。这样做有利于处理超越国境的全球性环境问题,以确保多边环境条约的实际效果。

另外,自由贸易派认为,环境与贸易问题是相辅相成的,后者能够为前者的解决作出贡献。他们认为,如果一个国家支付适当的代价来消耗环境资源,自由贸易将有利于资源的有效利用并增大经济福利。因此,经济增长能够增加为环境保护所支付的额外所得,以利于实现环境标准和环境保护技术的改善。在自由贸易派看来,问题不在于自由贸易给环境带来的危害,相反,TREM 给贸易自由化带来的障碍更应该予以纠正。尤其是单方面采取的 TREM,可能会成为对那些试图为了逃避国际竞争而寻求保护的国内产业的有利的、变相的贸易壁垒。

虽然环境保护派与自由贸易派的立场是相互对立的,实际上对人类的可持续发展和幸福来讲,环境价值与贸易价值的哪一个都必不可少。所以,两者

---

[2] 经济学上的"外部化"概念(externality)是指:"一个经济主体的活动给其他主体的福利所带来的影响,而且这一影响不被反映在市场价格上"。关于环境污染产生的原因经常看到的说明是,产品价格不包含在产品生产过程中发生的环境污染等社会成本。甚至环境污染通常被作为"外部性"来处理,即污染引起的费用将由整个社会来吸收和负担。只要国家不通过财政上的利益刺激或规制措施介入市场,生产者和消费者没有任何理由将外部性引起的费用予以"内部化"(internalize)。例如,将污染引起的费用包含在产品价格里。

的关系应该是像自由贸易派所主张的那样,是相辅相成的关系,不应该将他们看成是本质上对立的两种价值。但是,不能忽视环境保护派所指出的问题,即伴随成本和负担外部化的环境资源的消耗是造成环境破坏的重要原因。对此应该采取相应对策加以解决。

各国政府在其国内可以通过提供补贴或采取规制措施等办法,将经济活动中被外部化的费用让活动主体本身来负担,即实现费用的内部化。但是,由于以下几点原因,国际社会要做到这一点是非常困难的:第一,国际竞争对一个国家单方面实施内部化措施起到了阻碍作用。因为,在外国竞争对手没有被要求环境费用内部化的情况下,一国企业环境费用的内部化会使其失去竞争力。第二,在实施单方面的内部化很困难的情况下,可以考虑通过签订国际协定并根据各国之间达成的协议来实现环境费用的内部化。但是,实际上至今为止很少发现此类国际协定得到成功的例子。由于各国的经济发展水平和技术水准相互之间有很大的差距,很难就通过签订有约束力的国际协定保证实施严格的内部化达成协议。

目前,在国际社会缺乏处理环境外部化问题的有效机制的情况下,TREM虽然不是一个最好的办法,但被用作处理问题的一个手段是很自然的事情。自由贸易派的主张是基于环境费用的内部化有可能实现这一假设之上的,从这一点来讲他们的理论也缺乏现实上的说服力。环境保护派关于 TREM 的观点也无法令人完全接受,所以应该解决的问题是,《WTO 协定》在多大程度上允许成员采取 TREM。

(3) 以规制 PPM 为目的的 TREM 与《WTO 协定》

(a) PPM 的概念

现在,世界各国已开始关注产品的生产和消费的全过程(从产品的原材料消耗等生产过程开始到流通、使用和消费以及废弃的最终阶段)中出现的环境费用的外部化,以及对此进行内部化处理的问题。现在,受到关注的不仅是产品本身的生产和消费所引起的外部性,产品的工艺和生产方法等生产过程中产生的外部性给环境带来的重大影响也已开始受到人们的关注与认识。所以各国对产品本身进行环境规制的同时,更加关注并试图予以规制的是产品的具体生产过程和方法。

PPM 给环境造成的影响,一是在产品的消费过程中发生,二是在产品的生产过程中发生,可以以此为根据来区别 PPM 的不同情形。前者被称为"消费外部性"(consumption externality)。某一产品的生产过程中所使用的 PPM,变更该产品的性能而且在该产品被消费、使用和废弃时给该产品进口国的环境造成损害。在此种情况下,可以说 PPM 已经体现于产品本身,此类 PPM 与产品的性质直接相关,故被称作产品相关 PPM(product-related PPM)。例如,谷物生产过程中使用的杀虫剂将会成为谷物的残留物,利用喂养生长激素饲养的牲畜加工的肉食会带有激素残留物。

PPM 在产品的生产过程中给环境造成影响的情况下,此种对环境的影响被称作"生产的外部性"(production externality)。PPM 给环境造成的影响不转移到产品本身,即在不影响产品性质的情况下,无论使用 PPM 的产品本身是否成为贸易对象,在生产国内以及在生产国以外(跨越国境的损害)会带来外部性。此种 PPM 叫做"不影响产品的 PPM"(ono-product-related PPM),其典型的例子就是"金枪鱼与海豚案 1"中成为争议对象的连同海豚一起捕获金枪鱼的捕鱼方法,以及"对虾与海龟案"中引起争议的连同海龟一起捕捞对虾的捕捞方法。此外,不采取植树等可持续发展措施的森林采伐或利用化学物质氟(fluorocarbon)清洗零部件,以及利用残暴的狩猎方法捕捉毛皮动物等等,均属于此类情况。

(b)以规则 PPM 为目的实施 TREM 的情况

针对产品相关 PPM 产生消费外部性的问题,进口国可以通过制定国内产品标准来对其进行规制,相对来讲不会引起很多问题。因为《WTO 协定》以遵守国民待遇原则为条件允许成员对在其国内流通的产品实施各种规制。

另外,针对不影响产品的 PPM,本来应该根据生产国设定的生产标准进行规制,但是,在生产国设定的规制不充分或不发挥实际效果的情况下,因生产过程中出现的外部性的越境扩散而受影响的其他国家将会实施独自的生产规制以制止 PPM 的使用。作为此类规制手段被利用的就是 TREM。采取 TREM 的形式就是,对利用 PPM 生产的产品实施进口限制措施,实质上其意图在于通过在海关采取 TREM 以间接抑制在生产国内的 PPM 的使用。在此种情况下只要相关国家之间不存在事先达成的协议,TREM 将被视作是进口国生产规制的单方面域外适用,甚至会被认为进口国在单方面将其环境标准强加给别国。

利用不影响产品的 PPM 的生产过程中发生的外部性,超过生产国的领土范围波及到其他国家的情况下,问题将会变得更加复杂。包括生产国在内的受外部性影响的相关国家越多,各国之间环境政策方面出现的差异也越大,因此,关于以规制 PPM 为目的采取 TREM 的必要性,各国之间将很难达成协议。所以根据相关国家之间所达成的不同程度的协议,采取 TREM 的情况也有所不同:第一,一国根据 MEA 的义务采取 TREM;第二,MEA 允许一国采取 TREM;第三,一国单方面作出判断为实现 MEA 的目的而有必要采取 TREM;

第四,在 MEA 未成立的情况下,一国单方面采取 TREM。

关于上述第一至第三的各种情况,根据 TREM 的规制对象,即利用有害的 PPM 进行生产的国家是否属于 MEA 的成员为标准,有必要进行进一步区分。当生产国不是 MEA 成员的情况下,在上述第一至第三的情况下采取 TREM 时必然被视作单边措施。此外,包括上述第四种情况在内,即使在所采取的 TREM 是单方面措施的情况下,也有必要考虑存在紧急应对重大环境损害的情况。

如上所述,各国以规制 PPM 为目的 TREM,是在各种不同情况下展开的,可以想象针对在不同情况下所采取的 TREM,根据 MEA 和《WTO 协定》所作出的评价也会有微妙的差异。但在本节中将忽略这些不同情况,只对 TREM 进行一般的讨论。下面要讨论的是,一国以规制不影响产品的 PPM 为目的单方面采取 TREM 时,无论其是否属于 MEA 框架内所采取的措施,此类措施是否符合《WTO 协定》的问题。

(c)《WTO 协定》与 TREM

以规制不影响产品的 PPM 为目的而采取的 TREM,其通常的形式是进口国对进口产品采取限制措施。所以,作为 WTO 的法律规制框架,与此类问题相关的主要是规制货物贸易的《GATT 1994》和《SPS 协定》,以及《TBT 协定》。在此专门讨论《GATT 1994》的适用问题(关于《SPS 协定》以及《TBT 协定》,请参阅第 7 章 2)。作为建立自由贸易体制的基本原则,《关税与贸易总协定》规定了非歧视原则及数量限制和非关税壁垒的一般禁止等自由化原则,并在一定的例外情况下允许成员不遵守这些原则。在某一成员以规制不影响产品的 PPM 为目的单方面采取 TREM 的情况下(在根据 MEA 采取措施的情况下,如果利用 PPM 的生产国不是 MEA 成员,所采取的 TREM 仍被视为单边措施),首先碰到的问题是,被采取的 TREM 是否与《关税与贸易总协定》框架内的以产品为核心的规制和多边规制相一致。

其一,以产品为核心的规制。

《关税与贸易总协定》所规定的非歧视原则由第 1 条的最惠国待遇原则和第 3 条规定的国民待遇原则构成,前者禁止在来自不同原产地的同类产品之间制造歧视,后者禁止在国内产品和同类进口产品之间制造歧视。以产品本身为核心的规制首先体现在"同类产品"概念中"同类"的认定标准上。在《关税与贸易总协定》中没有就同类产品的定义作出规定,但通过 GATT 和 WTO 争端解决程序的实践,事实上形成了判例法上的认定基准。同类性的认定将考虑在进口国内出现的以下因素,即产品的物理特性、产品的最终用途、消费者的嗜好与习惯、海关税则分类。除消费者的嗜好与习惯以外,产品同类性的认定标准最终由产品的特性来决定,与产品生产相关的因素,尤其是 PPM 是与同类性的认定是无关的(请参阅第五章第一节)。在与产品相关的 PPM 被反映到产品本身的情况下,实质上会成为同类性认定可考虑的因素。至于与产品无关的 PPM,则完全没有被考虑的余地。从这里得出的结论就是,在根据除 PPM 以外的因素为判断标准被认定为属于同类产品的产品之间,不得以利用不同的 PPM 生产为理由制造歧视。无论是利用对环境有害的 PPM,还是对环境有利的 PPM 生产的产品,只要他们属于"同类产品",就应该享受相同的待遇。

例如,以上述墨西哥提起申诉的"金枪鱼与海豚案 1"的实事根据完全相同的理由,欧共体提起申诉的"金枪鱼与海豚案 2"中[3],关于《关税与贸易总协定》第 3 条的适用问题,专家组作出了如下解释,即"第 3 条要求在给予同类国产品与进口产品的待遇之间进行比较,并不要求对原产国和进口国的政策或做法进行比较"。[4] 在此基础上专家组指出,以"对作为产品的金枪鱼的固有性质不产生任何影响的捕鱼方法"做判断标准,歧视对待同类金枪鱼产品的做法是不允许的。[5] 专家组的解释非常明确,即以与产品无关的 PPM 为根据来否定产品同类性的做法是违法的。

以产品为核心的规制方法也与规定国民待遇原则的《关税与贸易总协定》第 3 条的适用对象有关联。"金枪鱼与海豚案 1"的专家组所做的解释明确了这一问题。本案争议的一个重要问题是,针对利用连同海豚一起捕捞金枪鱼的捕鱼方法捕获的金枪鱼所采取的进口限制措施,作为规制此类捕鱼方法的国内措施的一部分,是否属于规制国内措施的第 3 条的适用范围[6],或作为进口限制措施属于禁止数量限制的第 11 条第 1 款的适用范围并构成对第 11 条第 1 款的违反。专家组指出,第 3 条只以"专门适用于产品本身的措施为适用对象",专家组进一步指出,本案限制金枪鱼进口的措施即使属于规制金枪鱼捕鱼方法的国内措施也好,但是,因为它既不是直接规制金枪鱼销售的措施,也不对作为产品的金枪鱼本身产生任何影响,所以不属于第 3 条的适用范围,作为对进口的禁止措施应构成对第 11 条的违反。[7] 专家组的上述解释虽然有些可疑之处,但其目的在于将以规制与产品无关的 PPM 为目的的

---

[3] "金枪鱼与海豚案 2",参见松下满雄、清水章雄、中川淳司编:《GATT/WTO 案例研究》,日本有斐阁 2000 年版,第 236—239 页。

[4] "金枪鱼与海豚案 2",GATT 专家组报告,DS29/R,para.5.8。

[5] "金枪鱼与海豚案 2",GATT 专家组报告,DS29/R,para.5.9。

[6] 《关税与贸易总协定》附件 9 注释与补充规定,关于第 3 条。

[7] "金枪鱼与海豚案 2",GATT 专家组报告,DS29/R,para.5.18。

TREM 排除在第 3 条的适用范围之外。因此,此类 TREM 即使满足国民待遇原则的实体要件,也无法作为第 3 条的适用对象得到认可。

综上所述,《关税与贸易总协定》非歧视原则只要不放弃以产品为核心的规制方法,以规制与产品无关的 PPM 为目的而采取的 TREM 将很难保证其合法性。

其二,多边规制方法。

根据《关税与贸易总协定》第 20 条规定的贸易自由化原则的一般例外,WTO 成员为实现贸易以外的应该优先考虑的特定价值,在一定条件下可以脱离贸易自由化原则。优先考虑的价值中包含了环境价值,实际上在 GATT 和 WTO 的执行过程中也争论过第 20 条的规定是否适用于以规制 PPM 为目的而采取的 TREM 的问题。为规制不影响产品的 PPM 而实施的 TREM,在作为第 20 条(b)[8]或(g)[9]所规定的措施而被实施的情况下,如果能够满足第 20 条前段[10]所规定的条件,即使违反非歧视原则等贸易自由化原则,也完全可以在《关税与贸易总协定》项下得到合法化。

但是,根据《关税与贸易总协定》所实施的多边规制方法恰好体现在第 20 条的解释与适用过程中,以规制不影响产品的 PPM 为目的所采取的 TREM 正是因为它本质上属于单边或域外措施,所以很难根据第 20 条得到合法地位。

例如,在"金枪鱼与海豚案 1"中,专家组认定美国的进口限制措施违反第 11 条第 1 款后,接着审议了美国能否根据第 20 条来进行抗辩的问题。其中的一个争议就是,在关于(b)和(g)款的地域适用范围没有明文规定的情况下,美国主张这些规定应适用于一个国家为保护其管辖权范围外的环境价值(本案中是公海中的海豚)而采取的措施,对此专家组指出下列理由予以了否定,即如果美国的主张被接受,甚至在"其他缔约方在没有侵害其《关税与贸易总协定》项下权利"的情况下,各缔约方都能单方面决定保护人类与动植物的生命与健康的有关政策和资源保护政策,这样势必否定《关税与贸易总协定》是为所有缔约方贸易利益而运作的多边框架这一性质。[11]

此外,"金枪鱼与海豚案 2"的专家组也明确指出,第 20 条的例外规定不允许成员背离《关税与贸易总协定》规定的多边框架。专家组认为:"如果将第 20 条解释成该条款允许一缔约方采取贸易限制措施,强行要求另一缔约方

---

[8] 为保护人类、动物或植物的生命或健康所必需的措施。
[9] 与保护可用尽的自然资源有关的措施,如此类措施与限制国内生产或消费一同实施。
[10] 此类措施的实施不在情形相同的国家之间构成任意或不合理歧视的手段或构成对国际贸易的变相限制。
[11] "金枪鱼与海豚案 1"GATT 专家组报告,DS21/R,para.5.27。

变更其管辖范围内的包括环境保护政策在内的各项政策,这将必然严重损害缔约方之间权利义务的平衡,尤其是市场准入的权利。在此情况下,《关税与贸易总协定》将无法为各缔约方的贸易关系提供多边框架"。[12]

上述专家组的观点非常明确,即如果将第20条解释成该条款是允许缔约方采取具有域外性质的措施的规定,一个缔约方将单方面决定环境政策,而且不服从该缔约方政策的其他缔约方的《关税与贸易总协定》项下的权利将遭到否定,从而导致GATT多边体制的崩溃。值得注意的是,为维护GATT多边框架,上述专家组均对单边主义采取了坚决否定的态度。以规制不影响产品的PPM为目的而采取的TREM,在具有域外性质或单边主义色彩的情况下,是不能和GATT多边框架相一致的。

其三,对以产品为核心的规制方法和多边规制框架的修改。

GATT规制框架内的以产品为核心的规制方法和多边规制方法,是以规制不影响产品的PPM为目的而采取的TREM根据《关税与贸易总协定》获得合法地位的最大障碍。但是WTO争端解决机制最近处理的两个案件应该引起注意,其中提出了一些对GATT多边规制框架进行修改的裁决。

第一个案件是2001年的"石棉案"。[13] 该案上诉机构的裁决中包括了对以产品为核心的规制方法进行修改的提示。本案争议的问题是,法国政府对有害于人体的石棉产品的制造、销售及进口采取了禁止措施,这是否符合《GATT1994》第3条的规定。上诉机构在认定有害石棉产品与制造和销售得到许可的其他石棉产品是否属于同类产品时指出,对人体的有害性影响消费者的行动,并否定了有害石棉产品和其他石棉产品之间的同类性。根据上诉机构所做的认定可以推测,产品对环境的有害性也仍然会影响消费者的行为,产品之间的竞争关系也因此而受到影响,对有害于环境的产品与对环境无害的产品之间的同类性予以否定的可能性是充分存在的。即使是利用对环境有害的不影响产品本身的PPM制造的产品,在消费者能够认知的情况下,完全有可能否定该产品与其他产品之间的同类性,从而有可能使为规制PPM而采取的TREM避免违反第3条(甚至第1条)规定的非歧视原则。

第二个案件是"对虾与海龟案"[14]。该案上诉机构的裁决提示,应该缓和多边规制方法的严格适用,甚至显示出灵活性以允许在一定情况下采取单边TREM。该案中为防止用拖网捕捞对虾时将海龟一起捕捞的做法,针对不要求本国渔民在拖网渔船上安装驱逐海龟装置的国家,美国单方面采取了限制其

---

[12] "金枪鱼与海豚案 1" GATT 专家组报告, DS21/R, para. 5.26。
[13] WT/DS/135/R。
[14] WT/DS/58/R。

对虾进口的措施。上诉机构在其1998年的报告中分析美国的措施是否符合《关税与贸易总协定》第20条时指出，第20条前段的目的在于，维持援引该条例外规定的成员与被申诉成员之间权利的平衡，而且也体现了国际法的信义诚实原则。在此基础上上诉机构作出了如下裁决：美国在适用进口限制措施之前未与申诉国就保护海龟的国际合作问题进行过认真的磋商，美国的做法构成了"任意的和不合理的歧视待遇"，因此不能满足第20条规定的要求。此后，美国遵守争端解决机构提出的建议，对歧视性适用被申诉措施的做法进行了修改，并于本案申诉国就保护海龟问题进行磋商并申请提供技术援助。2001年，在根据《DSU》第21条第5款审查履行情况时，上诉机构对上述1998年上诉机构报告的宗旨作出了更加明确的解释，指出第20条前段并不要求签订保护海豚的国际协定，只要为签订协定作出"认真而诚实"的努力就被视作满足了前段规定的要求。本案的最终结果是，美国为规制不影响产品的PPM而单方面采取的TREM得到了《关税与贸易总协定》的认可。上诉机构的裁决意味着在一定情况下允许采取单边TREM，以往为维护第20条的多边规制方法而进行的解释将失去其说服力。

(d)《WTO协定》与根据MEA采取的TREM之间的关系

"石棉案"和"对虾与海龟案"，对《关税与贸易总协定》传统的以产品为核心的规制方法和多边规制方法提出了修改。根据上诉机构的解释，为规制不影响产品的PPM而单方面采取TREM，不一定必然违法《关税与贸易总协定》，这一裁决虽然受到了环境保护派的支持，但是包括发展中国家在内的多数WTO成员对此表示担心和忧虑。其结果，这些成员要求通过明确承认根据与多边规制方法一致的MRA采取TREM的合法性，来限制单方面采取TREM。2001年11月，多哈部长宣言提出在新回合谈判议题中包括《WTO协定》与根据MEA采取的TREM之间的关系，反映了多数成员关于这一问题所提出的要求。

现行240个MEA中规定TREM的协定有25个。其中包括气候变化、臭氧层的保护、面临灭绝危险的动植物种的保护、有害废弃物的跨国转移、生物多样性的保护等有关地球环境保护的重要条约。至今还没有发生过关于MEA项下采取的TREM是否符合《WTO协定》的争端解决案例，但是包括规制PPM和对非成员的歧视性做法在内的TREM违反《WTO协定》的"危险性"已被人们所认识。特别是以签署《WTO协定》的1994年为基准，根据《维也纳条约法公约》第30条规定的后法优先的原则，在1994年之前成立的MEA对《WTO协定》的成员（MEA成员）来讲无法取得优先地位，对以保护地球环境为目的的MEA和《WTO协定》之间的关系予以明确化是一个急需解决的问题。

根据乌拉圭回合结束时公布的部长决定,1995年成立了WTO贸易与环境委员会(CTE),到现在为止该委员会提出了各种建议,以明确MEA与《WTO协定》之间的关系,以及根据MEA采取的TREM的正当性。贸易与环境委员会的争论始终没有得出明确的结论,但提出了以下两点较有现实意义的建议:

第一,修改《GATT 1994》第20条,增加有关MEA的规定;第二,在部长级会议上通过关于《GATT 1994》第20条的解释以承认原有MEA,并为将来的MEA制定有关通知与承认方面的程序和标准。第一个建议是,模仿《GATT 1994》第20条(e)款(规定根据政府商品协定采取贸易措施的例外)的模式,在该条中追加作为例外承认满足一定条件的MEA的规定。建议提出的条件是:第一,在联合国环境计划署(UNEP)主持下谈判的MEA,并开放给所有国家签署;第二,所规定的问题关系到对地球环境有重大影响的环境破坏;第三,被选择的TREM与MEA的目标之间存在合理关系;第四,MEA被正式通知给WTO。

(4)小结:一个难题

如上所述,《关税与贸易总协定》规制框架下的产品规制方法和多边规制方法正处于被逐步修改的阶段。这一修改过程为规制不影响产品的PPM为目的的TREM在《关税与贸易总协定》项下获得合法地位打开了通道。但是,这一过程给WTO的自由贸易体制提出了如下难题,需引起注意。

现在人们已经普遍认识到,对生态环境来讲,与生产过程中产生的外部性一样,由于消费产生的外部性也会带来深刻的危害。与此同时,规制PPM的重要性也得到了越来越多的支持。但是,在《关税与贸易总协定》的框架内将PPM纳入考虑范围并变更以产品为核心的规制方法和非歧视原则的适用方法之前仍需慎重,其理由如下:

使进口产品服从PPM规制,很可能危害WTO自由贸易体制的基础,即出口国的比较优势。传统要素禀赋理论将国家在技术成本上的优势、地理位置上的优势、政府产业政策上的优势等包括在比较优势的因素中,与此同时又将对环境污染问题一个国家所具有的自然亲和力、净化能力、气候和风土等因素也作为相关比较优势的因素来考虑。在哪里如何生产这一问题构成了生产费用和比较优势的决定性因素。再者,正是各个国家生产成本上的差异构成了贸易活动的根本原因和起源。允许一个国家单方面设定和规制PPM基准,有可能扭曲基于比较优势形成的自由贸易模式,对此应有足够的认识。

另外,不能完全否定通过重新签订国际协定将一些要素不作为比较优势的因素来考虑的可能性。从保护地球环境的立场出发,一国内部被允许排放氟化物的情况将不被视作该国的比较优势,关于这一问题国际社会正在逐步达成协议。所以,在将来针对特定的 PPM 很难说没有可能达成类似的国际协议。

关于修改《关税与贸易总协定》的多边规制方法以允许具有域外性质和单边性质的 TREM 的做法,人们认为这是过于急进的修改步骤,更令人担心的危险是,此类方法会根据环境以外的(社会的、文化的或经济的)理由被正当化,还有就是为保护主义大开方便之门,从整体上威胁自由贸易体制。因此,即使在对《关税与贸易总协定》的多边规制方法有必要进行修改的情况下,仍然需要慎重考虑基于上述担心所提出的问题,并做好相应的对策。

2 贸易与劳动

贸易自由化与劳动(基本劳动权)的关系根本不是新问题。特别是在恶劣劳动条件下生产的廉价产品的出口,被谴责为社会倾销(social dumping),有人认为为维护公平的国际竞争应该对社会倾销采取纠正措施。这也是 1919 年成立国际劳工组织的重要原因之一。将基本劳动权的保护作为贸易自由化与提供发展援助的条件规定在国际协定和国内法中(社会条款)的做法,具体体现在关于初级产品的国际协定或部分国家为实施《关税与贸易总协定》的普遍优惠制而制定的国内法中。《北美自由贸易协定》(NAFTA)将《北美劳动合作协定》(North American Agreement for Labor Cooperation, NAALC)作为附件予以了采用,该协定是为确保成员遵守其国内劳动法而签订的。

最近几年,对推广和普及社会条款持积极态度的美国和法国等发达国家试图在 WTO 的框架内纳入社会条款,这是贸易自由化与劳动的关系被广泛议论的原因之一。散见于国际商品协定中的社会条款的内容非常抽象而缺乏实际效果,《北美劳动合作协定》是地理和经济上关系密切的国家之间的协定,其影响是有限的。与此相反,WTO 是个具有普遍性的国际贸易组织,纳入社会条款的意义非常大。但是,WTO 有众多发展中国家成员,而且其经济发展水平相互非常悬殊,在此情况下纳入社会条款将会遇到相当大的阻力和反对。下面首先回顾社会条款的历史,然后讨论在 WTO 中纳入社会条款的问题,最后对今后的发展前景做一些预测。

(1) 社会条款和核心劳动标准

作为社会条款对象的核心劳动标准(core labor standards)的含义并不是很

明确。常年致力于劳动标准国际化的国际劳工组织(ILO),至今为止已经通过了关于劳动标准的 184 个条约(不包括建议)。其中既包括有关结社自由、强制劳动的规制、禁止就业歧视和童工等作为基本人权其地位被国际上承认的基本劳动权方面的条约,也包括就海运、农业等特定部门规定详细劳动标准的条约。另外,《世界人权宣言》和《经济、社会、文化权利国际规约》等国际人权文件规定了包括基本劳动权在内的保障基本人权的内容。美国有关普遍优惠制的国内法规也对核心劳动标准作出了规定。但是,关于核心劳动标准不存在统一的定义。

关于核心劳动标准的定义,首先应该参照的就是《国际劳工组织公约》。国际劳工组织从在其框架内成立的条约中选出特别重要的 8 个条约,将这些条约称为"国际劳工组织基本条约"(Fundamental ILO Conventions)。8 个基本条约包括:关于《关于结社自由的条约》(第 87 号条约)、《关于团结权与团体交涉权的条约》(第 98 号条约)、《关于强制劳动的条约》(第 29 号条约)、《关于废除强制劳动的条约》(第 105 号条约)、《关于就业与职业歧视的条约》(第 111 号条约)、《关于男女劳动者同工同酬的条约》(第 100 号条约)、《关于最低劳动年龄的条约》(第 138 号条约)、《关于最恶劣形态儿童劳动的条约》(第 182 号条约)。现在多数国家批准了这些条约,国际劳工组织(ILO)在有重点地监督这些条约的实施。

作为基本人权,《世界人权宣言》和《经济、社会、文化权利国际规约》所规定的基本劳动权包括了以下权利,即劳动的权利、享受公正与良好劳动条件的权利、避免失业而受到保护的权利、同工同酬的权利、团结的权利、关于休息、度假、合理限制劳动时间的权利、强制劳动的禁止等内容,其范围比上述 8 个基本条约所规定的范围要广泛。

规定普遍优惠制的美国国内法或美国国务院的人权报告中都使用了"国际上承认的劳动权利"这一用语。其中包括了以下权利,即结社自由、团结权与团体交涉权、强制劳动的禁止、关于童工的最低年龄、最低工资、劳动时间、关于劳动场所的安全与健康的良好劳动条件的权利等。

比较上述关于基本劳动权的规定,所有法律文件中都包括了结社自由、团结权与团体交涉权、禁止强制劳动的内容,但是关于童工和良好劳动条件等内容并没有被所有文件所包括。

(2) 社会条款的起源与 ILO

关于劳动条件与国际贸易的关系问题,其起源可以追溯到 19 世纪中期的欧洲。在当时产业革命止在兴起的欧洲,劳动条件极为恶劣,劳动条件(儿童劳动的禁止与劳动时间的缩短）的改善问题在欧洲各国受到了普遍关注。很多国家担心如果其他国家不同时改善劳动条件，本国的国际竞争力将会受到损害。

1833年，在英国国会上，Charles Frenderick Hindley 提出了签订关于劳动时间的国际协定的建议。其后在欧洲其他国家也零散地出现了类似的建议，但签订国际协定的建议最终未能得到实现。1897年，在瑞士苏黎世举行的国际劳动者保护会议（International Congress on Labor Protection）首次提出了设立国际劳动秘书处的建议。1901年，国际劳动秘书处成立，并于1905年签订了禁止使用白磷的公约和禁止妇女夜间劳动的公约。欧洲各国先后批准了这些条约。这一时期欧洲各国之间也签订了很多有关劳动条件的双边条约。

成立于1919年的国际劳工组织（ILO）的目的是，将欧洲各国有关劳动领域里的合作关系扩大到全世界范围。《国际劳工组织宪章》在其前言中提出："任何国家不采用人道主义的劳动条件，将会成为希望改善本国劳动条件的其他国家改善劳动条件的障碍"，并提倡通过劳动标准的国际协调来促进各国劳动条件的改善。可以看出，ILO 从成立初期开始就试图避免各国劳动条件的差异被反映到国际贸易的竞争力上。

为促进各国劳动条件的国际协调，ILO 通过了国际劳动条约，在要求成员批准条约的同时，向成员提出了详细规定劳动标准但不具备约束力的建议。在 ILO 成立当时签订了众多关于劳动条件的条约，第二次世界大战后，其对象扩大到基本劳动权，签订了有关结社自由、团结权和团体交涉权、就业与职业的歧视、同工同酬等方面的条约。

ILO 虽然在劳动标准的国际协调方面付出了很大努力，但一直到最近为止，对关系到劳动标准和贸易自由化问题的社会条款却采取了消极态度。其理由有以下几个方面：第一，在 ILO 内部，劳动力成本只能构成商品国际竞争力的一个因素这一观念始终占据了主导地位。作为在国际贸易过程中实现公平竞争的手段，应该取消因劳动标准的差异而引起的劳动成本的差异，对此 ILO 持怀疑态度。第二，一个国家的劳动条件是根据该国社会、经济、政治等因素来决定的，劳动条件的改善需要种种前提条件的具备。因此，对劳动条件恶劣的国家根据贸易协定中规定的社会条款实施贸易制裁，这一做法对改善劳动条件所能发挥的实际效果是有限的。第三，国际劳工组织的性质不同于其他国际组织，它由除政府代表之外还有劳动者代表和资方代表三方构成。劳动者代表一直在支持社会条款，但资方代表几乎一致反对社会条款。政府代表中占半数以上的发展中国家代表也反对社会条款。因此，一直到最近为止，ILO 就社会条款未能作出统一的决定。

(3) GATT 与社会条款

未能得到正式成立的国际贸易组织(ITO)在其宪章第2章第7条第1款中规定:"成员认识到不公平的劳动条件将会给国际贸易造成困难,为在各自的领土范围内取消此类劳动条件而采取切实可行的恰当措施。"《关税与贸易总协定》没有作出类似的规定,但在 GATT 时期,美国和北欧各国曾经几次提出过将有关劳动标准的规定写进《关税与贸易总协定》中的建议。对此,发展中国家采取了一贯反对的立场,并阻止了为审议劳动标准问题设置工作组。发展中国家反对的理由有以下三点:第一,社会条款的要求是变相的贸易壁垒;第二,社会条款破坏发展中国家在劳动力成本方面所具有的比较优势;第三,改善劳动标准的最好策略是让出口导向型产业成长和发展起来,换言之,通过出口导向型产业的成长,发展得到促进之后劳动标准将自然得到改善。

1971 年在《关税与贸易总协定》项下建立的普遍优惠制要求发达国家给发展中国家的出口产品提供优惠关税。但是普遍优惠制不是发达国家承担的义务而是裁量行为,发达国家就是否实施普遍优惠制,在什么样的条件下实施什么样的优惠制等方面拥有广泛的裁量权。作为对普遍优惠制受益国提出的条件,美国要求必须对国际上承认的劳动者的权利予以保障,这样将社会条款纳入了普遍优惠制。日本没有对普遍优惠制施加这样的条件。

在宣告结束乌拉圭回合谈判的 GATT 马拉喀什部长级会议(1994 年)上,美国与其他几个发达国家强烈要求将关于劳动标准的社会条款写进会议的最终文件中,对此,发展中国家再次提出了强烈的反对,最后发达国家的意图未能得到实现。但是贸易谈判委员会(Trade Negotiations Committee, TNC)的主席声明中包括了以下内容,即"多数参加国的部长强调了审议贸易体系与国际上承认的劳动标准之间关系的重要性"。发达国家和发展中国家之间关于社会条款的对立与争执在 WTO 体制下仍然在继续。

(4)《北美劳动合作协定》

《北美劳动合作协定》(NAALC)在社会条款的发展历史中占有特殊地位。第一,该协定是作为地区自由贸易协定的附属协定来签订的。第二,协定要求成员所遵守的劳动标准不是国际劳动条约所规定的核心劳动标准,而是缔约方国内法上规定的劳动标准。第三,缔约方必须履行的义务是保证其国内法规定的劳动标准能够得到遵守和实施,为应对违反义务的缔约方,该协定制定了包括贸易制裁在内的详细的履行程序。

《北美劳动合作协定》作为由美国、加拿大及墨西哥签订的《北美自由贸易协定》的附属协定,于 1994 年 1 月 1 日生效,《北美环境合作协定》也与该协定同时生效。美国劳工联盟(AFL-CIO)的积极活动对《北美劳动合作协定》的签订发挥了极大的推动作用,他们担心的是,《北美自由贸易协定》的签订将引起生产向劳动力成本廉价的墨西哥转移并造成就业机会的丧失,以及面临墨西哥的社会倾销美国企业不得不降低劳动工资。

《北美劳动合作协定》的规制重点是保证缔约方遵守国内法规定的劳动标准,这是因为墨西哥至少在其法律上维持了较高水平的劳动标准。墨西哥的劳动法规非常完备,而且该国批准了较多的 ILO 条约。但在墨西哥国内劳动法规和标准经常得不到遵守,尤其是在与美国接壤的边境地区建立的保税区的劳动条件因非常恶劣而闻名。所以保证墨西哥遵守其本国劳动法成了《北美劳动合作协定》的主要目的。

《北美劳动合作协定》所保证的国内法上的劳动标准是劳动场所的安全与健康、最低工资、儿童劳动和其他劳动标准,但不包括团结权、团体交涉权、罢工权。根据该协定规定,一个缔约方可以提出申诉,指控其他缔约方在保证履行上述劳动标准方面连续失败。在此情况下申诉国与被申诉国应该进行磋商,但是磋商不能解决问题时,成立专家评审委员会(Evaluation Committee of Experts)进行调查。在通过这一调查问题仍然得不到解决的情况下,可以设立仲裁机构。仲裁机构应在其设立之日起 240 天内,对是否存在"保证履行劳动标准方面连续失败"作出认定,并提交包括改善建议在内的报告书。被申诉国不履行报告书所提建议时被征收罚款。在被申诉国不缴纳罚款的情况下,申诉国可以对被申诉国采取贸易制裁措施(相当于罚款金额的关税税率的提高)。

除上述政府之间的程序以外,《北美劳动合作协定》还设立了一般市民能够受理其他国家有关劳动法信息(cummunication)通知的程序。有关劳动法信息的受理由一般市民的本国设置的协定秘书处(National Administrative Office,NAO)负责,秘书处对所接受的通知内容进行整理并作成报告。但是这一程序还未发挥促动政府层面上的履行程序的作用。

《北美劳动合作协定》是以签订《北美自由贸易协定》时美国所面临的特殊政治情况为背景而签订的。如上所述,《北美劳动合作协定》的社会条款保证实施的不是国际上承认的核心劳动标准,而是国内法规定的劳动标准。而且其保证履行的程序(从磋商开始到贸易制裁)非常复杂,至今为止一次也没有被利用过。因此,很难说现在的《北美劳动合作协定》会成为有关贸易与劳动问题的多边框架的典范。但是,最近南美南部共同市场和南非发展共同体等区域经济合作组织的框架内也出现了支持有关劳动原则并监督实施的尝试性动向,应引起注意。

(5)《WTO 协定》与社会条款及 ILO

在 WTO 内部,发达国家(特别是美国和部分欧洲国家)和发展中国家在社会条款问题上的对立仍然在持续。1996 年 12 月,在新加坡举行的第 1 次部长级会议上,就社会条款问题发达国家和发展中国家再次交锋,由于发展中国家的极力反对,美国等国家建议的将社会条款纳入 WTO 谈判议题的主张被否决了。部长宣言对国际上承认的核心劳动标准的遵守予以再次确认的同时,也确认了制定和管理核心劳动标准的国际组织是 ILO 这一事实。1999 年 11 月至 12 月,在西雅图举行的第 3 次 WTO 部长级会议上,美国等国家重提社会条款问题,并建议设立"关于贸易与劳动问题的 WTO 工作组"。欧共体则提议设立 ILO 与 WTO 的常设合作工作机构,加拿大建议设立审议国际化过程中的贸易、发展、社会与环境政策问题的 WTO 工作组。这些建议均遭到包括发展中国家在内的多数 WTO 成员的反对,结果贸易与劳动问题未能在部长宣言中得到体现。2001 年 11 月,在多哈召开的第 4 次部长级会议再次确认核心劳动标准的遵守和 ILO 对劳动事务拥有管辖权的问题。

纵观 WTO 框架下有关社会条款问题的争论过程,可以得出的结论就是,WTO 将问题交给了 ILO。众所周知,ILO 对社会条款问题长期采取了消极的态度。但是为回应在乌拉圭回合结束时对社会条款问题的争论,1994 年 ILO 成立了与贸易自由化有关社会问题的工作组,开始审议贸易自由化与全球化给社会和就业带来的影响。该工作组于 2000 年将其名称改为"关于全球化社会性问题的工作组",就贸易自由化与社会、就业方面 ILO 所能涉及的所有问题展开了审议。具体审议的问题有,全球化世界发展框架内的结社自由和团体交涉、贫困的缓和与保证就业等。预计今后将要调查审议的问题有:全球化世界中关于劳动制度的最佳国内做法(best practice);在非正式部门中结社自由的促进与团体交涉权的承认;全球化与贫困的缓和。

美国(包括美国劳工联盟等工会组织)试图将社会条款问题纳入 WTO 的原因是在于,他们认为 ILO 制定和实施劳动标准的活动基本上依赖于成员的自主批准和自觉遵守,并没有很强的约束力,在保证成员遵守规则方面有很大的局限性。将社会条款纳入《WTO 协定》后,就有可能通过争端解决程序和贸易制裁手段保证强有力地实施国际上承认的核心劳动标准。由于发展中国家的强烈反对,WTO 决定暂时不讨论社会条款问题,由 ILO 负责调查和审议有关贸易自由化、全球化与劳动标准的问题。就目前来看,ILO 将在社会条款问题上取得什么样的成果并不清楚,因为针对美国等国所主张的将社会条款纳入多边规则体系的做法,发展中国家不会轻易改变其强烈反对的立场。但同时,如果ILO的调查审议工作不能取得有效成果,势必引起美国的不满,将来在WTO的场合重新提出社会条款问题是完全有可能的。

在全球化日益深化和发展的今天,贸易自由化与保证核心劳动标准这两项目标绝不是相互排斥的。这是所有国家应该追求的共同目标。那么有效的手段和途径是什么呢,这是关于社会条款问题,ILO和WTO所展开的争论向国际社会提出的重要课题。

第11章 国际投资法

1　保护国际投资的传统国际法制度

（1）国际投资的保护与传统国际法

保护国际投资的传统国际法形成于19世纪后期至20世纪初期。促使国际投资法形成的动力是西欧各国向非西欧国家的投资活动的扩大。西欧各国向非西欧国家进行投资时，根据选择投资的国家和地区的不同适用了三种形式的法律制度：第一，非洲和其他"非文明国家"以及"未发展地区"。这些国家作为国际法主体的"文明国家"的地位没有得到承认，西欧各国根据先占等其他法律根据使他们变成了自己的殖民地。其结果，对这些国家和地区的投资被视作西欧各国的国内投资并服从属地管辖权，因此没有成为国际法的规制对象。第二，日本与中国等东亚国家及伊斯兰各国。这些国家和地区被西欧各国视作"非西欧文明国家"，对西欧各国向这些国家的投资适用了领事裁判制度。外国投资者与东道国之间发生争端时，东道国的国内法和裁判管辖权不能得到适用，而是由投资者本国派遣或任命的领事适用其本国国内法来处理问题。第三，拉丁美洲各国被视作属于西欧基督教文明的"文明国家"，取得了与西欧各国同等的国际法主体地位。而且只有针对这些国家，西欧各国适用了保护国际投资的传统国际法制度。

保护国际投资的传统国际法制度由以下三个部分构成，即关于外国人待遇的国际法上的最低标准、外交保护权及国家责任法。

（a）关于外国人待遇的国际法上的最低标准

在19世纪的西欧各国，以人权尤其是经济上的自由权思想的普及为背景，保护外国人的国内法和条约开始得到完善和充实，尤其是通商航海条约有了很大的发展。在这些法律制度中，作为共同因素得到提倡的就是关于外国人待遇的一般国际法上的最低标准（文明国家标准或国际标准）。

关于外国人待遇的一般国际法上的最低标准包含了以下几个原则：第一，国家根据其主权（领土管辖权）自由决定是否接受外国投资；第二，一旦接受外国投资之后,应该尊重投资者的生命、身体与健康的权利,当投资者受到损害时应根据国内法律程序提供司法救济。多数通商航海条约还规定给投资者提供国民待遇和最惠国待遇,但这不属于最低标准,而是根据条约提供的特殊待遇。

(b) 外交保护权

作为保护在外国的本国公民的国际法制度,在西欧自中世纪以来存在的是"自救许可"制度。即当一国公民在外国受到侵害并在该国无法得到救济的情况下,受害者的本国利用武力实施报复以救济本国受害者。但是这一制度到 18 世纪时已被废止,被由受害者本国政府向加害国寻求救济的外交保护制度所取代。作为一般国际法上的制度,关于外交保护权何时成立的问题众说纷纭,但是在 19 世纪后期至 20 世纪初期,投资者的本国为保护投资者,向东道国行使包括武力在内的各种措施的现象频繁发生。在 20 世纪初,美国的 Edwin M. Borchard 首次在其公开出版的著作中将此现象称作"外交保护权",并作为一般国际法上的制度予以明确化。

当时西欧各国行使外交保护权的主要对象是拉丁美洲国家。这些国家在 19 世纪前期已经实现国家的独立,并作为基督教文明国家获得了国际社会正式成员的地位。但在独立后的拉丁美洲国家仍然频繁发生内战和军事政变,使外国投资者的生命、自由及财产安全受到了严重的威胁。于是作为投资者本国的西欧各国以保护本国投资者为理由,对东道国频繁发动了武力干涉。Borchard 对这些武力干涉的先例进行分析,并明确界定了外交保护权的根据和要件。可以说,外交保护权是作为西欧各国保护在拉丁美洲的国际投资手段而发展起来的国际法制度。

(c) 国家责任法

关于外国人待遇的国际法上的最低标准,是保护国际投资的实体法原则。如果说外交保护权是保护国际投资的手段,那么国家责任法的任务就是,关于"在一国领土范围内发生的对外国人身体和财产的侵害国家应负的责任"规定一般国际法规则。1930 年在国际联盟主持下进行国际法的法典编纂工作时,国家责任法被列为法典化的议题。对此,有关国际投资的先例、尤其是仲裁判例的积累及 Borchard 等学者的学说作出了重要贡献。此外,下文要论述的卡尔沃主义和俄国革命政府对外国资本实施国有化等事例,显示了对传统国际法制度的挑战,为对抗这些挑战,欧美各国认识到,有必要对传统国际法制度进行法典化,给保护国际投资提供更可靠的法律基础。

1930 年举行国际法法典编纂会议时,关于外国人待遇的最低国际标准的内容,尤其是关于外国人资产的征用和国有化补偿金额的计算标准和方法方面产生了严重分歧,各方就此展开了激烈的争论。发达国家一方面承认国家根据主权拥有对外国人的资产进行征用和国有化的权利,但同时主张征用和国有化的目的必须是为公共利益,而且不得在外国人和本国公民以及外国人之间制造歧视,必须提供适当、有效而及时的补偿。拉丁美洲国家基本上同意了发达国家主张的征用和国有化的权利、公共利益原则及非歧视原则,但是关于补偿金额和计算方法,他们主张应该由实施征用和国有化的国家自己来决定,并否认了适当、有效而及时补偿的原则。因为发达国家和发展中国家之间的对立,国际法法典编纂会议未能完成国家责任法的法典化工作。上述争论一直持续到第二次世界大战后,后来由联合国国际法委员会继续负责国家责任法的法典化工作。

(2) 卡尔沃主义

卡尔沃(Carlos Calvo)是阿根廷的外交官,也是国际法学者。他在1868年发表的著作中批判了西欧各国以保护在外国的本国公民为理由进行武力干涉的做法,并提倡关于外国人待遇的本国人和外国人的平等原则,对文明国家标准提出了批评。但是卡尔沃批判的是西欧各国以保护在外国的本国公民为理由针对拉丁美洲国家滥用武力干涉的做法,他并没有主张武力干涉本身违反国际法。从这一意义上讲,除卡尔沃所主张的外国人和本国人平等原则以外,他的立场未能摆脱当时西欧所主导的国际法学说。但是他的主张却在拉丁美洲得到了狂热支持,结果导致了被称之为卡尔沃主义的制度的诞生。

卡尔沃主义的基本立场是,关于外国人提出的救济请求,接受国(东道国)法院拥有适用本国法处理问题的最终管辖权,外国人不得向其本国提出外交保护的请求,外国人的本国也不得行使外交保护权。1873年委内瑞拉总统发布命令接受卡尔沃主义为国内法制度,以此为开端,卡尔沃主义开始被拉丁美洲各国的国内法所采用。在随后召开的美洲国家会议上,拉丁美洲国家试图完成卡尔沃主义的国际法法典化工作,但由于遭到美国的反对未能完全实现法典化。

在运用卡尔沃主义时,拉丁美洲各国在外国投资者与东道国政府之间签订的契约或权利义务协定中规定了如下条款(卡尔沃条款),即由于契约或权利义务协定而产生的争端由东道国法院根据其国内法来处理,关于所发生的争端以及国内法院对争端的处理决定,外国投资者不得向其本国政府请求发动外交保护权。

针对卡尔沃条款首先提出的问题就是,该条款是否具有否定外国投资者的本国政府行使外交保护权的效果。关于这一问题的典型案例就是1926年美国墨西哥仲裁法庭对"北美泥沙清理公司案"的审理。该案仲裁法庭在其裁决中指出,外交保护权是国家享有的权利,外国人不能与其他国家签订禁止本国政府发动外交保护权的协议,但同时也指出,国际法禁止私人在与其他国家的政府签订的契约中作出承诺放弃请求本国政府动用外交保护权的权利。仲裁法庭的根据就是私人和外国政府签订契约的行为不属于国际法所管辖的问题。该案的裁决受到了此后的国家实践和学说的广泛支持。关于这一问题的争论也转移到了该案未能澄清的其他论点上,例如,作为外交保护权发动要件的拒绝司法程序的内容、适用国内救济原则的局限性、关于外国人待遇的国际法最低标准(国际标准或外国人和本国人平等主义)的内容等问题。

2 国际经济新秩序与国际投资的保护

关于保护国际投资的国际法制度,特别是关于外国资产的征用和国有化是否符合国际法的问题,欧美各国和拉丁美洲各国及社会主义国家之间的对立一直持续到第二次世界大战结束后。但是由于战后完成独立的众多发展中国家加入了国际社会,促使形势有了新的变化。1951年伊朗对昂格鲁伊朗石油公司实施了国有化,以此为契机掀起了发展中国家对外国资产实施征用和国有化的高潮。发展中国家和社会主义国家否定关于保护国际投资的传统国际法制度的正当性,主张创立以东道国主权权利为核心的处理外国投资问题的新的国际法制度。关于国际经济新秩序的主张集中反映了他们的立场。

(1)国际经济新秩序中国际投资的地位

从20世纪60年代初期开始一直到70年代末为止,在资源开发领域里,发展中国家大规模实施了对外国资产的征用和国有化(资源民族主义)。这一时期的征用和国有化的特征是,征用和国有化本身与东道国政府机关和国营企业所负责运营的部门(与被征用和国有化的部门相同)密切相关。但是,发展中国家的经济发展本身需要外国资本和技术,完全排除外国投资几乎是不可能的事情。于是发展中国家所采取的政策是,有选择地接受外国投资并对其活动进行严格管制。主张国际经济新秩序的目的在于将发展中国家的上述政策方针上升到国际法的水平。

体现在投资领域里的国际经济新秩序的核心概念就是,对天然资源的永久主权。20世纪50年代初期,联合国人权委员会在起草国际人权公约时,智利代表首次提出了"自由开发天然财富与资源的权利"这一概念。1962年联合国大会第1803号决议承认"对天然财富与资源的永久权利"属于人民和民族的权利,同时进一步规定,根据这一权利实施征用和国有化时应该以公共利益为目的,而且必须"根据国际法作出合理的补偿",并诚实遵守外国投资者与东道国之间签订的协议。这一决议的内容与保护国际投资的传统国际法制度基本一致,大部分发达国家在通过该决议时投了赞成票。但是以1970年前后为界限,发展中国家开始明确否定传统国际法制度。1972年联合国大会通过的《国际经济权利义务宪章》(联合国大会第3281号决议)就是最典型的事例。

有关天然资源永久主权的《国际经济权利义务宪章》第2条第2款规定,对外国资产进行征用和国有化时,"应考虑本国相关法规及认为与本国有关的所有事项,提供适当的补偿",该宪章还进一步规定,关于补偿发生争议时应经常以东道国的国内法为根据,通过东道国国内法院予以解决。宪章否定了一般国际法规定的补偿金额的计算标准和方法,宣告实施征用和国有化的国家根据天然资源的永久主权享有作出最终判断的权利。

此外,宪章还规定了东道国对外国投资者及跨国企业的活动进行规制与监管的权利。这些权利作为东道国行使主权的一个环节,是保护国际投资的传统国际法所承认的权利,但是,传统国际法制度根据国际法上的最低标准试图制约东道国的规制与监管。与此相反,宪章则强调东道国是根据其主权行使规制权利,否认这一权利受国际法上的最低标准的制约。在通过该宪章时多数发达国家弃权或投了反对票,这一情况更加鲜明地反映了关于保护国际投资问题发达国家和发展中国家之间存在的对立。

以《国际经济权利义务宪章》为代表,被纳入国际经济新秩序构想的文件全部是以联合国大会决议的形式得到通过的,不具备法律约束力。因此这些文件的通过并不意味着保护国际投资的新的国际法的形成。一些学说使用"软法"(soft law)概念试图赋予这些文件一定的法律效力和权威,对此另外一些学说则提出了强烈的批判,指出"软法"概念的使用将危害国际法的规则体系。但是,即使不使用"软法"概念也不能否定的是,这些文件的意图在于否定作为一般国际法的保护国际投资的传统国际法制度。面对这一情况,发达国家和国际组织开始着手建立能够更加有效的保护国际投资的国际法制度。

(2) 双边投资协定(BIT)

如上所述,作为保护国际投资的传统国际法制度,历史上存在过根据通商航海条约保证国民待遇和最惠国待遇的情况。但是,通商航海条约的规定和条款概括性很强,对国际投资的保护,尤其是对征用和国有化的补偿问题予以明确规定的通商航海条约几乎是罕见的。与此不同,专门为奖励和保护国际投资而签订的就是双边投资协定(bilateral investment treaty, BIT)。最初的双边投资协定是1959年由联邦德国和巴基斯坦签订的。此后,欧洲各国以发展中国家之间签订的双边投资协定逐渐增多,到20世纪70年代末已达到180多个。

双边投资协定规定的内容因缔约方和签订的时期而有所不同,一般包括以下内容:投资的定义、为保护和奖励投资缔约方应该承担的义务、关于征用和国有化缔约方应承担的义务、投资者和东道国之间的争端解决程序及准据法。

从保护国际投资这一角度考虑,双边投资协定的以下内容显得更加重要:第一,作为保护投资的一般义务,多数协定规定保证公正公平的待遇(fair and equitable treatment);第二,有关征用和国有化东道国应该承担的义务,规定了公益原则、非歧视原则、补偿原则;第三,作为争端解决程序,多数协定规定将争议交给解决投资争议国际中心(ICSID)解决,而不是东道国国内法院。关于补偿,多数协定规定了适当、有效而及时的补偿原则,也有一些协定规定的内容比较抽象(例如公平的补偿)。此外,关于适当补偿内容,有些协定规定了较为详细的计算标准(尤其是美国作为一方签订的双边投资协定)。

双边投资协定中包含的有关保护国际投资的规定,作为条约内容对缔约方具有法律约束力。国际经济新秩序的主张对将保护国际投资的传统国际法原则作为一般国际法的正当性提出了质疑,与此相反,双边投资协定将传统国际法的原则作为条约义务加以规定,这样更加可靠地保证了对国际投资的保护。

(3) 解决投资争议国际中心(ICSID)

《世界银行协定》第1条第3款规定,将促进国际投资作为银行的一个目标。自1962年以来,世界银行为利用调停和仲裁方法解决投资争议负责进行条约的起草工作,其所完成的《解决国家与他国国民间投资争议条约》简称《投资争议解决条约》,于1965年3月18日开放签署,1966年10月14日生效。根据该条约成立了"解决投资争议国际中心"(ICSID)。

ICSID解决投资争议的程序有调停和仲裁两种,以下主要介绍有关仲裁的程序。将投资争议提交仲裁机构解决的条件是,作为争议当事方的东道国和外国投资者的本国同为投资争议解决条约的缔约方,另外争议双方同意将争议提交给仲裁机构处理,即签订仲裁协议。一旦争议被提交到ICSID之后,ICSID将成为排他性的争议解决场所,东道国国内法院的裁判程序将被排除,但可以将国内救济程序的用尽作为前提条件,将争议提交给 ICSID 处理。[1] 另外,除非东道国拒绝履行 ICSID 作出的仲裁裁决,外国投资者的本国不得行使外交保护权。[2] 根据仲裁协议,争议当事方可单独向 ICSID 秘书处申请设立仲裁法庭。[3] ICSID 秘书处对申请仲裁的要件是否得到满足予以确认后设置仲裁法庭。[4] 争议双方可自由选择准据法。[5] 在争议双方就准据法不能达成协议的情况下,应适用东道国国内法及相关国际法规则。[6] 关于在此情况下的东道国国内法和国际法之间的关系,投资争议解决条约未作出明确规定。关于这一问题,ICSID 的仲裁裁决及具有主导地位的学说作出了如下解释。首先应该考虑相关国内法规,其次考虑的是东道国国内法和国际法规则是否相互一致,如果两者相互矛盾应以国际法为准。另外,不存在相关国内法的情况下也适用国际法。仲裁裁决对争议当事方具有法律约束力,仲裁裁决原则上属于终局裁决,不允许上诉。[7]

《投资争议解决条约》为解决国际投资争议提供了中立性场所,在保护国际投资的同时试图防止投资争议发展成东道国和投资者本国之间的国际争端。投资争议被提交到仲裁法院之后禁止投资者本国启动外交保护权,这是尊重自卡尔沃主义以来的发展中国家主张的又一表现。争议被提交到 ICSID 之后,禁止向东道国国内法院提出申诉,作为准据法东道国国内法和国际法发生矛盾时以后者为准,这样使投资争议被隔离于东道国的国内法和裁判程序,通过中立性仲裁机构保证对外国投资者提供更有效的救济,这些规定反映了发达国家的立场。但是从设立初期开始到 20 世纪 70 年代,由于以坚持卡尔沃主义的拉丁美洲各国为核心的发展中国家对 ICSID 采取了抵制态度,致使条约成员国没有更多的增加。

3 国际投资自由化与保护问题的发展

进入 20 世纪 80 年代后,关于国际投资的自由化与保护的国际法制度发生了很大变化。1982 年首先在墨西哥发生的累积债务危机蔓延到诸多其他

---

[1]《投资争议解决条约》第 26 条。
[2]《投资争议解决条约》第 27 条。
[3]《投资争议解决条约》第 36 条。
[4]《投资争议解决条约》第 37 条。
[5]《投资争议解决条约》第 42 条第 1 款。
[6] 同上。
[7]《投资争议解决条约》第 53 条。

发展中国家,在应对和处理债务危机的过程中,多数发展中国家不得不重新审视其过去对外国投资所采取的限制性和敌视性政策。再加上20世纪80年代末,苏联解体,东欧剧变,这些国家开始向市场经济体制转型并积极接受外国投资。这些事态的发展大大变革了关于国际投资自由化与保护的国际法制度。

(1) 20世纪80年代后国际投资形势的变化

累积债务问题从种种角度迫使发展中国家从根本上改变了其国际投资政策。第一,由于累计债务问题的发生,针对发展中国家的国际投资,尤其是间接投资大大减少了。因此造成了发展中国家经济发展所需资本和技术的严重不足,促使这些国家不得不积极引进外国投资。第二,面临累积债务问题的多数发展中国家请求IMF提供支援,作为提供贷款的附加条件,IMF要求这些国家采用以新古典派经济理论为基础的市场导向的经济政策。附加条件的内容因受援国有所差异,但包括了以下共同内容,即外汇汇率的下调、关税自由化、金融自由化及公营企业的合理化与私有化等。这些附加条件促进了发展中国家的外资引进,并扩大了接受外资的部门。第三,尤其是拉丁美洲国家所遇到的累积债务危机反映了这些国家所实施的进口替代工业化战略的失败。

自20世纪30年代以来,上述发展中国家就推行进口替代工业化战略,他们所寻求的目标是,提高工业产品的国产化率并减少工业产品的进口。为此,他们不仅限制了外国工业产品的进口,对外国投资的引进也设置了种种限制。另外,这些发展中国家的进口替代工业化战略是与促进通过国营企业和公营企业实现工业化的政策紧密结合在一起的。在进口替代工业化战略的实施过程中,原料、中间产品和机器设备的进口,反而使这些国家的国际收支状况恶化,并成为累积债务的一个原因。于是,他们的经济政策开始转向出口导向型工业化战略,将其政策重点放在出口工业产品的生产上,并开始积极引进外国投资,尤其是制造业领域里的外国投资。

在上述背景下,发展中国家的国际投资政策发生了很大的变化。多数国家开始制定或修改外资法规,开始实施引进外资的政策。在此之前,发展中国家通常对引进外资的部门和在引进外资的部门中外资所占的比例进行严格的限制,政策方针转向后这些限制也开始得到大大缓和。同时,对引进外资后对外国投资者的活动所进行的种种限制和规制也开始得到缓和。例如,保证外国投资者将利润或偿还贷款的资金汇往国外的自由、禁止对对外支付实施外汇与汇率的限制、保证利润的自由使用、当地含量要求的缓和或取消、产品出口要求的取消、缓和或取消对本国公民的雇佣要求、进出口平衡义务的取消等等。还有更多的发展中国家为引进外资向外国投资者提供优惠税收待遇,或设立保税区对出口导向型制造业的投资者提供免征原材料进口关税等优惠。

上述发展中国家的政策转变给有关国际投资的自由化和保护的国际法制度带来了很大的影响,下面主要阐述国际法制度方面所产生的变化。

(2) 关于征用和国有化补偿的规则

与 20 世纪 70 年代不同,进入 20 世纪 80 年代以后,对外国投资者的资产进行征用和国有化的事例急剧减少了。但是关于征用和国有化补偿的国际法方面出现了重要先例。1981 年 1 月 19 日,根据《Algier 协定》(Algier Accords)设立的伊朗—美国请求法庭,为处理美国在伊朗资产的损害(因 1979 年伊朗革命引起)赔偿请求,作出了大量的仲裁裁决。这些裁决作为先例具有以下方面的重要意义:第一,该请求法庭是根据条约而设立的国际仲裁机构,作为准据法被指定的是"法庭判断认为是相关的商事法规及国际法的规则和原则";第二,通过这些裁决各种类型的外国投资补偿金额的计算标准得到了明确化;第三,仲裁法庭所处理的案件数量庞大(截止到 1997 年 6 月有约 4000 件),从种种角度对有关征用的国际法进行了审议。

关于征用和国有化补偿的国际法规则,伊朗—美国请求法庭所作出的最大贡献是,对一直以来发达国家所主张的"适当补偿"的内容给予了明确的解释。尤其是关于对持续创造受益的经营资产的补偿,在考虑由于征用和国有化外国投资者所损失的将来利益的基础上,确定了 discounted cash flow value 的计算公式,尤其重要的是积累了运用这一公式计算补偿额的先例。

(3) 多边投资担保机构(MIGA)

投资担保,是指对由于特定原因造成的外国投资所受损害的全部或一部分予以补偿的制度,一般由私营保险公司或投资者本国设立的公共机构提供投资担保。与此不同,多边投资担保机构(MIGA),是指由世界银行为实施投资担保业务的主体,根据《多边投资担保机构条约》(1985 年 10 月 11 日开放签署,1988 年 4 月 12 日生效)设立的国际机构。

多边投资担保机构的主要业务是,以满足法定要件的投资项目为对象,因征用、战争或其他非商业性风险造成损害时提供担保。设立该机构的背景是,因为进入 20 世纪 80 年代后,针对发展中国家的外国投资出现了停滞不前的现象。设立该机构的目的在于,为不愿意到政治风险较高的发展中国家进行投资的外国投资者提供投资担保。

多边投资担保机构提供担保的程序是,外国投资者在事先取得东道国同意后向 MIGA 提出申请,这是该程序的第一步。[8] MIGA 在审议一项投资项目是否符合法律要件的基础上作出是否提供担保的决定,并与外国投资者签订担保契约。由于担保契约所涵盖的风险发生损害时,外国投资者可根据可利用的东道国国内程序提出赔偿请求。在合理期限内得不到损害赔偿的情况下,向 MIGA 提出申请支付担保。对外国投资者支付担保后,MIGA 代位行使外国投资者所享有的损害赔偿请求权向东道国提出赔偿请求(代位赔偿请求)。[9]

MIGA 的投资担保业务与私营保险公司和公共机构提供的投资担保业务是相同的,其作用就是补充和完善以往投资担保制度。MIGA 所涵盖的风险是征用和战争等,是一直以来导致外国投资者与东道国之间争议的政治性风险。MIGA 通过对此类风险提供担保,促进了外国投资者向发展中国家的投资,再加之作为国际机构代位行使赔偿请求权,减少了东道国的抵触感,此外又能防止投资争议演变成东道国与投资者本国之间的国际争端。截至 2003 年 2 月,MIGA 的成员已达到 160 个国家,其中 138 个国家是发展中国家。

(4) 双边投资条约体系的完善与自由贸易协定(FTA)

进入 20 世纪 80 年代后,双边投资协定的数量有了急剧增加。如上所述,双边投资协定增加的原因是这一时期多数发展中国家改变了投资政策,其结果是重新签订双边投资协定的发展中国家也增多了。在这一时期,坚持卡尔沃主义,对双边投资协定持消极态度的拉丁美洲国家也积极签订了双边投资协定。进入 20 世纪 90 年代以后,前苏联和中东欧原社会主义国家也开始积极签订双边投资协定,导致双边投资协定的数量有了大大增加。再看发达国家,到 20 世纪 70 年代为止,主要是欧洲大陆各国签订双边投资协定,但是到了 20 世纪 70 年代后期,英国和日本也开始采用双边投资协定的方式,到了 20 世纪 80 年代美国也开始采用该方式。1998 年双边投资协定的数量已经增加到了约 1300 个。

如上所述,双边投资协定包括了作为保护国际投资的法律制度,即发达国家过去所坚持的一般国际法原则。最近签订的双边投资协定甚至将发展中国家和社会主义国家为积极引进外资所实施的国内措施(缓和或取消引进外资的限制和对外国投资者活动的限制,及种种优惠条件的提供)作为条约义务予以了规定。在将国内措施作为条约义务予以规定的情况下,东道国很难单方

---

[8] 《多边投资担保机构条约》第 15 条。
[9] 《多边投资担保机构条约》第 17 条。

面改变已经承诺的取消和缓和对引进外资的限制或规制,有利于促进国际投资的保护。与保护国际投资有关的其他国际法制度相关应该引起重视的问题是,很多条约规定将投资争议提交给 ICSID 来解决。关于投资担保,除投资者本国的投资担保制度以外,双边投资协定承认了 MIGA 可以行使代位赔偿请求权。通过双边投资协定东道国的国内法和这些国际组织的活动有机地结合在一起,形成了有力保护国际投资的国际法制度。

20 世纪 90 年代以后,出现了在双边或地区性自由贸易协定中,除贸易自由化以外对国际投资的自由化与保护问题也作出规定的情况。1994 年生效的《北美自由贸易协定》(NAFTA)就设专章规定国际投资问题,详细规定了对外国投资者活动要求的禁止、有关征用和国有化的规制以及东道国与外国投资者投资争议的解决程序等内容。另外,关于金融服务和电信服务领域的投资自由化也作出了规定。自由贸易协定中出现的这一动向也有向其他地区扩散的趋势,例如,欧共体和墨西哥的自由贸易协定(2000 年)及日本和新加坡的经济合作协定(2002 年)。

(5)《GATS》

作为乌拉圭回合谈判的结果之一签订的《服务贸易总协定》,促进了服务领域里国际投资的自由化。《GATS》将服务贸易分为四个类型,即跨境交易、境外消费、商业存在、自然人流动。根据每个服务贸易类型,成员就国民待遇原则和市场准入作出承诺。四个类型中商业存在是指一国服务提供者通过在其他国家设立的服务机构向该国服务消费者提供服务的情况,这是必然伴随直接投资的国际经济活动。所以,关于国民待遇和市场准入的承诺直接意味着该服务领域的投资自由化。根据构成《GATS》一部分的各国承诺表,WTO 成员在某一具体服务贸易领域里对直接投资(商业存在)的自由化作出承诺。此外 WTO 成立后,在金融服务和电信领域里关于额外承诺自由化的协议正在形成。

(6) 多边投资协定(MAI)及其失败

1961 年,经济合作与发展组织(OECD)签订资本自由化协定以后,逐渐取消了成员之间对资本流动的限制。1983 年,OECD 对资本自由化协定进行修改,以保证外国投资者享有创业的权利。OECD 通过一系列活动促进了成员之间国际投资的自由化。但是资本自由化协定并不包括争端解决条款,因此其有效性受到了局限。1980 年以后,双边投资协定的体系有了发展,但是如上所述,双边协定的着眼点在于保护国际投资,规定国际投资自由化(取消或缓和对引进投资的限制)的协定并不多。另外,双边投资协定并不规定多边规则,考虑到跨国企业在全球范围内展开活动这一情况,其规制的实际效果和完整性受到了局限。作为保护国际投资的多边规则,WTO《与贸易有关的投资措施协定》(《TRIMS协定》)禁止了违反《GATT 1994》第3条(国民待遇原则)和第11条(数量限制的禁止)的与贸易有关的投资措施,但这一禁止只限于当地含量要求等对部分投资活动提出的要求。在上述背景下,OECD着手签订关于国际投资的自由化和保护的多边协定(MAI)的准备工作,1995年正式开始了为签订多边投资协定的谈判。

多边投资协定的规定由三个核心部分构成。第一,国际投资的自由化。关于这一点MAI规定了如下机制,即要求每个缔约方提出列举不承诺国际投资自由化部门的例外表,并通过维持现状和促进自由化以分阶段扩大投资自由化的部门,与此同时,保证外国投资者在创办事业和取得资产时能够享受国民待遇和最惠国待遇。另外,MAI禁止缔约方对外国投资者提出种种活动要求。关于最近几年发展中国家为引进外资所实施的种种优惠措施,MAI指出,这些措施将扭曲外国投资者对投资目的国的选择,并提出创造磋商机会重新审议优惠措施的建议。另外,MAI对以引进外资为目的降低环境与劳动标准的做法予以了禁止。这些都是为保证有关国际投资公平竞争条件的规定。

第二,国际投资的保护。作为一般原则,MAI缔约方承担保证投资者享有"公平而正当待遇"的义务,同时,关于征用,要求缔约方遵守公益原则、非歧视原则和完全、及时而有效的补偿原则以及正确的法律程序的保证。完全补偿必须等于征用当时的公正的市场价格,采用了伊朗—美国请求法庭仲裁裁决中得到明确的标准。

第三,争端解决。MAI在规定缔约方之间的争端解决程序(磋商、调停、斡旋、仲裁)的同时,对外国投资者与东道国之间的争议解决程序也作出了规定。关于后者,MAI承认外国投资者有权选择东道国国内程序,以及东道国事先同意的争议解决程序及仲裁程序中的任何一个程序来解决争议。

MAI的谈判期限是1997年5月,除OECD成员参加谈判以外,包括发展中国家在内的非成员也以观察员身份参加了谈判。谈判未能在预期的期限内完成,再延长1年之后,在1998年4月也未能达成协议。同年4月,OECD部长理事会未重新设定谈判期限,决定中止谈判6个月,但在1998年12月,OECD宣告结束谈判,MAI谈判以失败告终。

MAI谈判失败的原因有以下几方面:第一,欧美各国的非政府组织认为,MAI推动投资自由化的结果将有可能引起发展中国家为引进投资降低环境和劳动标准,并强烈反对投资自由化;第二,关于东道国有义务利用仲裁程序(投资者可选择的一个程序)来解决投资争议的规定,包括发达国家在内的部分谈判方采取了反对的立场;第三,MAI 试图设定较高水平的有关保护投资与投资自由化的规则,对此参加谈判的发展中国家和原社会主义国家则采取了反对态度。

MAI 谈判是个野心勃勃的尝试,它试图总结 20 世纪 80 年代以后在保护国际投资的国际法领域里所发生的种种变化,在此基础上制定一个涵盖国际投资自由化和投资争端解决程序在内的全面的多边投资自由化协定。MAI 谈判的失败,使人无法预测保护国际投资的多边协定将在短期内能够成功。

4 展望

如上所述,自 20 世纪 80 年代开始,关于保护国际投资的国际法制度发生了很大的变化。在此之前,以引进投资的东道国的主权裁量为前提,围绕对外国投资者的待遇,尤其是关于资产的征用和国有化补偿的一般国际法规则等问题,发达国家与发展中国家及社会主义国家之间形成了长期的对立。以发展中国家为核心,对引进外资实施了种种国内法上的限制。与此不同的是,20 世纪 80 年代以后,发展中国家和原社会主义国家开始积极引进外资,并积极参与保护国际投资的国际法制度的建设过程。

20 世纪 80 年代以后,在保护国际投资的国际法制度方面所发生的变化集中体现在以下三个方面:第一,东道国与外国投资者之间投资争议的解决方法开始脱离政治外交手段走向法律化的程序。投资争议由东道国的国内法院,或根据东道国与外国投资者双方同意的仲裁程序及 ICSID 的仲裁程序来解决已成为普遍的现象,很少发生外国投资者的本国行使外交保护权寻求东道国予以保护的情况。第二,关于征用和国有化的补偿,通过双边投资协定和众多仲裁裁决判例,充分、及时、有效的补偿规则被广泛接受,补偿的计算标准也更精确了。第三,国际法制度的重点转移到了如何缓和或取消东道国对外国投资者活动的规制或限制。最近签订的双边投资协定要求缔约方取消对外国投资者活动的种种要求,以及 WTO 的《TRIMS 协定》要求成员取消与贸易有关的投资活动要求,也体现了这一变化。

经过对上述变化的总结,关于国际投资的今后的国际法制度不仅要关心国际投资的保护,还应该涵盖国际投资的自由化(缩小和取消对引进外资的部门限制),以及保证引进外资后的外国投资者的活动自由。最近的双边投资协定、自由贸易协定,以及以失败告终的 MAI,还有在 WTO 框架下推进的服务贸易自由化谈判,均以构筑这样的国际法制度为目标。但是 MAI 的失败告诉我们，在保护国际投资与投资自由化的领域里，在发达国家和发展中国家及原社会主义国家共同参加的情况下，签订多边投资协定的可能性非常小。即使发展中国家和原社会主义国家，在国内法和双边投资协定及自由贸易协定的层次上同意接受国际投资的保护与自由化的规则，但对在多边条约中作出同样的承诺却非常消极。其原因在于，他们担心多边投资协定的签订将有可能否定一般国际法所承认的关于引进外资东道国根据主权所享有的裁量权的原则。另外，对 MAI 所设想的高水平的国际投资的保护，以及利用仲裁程序解决投资争议的义务，发达国家内部也存在意见分歧。因此，今后将通过双边投资协定和自由贸易协定等特殊国际法体系的扩充来构筑关于投资的国际法制度。

第12章 国际竞争法

1 跨国企业活动的展开与竞争规制

企业的跨国经济活动所引发的又一个法律问题是,在规制反竞争性企业行为的公法领域里,当各国管辖权之间发生冲突时,如何对其予以调整。引发这一问题的契机是"Alcoa公司案",该案中美国企业在加拿大设立的子公司,在欧洲与多数欧洲企业结合并成立了出口卡特尔,美国联邦上诉法院的判决承认了美国对该出口卡特尔适用反垄断法的合法性。法院在判决中指出,即使外国人在国外成立的卡特尔,如果存在影响美国进出口贸易的意图,而且产生了实际效果的情况下,应该对其适用谢尔曼反垄断法。该判决根据反垄断法的"效果理论"认可了对在国外发生的具有反竞争性企业活动域外适用美国反垄断法的做法。成为美国反垄断法适用对象的多数企业的本国,强烈批评美国的做法是对其主权的侵害,并采取立法措施以阻止外国反垄断法对本国企业的适用(对抗立法)。在各国针对影响国外竞争秩序的企业活动制定竞争法的情况下,如何调整各国竞争法的立法和执行管辖权的冲突,作为一个重大的国际问题开始受到认识和关注。

竞争法的立法与执行管辖权的冲突以及调整情况包含了两个问题:第一,针对国外的反竞争性企业行为能够适用本国竞争法的范围和根据及要件的确定问题;第二,以管辖权的冲突(积极抵触)不可避免为前提,摸索避免或减轻因冲突而引起的不利情况的手段和方法。回顾"Alcoa公司案"以后关于竞争法立法与执行管辖权的冲突与调整的动向,可以发现各国的注意力从前者转移到了后者。

2 解决管辖权冲突的传统方法

(1) 属地主义

在"Alcoa公司案"之前,也发生过对国外竞争条件产生影响的企业活动域外适用本国竞争法而引起争议的案件。在当时的情况下,作为界定管辖权范围的一般国际法原则,被援引的是属地主义。根据传统国际法的属地主义原则,国家根据领土主权排他性地适用其管辖权,在一个国家领土范围内所实施的行为,即使其影响涉及其他国家的领土范围内,受该行为影响的其他国家也不能对此行为行使管辖权。但这一法理局限于执行管辖权,关于立法管辖权只要不存在国际法上的明确限制,可以推定立法是自由的。所以各国立法管辖权之间产生冲突并不违背传统国际法原则。

在1909年发生的"香蕉案"中,美国联邦最高法院的判决(213 U.S. 34)明确了传统属地主义的地位。该案争议的是,为限制向美国的香蕉出口竞争,被告与哥斯达黎加政府合谋对原告所有的果园和其他设施进行了接管,对此美国政府适用谢尔曼反垄断法是否合法。法院在判决中提出以下理由否定了反垄断法的适用:第一,因为造成损害的行为是在其他国家管辖权范围内实施的,此类行为不属于谢尔曼反垄断法的适用范围;第二,美国法院无权对其他国家的接管行为作出判断。法院在作出这一判决时,重视的是上述两个理由的前者还是后者,存在一些争议。但是判决明确指出"所有的法律被推定为具有属地效力",毫无疑问,谢尔曼反垄断法的属地效力是该案判决的主要根据。

(2) 严格属地主义的修改

上述"香蕉案"之后,美国联邦最高法院对严格属地主义进行了修改,即反竞争行为虽然是在国外实施,但在美国国内产生该行为实质效果的情况下,法院采取了认可适用美国反垄断法的立场。在1991年的"美国卷烟公司案"判决(221 U.S. 106)中,美国联邦最高法院明确了这一立场。该案中,美国和英国的卷烟生产销售商,以规避竞争为目的在英国成立卡特尔并分割市场,美国政府以违反谢尔曼反垄断法为理由起诉了美国卷烟生产公司。联邦最高法院以卡特尔实质上限制在美国领土范围内的竞争为理由,作出了被告违反谢尔曼反垄断法的判决。在陈述判决的根据时法院指出,只要产生谢尔曼反垄断法所禁止的有害结果,造成损害的行为就被纳入谢尔曼反垄断法的适用范围。

但是应予以注意的是,该案处理的是美国企业在外国缔结卡特尔,而且其履行行为给美国国内竞争条件直接造成实质影响的情况。在美国以外的国家缔结卡特尔的情况下认可谢尔曼反垄断法的适用,这表明了对严格属地主义的缓和,但法院重视了卡特尔的履行给美国竞争条件直接造成的实质影响,从这一点来看,该案判决并没有完全否定属地主义。这一情况被说明为传统国际法一般所承认的刑事管辖权客观属地主义对竞争法的适用。客观属地主义是指,在外国开始的犯罪行为在一国国内完成的情况下,承认后者对犯罪行为有管辖权。将这一原则适用于"香蕉案"可以做如下说明,美国企业通过实施在外国缔结的卡特尔在给美国国内竞争条件造成实质影响的情况下,把美国企业的行为视作在美国国内发生的行为,来适用谢尔曼反垄断法。另外,因为该案的被告是美国企业,根据属人主义的原则,美国反垄断法的适用也能得到支持。

但是,应该注意的是,基于客观属地主义的管辖权的扩大本身带有内在的局限性。第一,根据这一原则管辖权得到认可的案件只限于以下情况,即国内产生的效果与国外的行为之间有不可分割的密切联系,而且这一情况本身构成违法行为的要件之一。不然,即使国内产生了反竞争性的效果,但这一效果只是在国外所发生的行为的间接的或反射的后果而已,那么管辖权的适用就要受到否定。第二,通常来讲,在一个行为无论是在行为开始的国家还是在行为完成并产生直接效果的国家均属于规制对象的情况下,客观属地主义的适用才能得到认可。例如,刑法上的杀人和伤害等行为无论在哪个国家都属于犯罪行为,应该成为客观属地主义的适用对象。但竞争法的规制对象因每个国家而有所不同,一个行为在行为开始国和行为完成国均构成违法的情况是少见的。

3 效果理论与管辖权的合理规则

(1)"Alcoa 公司案"与效果理论

以"Alcoa 公司案"为契机,即使外国企业在外国成立卡特尔的效果影响到美国市场竞争条件的情况下,美国法院也开始更广泛地认可美国反垄断法的适用。

法院在"Alcoa 公司案"的判决(148F.2d416)中指出,即使是外国人在外国实施的行为,只要该行为在一个国家内带来被法律所禁止的效果时,受影响的国家便可以追究该外国人的责任。法院进一步指出,出口卡特尔的效果影响到美国,而且在其效果是有意造成的情况下,即使是外国人在外国成立的卡特尔,也应被纳入谢尔曼反垄断法的适用范围。

在"Alcoa 公司案"中,出口卡特尔的参与者中欧洲企业的法律责任一概没有受到追究,只有美国企业 Alcoa 公司在加拿大设立的子公司的责任受到了追究。美国企业在加拿大的子公司和 Alcoa 公司受相同股东的支配,实质性活动的总部也都设在美国。从这一意义上讲,美国企业在加拿大的子公司虽然从形式上看属于外国企业,但实质上是美国企业,而且可以解释其活动也在美国进行(归责理论)。如果注重这一实质性关系,可以认为"Alcoa 公司案"属于客观属地主义的范畴,即法院对美国企业根据在外国成立的卡特尔在美国国内实施的反竞争行为适用了谢尔曼反垄断法。

但是,"Alcoa 公司案"的判决中并未提及客观属地主义,法院是根据效果和意图这两个要件决定了谢尔曼反垄断法的适用,根据这一理论可以推导出以下结论,即与美国企业缔结卡特尔的外国企业,以及美国企业一概没有参与的只有外国企业缔结的卡特尔,只要其效果波及到美国,且这一效果是有意造成的,那么就有可能对其适用谢尔曼反垄断法。在此后的美国司法实践中,实际上出现过以外国企业为被告并认定其行为违反谢尔曼反垄断法的判决。

(2) 对抗立法

"Alcoa 公司案"以后,美国法院开始根据效果理论,以外国企业的行为违反谢尔曼反垄断法为理由,或采取处理措施,或要求外国企业提出与违反谢尔曼反垄断法有关的国外证据。针对美国法院的做法,外国企业的本国强烈反对并谴责这是违法国际法的行为。他们的根据是,关于管辖权的适用范围,最恰当的规则是一般国际法上的严格属地主义原则。例如1960年,美国司法部对"海运联盟违反反垄断法案"进行调查时,向外国海运公司发出了提交文件的命令,当时外国企业的本国通过外交途径向美国司法部提出了抗议。提出抗议的各国一致认为,美国司法部的命令违反了国际法。例如,日本政府在书面抗议中提出:"要求提交文件的命令对日本管辖权范围内的文件不具有效力"。

更严重的是,为阻止美国根据反垄断法行使管辖权,有些国家通过国内法采取了措施(对抗立法)。首先,加拿大安大略省制定《营业记录保护法》(Ontario Business Records Protection Act)以禁止国内企业服从1947年"纸浆卡特尔案"的相关调查中美国联邦陪审团发出的文件提交命令。此后,英国(1964年)、联邦德国(1965年)、瑞典(1966)、挪威(1967年)、丹麦(1967年)、芬兰(1968年)、法国(1980年)等国分别制定了同样的法规。另外,英国在1980年制定的《贸易利益保护法》(The Protction of Trade Interests Act)中明确规定,以所有国际贸易为对象,当遇到根据外国竞争法命令英国企业提交英国国内文件的情况时,禁止国内企业提交任何文件。该法同时规定,外国法院根据其本国竞争法作出判决,命令英国企业作出超额赔偿时,禁止英国法院协助执行外国法院的判决。该法还进一步规定,在英国展开营业活动的英国公民和英国企业受到外国法院根据其本国竞争法作出的超额赔偿命令时,可以在国内补回超额部分。澳大利亚(1984年)和加拿大(1985年)也采用了这一规定的做法。

(3) "Timberlane案"与管辖权的合理规则

各国政府针对美国对外国企业适用其反垄断法的做法所采取的上述应对措施,促使美国认识到有必要在某种程度上调整和限制根据效果理论适用反垄断法的做法。早在1958年,Kingman Brewster, Jr.就提出,在决定是否将美国反垄断法适用于外国企业的行为时,应该对外国企业本国的国家利益和美国的利益进行比较和衡量。1965年公布的《美国对外关系法第二次重述》吸收了Brewster的建议,一方面肯定管辖权行使的效果理论,同时规定对外国人适用反垄断法必须符合下列要求,即外国人的行为给美国造成的影响是实质性的和直接的,而且是可预见的;另一方面该法进一步规定,在决定对外国人是否适用反垄断法时,必须考虑相关国家的重大利益和其他因素。

在1976年"Timberlane案"联邦巡回区法院上诉审判决(549F. 2d597)中,美国法院开始采用限制根据效果理论适用谢尔曼反垄断法的法理。该案中,美国法人Timberlane公司计划通过在洪都拉斯设立的子公司从事木材加工业并将产品出口至美国,针对这一计划,在洪都拉斯国内从事木材加工的当地企业以及为该企业提供贷款的美国银行(Bank of America)采取措施,试图阻止这一新的市场准入。Timberlane公司以违反谢尔曼反垄断法为理由,将美国银行起诉到法院并提出了损害赔偿请求。

作为根据谢尔曼反垄断法管辖权得到认可的条件,法院在判决中列举了以下三个方面的内容:第一,存在影响美国对外贸易的实际的和有意造成的效果;第二,该效果具有足够的规模,所造成的损害能够使原告认识到;第三,根据国际礼让(international comity)和平衡(equity)来判断美国管辖权的行使是恰当的。作为判断第三个要件是否得到满足的因素,法院进一步列举了应该考虑的七个方面的内容:一是与外国法律和政策的抵触程度;二是当事者的国籍和公司所在地及主要营业地点;三是对任何一方所采取的法律执行措施,当事者的遵守被期待的程度;四是与其他国家相比较,成为适用对象的一种行为给美国所造成的影响的相对重要性;五是给美国贸易造成有害效果的意图的明确程度;六是效果的可预见性;七是与在外国发生的行为相比较,美国国内的行为对违反实事所具有的相对重要性。最后联邦巡回法院以原审未能对这些因素进行充分审理为理由,作出了驳回重审的决定。驳回重审后的上诉审判决指出,上述三个要件中的第一和第二已得到满足,但是第三个要件中的第二与第三以外的要素未得到满足,最后否定了反垄断法的适用。

在认定管辖权的适用是否恰当时,根据复数因素的比较衡量作出判断的这种方式(管辖权的合理规则,jurisdictional rule of reason)并没有否定效果理论。管辖权合理规则的目的在于,将基于效果理论的管辖权行使视作符合国际法的做法,并根据国际礼让给国家提供一个判断标准以自主抑制管辖权的行使。此后,这一方式被美国法院所沿袭,经过若干修改后被《美国对外关系法第三次重述》第403条所吸收。美国司法部在1988年公布的《关于国际经营活动的反垄断执行指南》(Antitrust Enforcement Guidelines for International Operations)中将这一方式作为正式方针予以了采纳。

(4) 效果理论的扩散

如上所述,对美国根据效果理论适用反垄断法的做法,其他国家认为是对国家主权的侵犯,并采取立法措施以阻止对本国企业的适用。但是,另一方面也有一些国家在本国竞争法的适用过程中采用了效果理论。例如,1958年联邦德国《竞争法》第92条2款规定:"本法实施区域以外的所有反竞争行为,只要其效果波及到本法的实施区域内,均适用本法。"同样的规定也出现在澳大利亚《卡特尔法》(1977年)第4条、希腊《关于垄断和寡头垄断的规制及保护自由竞争的法律》(1977年)第32条等条款中。

《欧共体条约》第85条(现第81条)对妨害共同体成员贸易关系的企业之间签订的协定、企业团体的决定和共同行为,第86条(现第82条)对市场支配地位的滥用,分别予以了禁止。关于被禁止的行为发生的地理范围,这些条款均未作出明确规定。关于这一点,欧共体委员会根据效果理论反复强调,无论外部企业和内部企业的合作行为,或外部企业的单独行为,给共同体内部造成反竞争效果时,将适用第85条和第86条来处理。但是,至今为止,欧共体法院没有明确采用过效果理论。关于这一问题的典型案例,是1988年的"纸浆出口卡特尔案"欧共体法院的判决。该案争议的焦点是,对北美和欧洲的纸浆制造商及制造商协会成立的出口卡特尔能否适用《欧共体条约》第85条。欧共体委员会和欧共体法院的法务官员根据效果理论,肯定了对在欧共体外部所实施的企业行为适用第85条的合法性。但是,欧共体法院将这些企业在欧共体内部实施的纸浆销售视作出口卡特尔的实施行为,并得出了适用第85条的结论。

上述欧共体法院判决所采取的立场是客观属地主义,即使是在欧共体外部成立的出口卡特尔,如果通过卡特尔在欧共体内部销售纸浆,将其视作在欧共体内部实施了卡特尔。而且,法院在判决中指出,无论欧共体外部的企业在欧共体内部是否设立子公司、分支机构和代理机构等商业设施,只要向欧共体出口或在欧共体内部进行销售,就应该适用第85条。可以说欧共体法院的结论实质上采用了效果理论。

(5) 效果理论的回归——"Hartford火灾保险公司案"判决

1993年,在"Hartford火灾保险公司案"中,美国联邦最高法院再次遇到了审查反垄断法域外适用的问题。该案争议的问题是,英国和美国的再保险公司在英国达成协议,决定将在美国的部分保险排除在再保险的范围之外,实施这一卡特尔的行为是否违反谢尔曼反垄断法。该案的又一个焦点是,卡特尔协议是在英国缔结,而且不仅符合英国的法律也与英国的政策相吻合,在这一情况下,是否应该根据国际礼让适用管辖权的合理规则。

以David Souter法官为代表的多数派(5票)赞成采用效果理论,而Antonin Scalia法官等少数派(4票)支持了管辖权的合理规则。多数派指出,对国外实施的行为,在其意图是在美国国内产生效果且产生了实质效果的情况下,应该适用美国谢尔曼反垄断法,这是已经得到确立的原则。此外,在就国际性案件法院决定拥有管辖权的情况下,关于法院是否应该考虑国际礼让而限制管辖权的行使这一问题,《1982年海外交易反卡特尔完善法》(The Foreign Trade Antitrust Improvement Act of 1982)没有作出任何规定。

综上所述,就目前情况来讲,在美国联邦法院的判例中效果理论正在重新占据优势,但是支持管辖权的合理规则的立场也仍然强硬,很难预测今后到底谁胜谁负。

4 调整竞争法冲突的尝试

无论是根据客观属地主义还是效果理论,在超过基于严格属地主义的适用对象和范围来适用竞争法的情况下,对域外发生的外国企业的行为也能在一定范围内适用竞争法。而且,竞争法的适用不仅涉及立法管辖权,还要涉及执行管辖权时,适用竞争法的国家与被适用竞争法的外国企业本国的属地管辖权之间必然会产生冲突。因此,以管辖权的冲突(积极冲突)不可避免为前提,有必要采取措施以避免或减轻由于管辖权的冲突而引起的不利情况。可能采取的措施有两种,即适用竞争法的主管部门通过自愿抑制来避免冲突的方法(管辖权的合理规则),以及相关国家之间通过达成国际性协议来避免竞争法冲突的方法。对后者还可以进一步分类,即关于竞争法适用标准达成国际协议、关于竞争法适用的国际合作及竞争法的国际协调。关于管辖权的合理规则已在前面论述过,在此主要阐述在国际框架下避免竞争法冲突的问题。

(1) 关于竞争法适用标准的国际协议

进入20世纪80年代以后，OECD关于反竞争商业行为委员会开始尝试旨在抑制竞争法适用的国际标准的制定工作。但是英国和法国等标榜严格属地主义的国家，与美国和当时的联邦德国等主张效果理论的国家之间产生了分歧，最后未能达成协议。1984年，该委员会在总结讨论结果作出的报告中指出，OECD成员根据国际礼让考虑与本国和外国相关的利害关系，只是处理竞争法适用的一般方针而已，报告中没有提出比这一方针更具体的标准。一直到现在为止，关于竞争法的适用标准未能达成国际协议。

(2) 关于竞争法适用的国际合作

与上述国际协议的情况不同，在竞争法适用的国际合作领域里，取得了一定的成果。具体表现在出现了通过双边协定安排有关竞争法适用的国际合作的举动，这一举动的核心是美国。美国因为对外国企业适用本国竞争法而与其他国家之间频繁发生争端，作为应对争端的一个环节，分别与联邦德国(1976年)、澳大利亚(1982年)、加拿大(1984年)、欧共体(1991年)、日本(1999年)等国或地区签订了关于竞争法适用的国际合作协定。除美国以外，联邦德国和法国(1984年)、澳大利亚(1994年)也签订了类似协定。这些协定在内容上有些不同之处，但在国际合作方面作出了几乎相同的规定，即在影响对方利益的案件中，在决定是否适用竞争法之前事先通知对方并进行磋商。通知与磋商的内容，也被纳入了1986年OECD公布的关于竞争法行政合作的建议中，OECD成员之间进行了频繁的通知和磋商。另外也存在在双边通商航海条约中规定关于竞争法适用的通知与磋商的例子。

此外，也有一些协定规定了关于竞争法执行活动（调查、司法程序）的合作与协调等事宜。例如，1999年的《日美反垄断合作协定》规定，各缔约方的竞争主管部门，在本国法律规定的范围内，以与本国的重要利益相一致为前提，并在本国能够合理利用的资源限度内，为其他缔约方的竞争主管部门提供执行方面的协作。[1] 另外该协定规定，相关部门在相关案件中实施执行活动时，应考虑对执行活动的调整。[2] 这些规定均以缔约方享有执行本国竞争法的权利为前提，要求缔约方在实施执行活动时根据本国法律允许的裁量权进行合作或协调。但是，《日美反垄断合作协定》则超出这一水平，规定了可能

---

[1]《日美反垄断合作协定》第3条第1款。
[2]《日美反垄断合作协定》第4条第1款。

导致抑制竞争法执行的如下内容:

第一,协定包括了关于管辖权行使的合理规则。协定第 6 条第 1 款规定,每个缔约方在执行活动的所有方面(执行活动的开始、执行活动的范围及有关案件中被请求的刑罚或救济措施性质的决定),应对其他缔约方的重要利益予以慎重考虑。协定第 6 条第 3 款规定,任何缔约方政府认为,一缔约方政府的执行活动对另一缔约方的重要利益有造成不利影响的危险的情况下,双方缔约方政府在对利益冲突进行恰当的调整时,应该考虑以下因素:

(i) 与在另一缔约方领土范围内的活动或交易相比较,在实施执行的缔约方领土范围内的活动和交易对反竞争行为所具有的相对重要性;

(ii) 反竞争行为对每个缔约方政府的重要利益所造成的相对影响;

(iii) 有无证据证明参与反竞争行为的企业给实施执行活动的缔约方领土范围内的消费者、供应商和竞争对手造成影响的意图;

(iv) 因反竞争行为各缔约方国内市场竞争实质上受到削弱的程度;

(v) 一缔约方政府实施执行活动与另一缔约方的法律、政策及重要利益之间产生矛盾或一致的程度;

(vi) 私人是否被置于两个缔约方政府所提出的相互矛盾的要求之下;

(vii) 相关资产和交易当事者的所在地;

(viii) 通过针对反竞争行为缔约方政府所实施的执行活动,有效的刑罚和救济措施得到保证的程度;

(ix) 对同一对象实施执行活动时,另一缔约方政府的执行活动所受影响的程度。

第二,针对给本国国内竞争秩序造成影响的另一缔约方国内发生的行为,不适用本国竞争法而是请求对方适用其本国竞争法的程序,这一程序也被称作积极礼让(positive comity),因为它试图对反竞争行为进行积极规制。《日美反垄断合作协定》第 5 条第 1 款规定,缔约方政府的竞争主管部门相信,在另一缔约方国内的反竞争行为给本国政府的重要利益造成不利影响的情况下,应该注意到避免管辖权争议的重要性以及对反竞争行为另一缔约方政府竞争主管部门能够采取更有效的执行活动的可能性,可以向该缔约方竞争主管部门提出采取恰当的执行活动的请求。受到请求的缔约方竞争主管部门应慎重考虑是否针对反竞争行为采取执行活动,并尽可能及时向提出请求的缔约方政府通知自己作出的决定。受到请求的缔约方政府决定采取执行活动时,应向提出请求的缔约方政府通知执行活动的结果,并在可能的范围内通知重要进展情况。[3]

上述任何规定均不要求缔约方承担限制管辖权行使的义务,从这一意义上讲,该协定维持了美国主张的基本方针,即根据国际协定自愿限制管辖权的行使。此外,该协定也规定了根据通报提出请求,或通过非正式磋商等程序,实现缔约方竞争主管部门之间在实务方面的调整,以达到限制管辖权行使的目的。

(3) 竞争法的国际协调

造成管辖权相互冲突的一个重要原因,就是各国在实施形形色色的竞争政策和竞争法制。例如,根据某国竞争法被认为是违法的行为,在其他国家竞争法上是合法行为。因此,极力减少各国竞争法之间的差异,通过多边条约实现各国竞争法实体规则的国际性统一,即竞争法的国际协调是非常必要的。但遗憾的是,虽然第二次世界大战结束后就已开始这一尝试,但直至今日仍然没有取得可观的成果。

1948年作成的《国际贸易组织(ITO)宪章》第五章中规定了规制反竞争商业行为的国际性程序。根据该条款规定,以参加投票的ITO成员2/3多数决定的反竞争商业行为,将成为该条款规制的对象,主要包括下列行为:有关交易价格和条件的协议;从地区性市场和经营部门排斥某一企业和分割某一企业,以及顾客和销售量及购买量的配额;歧视性对待;设定生产限制和生产数量的配额;通过协议阻碍技术进步;不当扩大知识产权的行使;与上述行为类似的行为。因上述行为遭受损害的成员可以向ITO提起申诉,申请与相关国家进行磋商和ITO的调查。根据这一程序规则,ITO可以向被申诉成员提出建议,要求该成员根据其本国法律和程序采取措施以排除反竞争行为。

ITO所规定的上述程序,在条约中规定特定国际性反竞争商业行为的范畴,并针对这些商业行为规定了缔约方的申诉以及ITO建议的排除措施等有关竞争法国际层面上的执行程序,这一规定无论对竞争法的国际协调还是对竞争法的国际执行来讲都具有划时代的贡献。

但是,ITO因未得到必要的批准数而未能生效,从而使第五章的程序也以失败告终。此后,GATT和联合国经社理事会也曾尝试制定规制反竞争商业行为的国际规则,但没有一个取得成功的。

1968年以后,联合国贸易与发展会议(UNCTAD)将对发展中国家的出口造成不利影响的反竞争商业行为的规制问题纳入了审议议题,并于1980年作

---

[3] 《日美反垄断合作协定》第5条第2款。

成了规制反竞争商业行为的多边规则,该规则在同年举行的联合国大会上得到了通过。该规则中包括了反竞争商业行为的定义(D条),并要求各国为规制反竞争商业行为制定并有效执行适当的法律(E条)。另外,规则向各国呼吁为规制反竞争商业行为进行国际合作(相关国家之间的协商、技术援助等)(F条)。但是该规则只是一个建议而不具有法律约束力,因为发达国家与发展中国家以及发达国家之间存在的对立,为达成妥协规则中包括了很多含糊不清的内容,几乎没有发挥作为国际规制的实际作用。

5 小结

(1) 关于竞争法管辖权冲突与调整的国际法的现状

随着跨国企业活动的发展,企业的反竞争行为的效果波及到复数国家的情况越来越增多了。与此同时,根据严格属地主义只在本国领域内适用竞争法的做法,将很难有效维护本国的竞争秩序,域外适用竞争法的情况将必然产生,所以,竞争法领域里的管辖权的冲突也不可避免。在前面本章详细考察了竞争法管辖权的冲突究竟在哪些领域里发生,怎样调整其冲突等问题。以下讨论关于这一问题的国际法的现状。

竞争法的立法和执行管辖权的范围应以国际法上的严格属地主义为原则来确定,这一点得到了国际社会的一致赞同。但是,作为这一原则的例外,关于属地管辖权不能涉及的对象,一般国际法所承认的竞争法的立法和执行管辖权的适用范围,至今各国的意见存在着分歧。

一方面,以美国为代表的发达国家认为,在竞争法的领域里关于属地主义例外的国际法原则还没有成熟,他们主张国家可以自由决定其竞争法的立法和执行管辖权的适用范围。根据其主张的客观属地主义或效果理论,即使外国企业在外国的行为,其一部分是在本国领域内实施的情况下,或外国企业的行为给国内造成实质的、直接的、可以预见的效果,而且在这一效果是有意造成的情况下,本国竞争法的立法和执行管辖权就得到国际法的认可。而且他们还主张,"Timberlane案"所指出的管辖权的合理规则也不是根据国际法而是根据国际礼让对管辖权行使所做的自愿限制。

另一方面,以英国为代表的多数国家坚持严格属地主义的立场,谴责其他国家将其立法和执行管辖权适用到本国属地管辖权范围内发生的企业行为的做法,认为这是违反国际法的侵犯主权的行为,并提出了外交抗议。不仅如此,这些国家采取了国内法上的对抗措施(对抗立法),以阻止其他国家对本国属地管辖权范围内的企业行为行使其竞争法的立法和执行管辖权。

关于国际法所承认的竞争法的立法和执行管辖权所涉及的范围,由于各国的意见不一致也常常引起国际争端。为避免此类争端所涉及的无论是管辖权的合理规则还是对抗立法,作为避免国际争端的方法,其实际效果是非常有限的。管辖权的合理规则,是指在外国发生的外国企业的行为对本国国内竞争秩序造成不利影响时,在考虑外国的利益及其他因素后再决定对其是否适用本国竞争法。但是这一规则所要求的对诸多因素的综合考虑难免有主观臆断之嫌。尤其是要求法院审查竞争主管部门的综合考虑是否恰当这一做法,将违背作为司法机关的法院的性质,并可能给法院带来过重的负担。

对抗立法,是指一国所采取的包括罚则在内的国内法上的强制手段,其目的在于阻止外国竞争法对本国企业的适用。但是,对抗立法的约束对象是本国企业,对试图适用竞争法的外国竞争主管部门和该外国的国内法院并不具有约束力。例如,"铀国际卡特尔案",被起诉违反美国反垄断法的部分被告根据其本国的对抗立法拒绝了文件提交命令,对此美国联邦地方法院不予认可并命令该被告提交相关文件。结果,被告企业遭到了本国对抗立法和美国反垄断法的双重要求,陷入法律上的困境。

在各国竞争法的立法管辖权和执行管辖权之间发生冲突是不可避免的,而且关于为调整冲突而应该适用的一般国家法规则,各国之间也存在意见分歧。在上述方法对避免国际争端所能发挥的作用也非常有限的情况下,为尽可能避免争端而被选择的另一个方法就是,关于竞争法的适用问题各国主管部门之间进行国际合作,这一合作将通过正式或非正式的通报或磋商来完成。现在,有些国家为此类国际合作已签订了若干双边协定,但在没有签订双边协定的情况下,各国主管部门之间仍然存在经过通报或磋商的非正式国际合作。除此之外,像《日美反垄断合作协定》的若干条约采用了积极礼让方式,根据该方式,针对给本国竞争秩序造成不利影响的对方缔约方境内的行为,受影响的缔约方要求对方适用其本国竞争法予以处理。采用这一方法的目的就是,就竞争法的立法和执行管辖权的冲突进行实务方面的调整以避免争端。

(2) 展望

今后,应该采取什么样的方法来调整各国竞争法的立法和执行管辖权之间的冲突呢?因为各国竞争法立法与执行管辖权相互发生冲突是不可避免的,作为调整方法首先应该做到的就是,确定一个决定相互冲突的管辖权中以哪一个为准的准则和规则,同时制定根据这些准则和规则决定管辖权的国际磋商程序。关于管辖权的合理规则是体现前者的方法,竞争主管部门之间的通报和磋商程序则是体现后者的方法。今后应该使这两者得到明确化和制度化,并更加予以普及和推广。现在,主要是通过各国的国内法和双边协定来实施这两种方法,考虑到跨国企业活动是在多数国家之间展开的情况,今后应该强化多边制度框架。现在作为此类多边框架正在运作的是 OECD 的通报磋商制度。今后应该将这一制度推广到 OECD 成员以外的范围。

竞争法的立法和执行管辖权的冲突引发国际争端的一个重要原因就是,各国所实施的竞争政策和竞争法的内容相互不一致。因此,促进竞争政策和竞争法的国际协调,是最终能够调整好管辖权冲突的有益方法。但是到今天为止,这一领域里的国际协调的尝试没有得到可观的成果。1992 年 2 月,当时的欧共体委员会副主席 Sir Leon Brottan 提出建议,在乌拉圭回合结束后的新一轮回合中,将签订竞争法协定的问题纳入谈判议题。根据这一提案,1996 年 12 月,在新加坡举行的 WTO 第一次部长级会议正式决定,成立关于贸易与竞争问题的工作组。根据工作组的审议结果,2001 年 11 月在多哈举行的第四次部长级会议宣言在其第 23 节中倡议,为缔结关于竞争(对贸易与发展有益的)的多边框架,在 2003 年 9 月在坎昆举行的第五次部长级会议上就谈判框架(modalities)达成协议。根据部长宣言的要求,在 2003 年 8 月之前,工作组就以下问题进行了审议:第一,关于透明度、非歧视原则、程序的公正性、卡特尔(价格卡特尔和投标合谋、市场分割等,具有强烈反竞争性的企业协议)的规定等核心原则;第二,WTO 成员之间关于竞争法的合作办法;第三,通过能力建设支援发展中国家竞争制度的逐步强化。

根据这一部长会议宣言可以作出如下推测:今后在 WTO 的框架下,以非歧视原则和 hardcore 卡特尔(cartel)实体规则的完善,以及透明度、程序公正等程序规则的制定为核心,促进成员竞争政策与竞争法的国际协调。与此同时,应该支援发展中国家完善竞争法制度。除发达国家以外,在已有众多发展中国家加入了 WTO 的情况下,关于竞争政策和竞争法的国际协调达成协议并非容易,但是谈判的大门已经敞开了。

第13章 国际经济刑法

1 贿赂外国公务员行为的取缔

(1) 取缔贿赂外国公务员行为的必要性

外国企业向掌握经济管理权限的当地国家公务员行贿,以换取对方提供利益或便利(例如投资许可、进口限制的缓和等)的现象,在与发展中国家有关的经济活动中发生得更加频繁。此种行为作为行贿罪应该受到受贿人本国法律的制裁。但是,由于有些国家的法律制度本身不健全,或因执行不力等原因,实际上大量存在行贿行为逃脱法律制裁的情况。即使外国企业本国的刑法设有行贿罪,由于其适用对象仅限于针对本国公务员的行贿行为,仍然会造成向外国公务员的行贿行为在很多情况下不受法律控制的局面。另外,即使在贿赂外国公务员的行为已被纳入该国刑法适用范围内的情况下,由于为适用行贿罪进行调查取证以及立案和起诉等工作所遇到的困难,结果无法有效取缔此类行贿行为。因此,为维护国际经济活动的公平性,有必要强化有关取缔贿赂外国公务员行为的国内法和国际法。

为取缔贿赂外国公务员的行为,1976年作成的OECD跨国企业活动指南包括了禁止跨国企业向外国公务员行贿的规定。但是,该活动指南不具备法律约束力,未能发挥有效的控制作用。

美国第一次制定了控制贿赂外国公务员行为的国内法。Lockheed事件发生后,1977年美国制定了《外国腐败行为防止法》(Foreing Corrupt Practices Act of 1977),规定对本国企业贿赂外国公务员的行为予以刑事处罚。但是在只有美国制定取缔此类行贿行为的国内法,而在其他发达国家没有制定同样法律的情况下,很难在国际经济领域里有效取缔针对外国公务员的行贿行为。在跨国经济活动中,因为与不被禁止行贿的其他国家企业相比,被禁止行贿的美国企业将处于不利地位,美国强烈呼吁建立一个关于取缔贿赂外国公务员行为的国际性框架。

(2) OECD《防止贿赂条约》

以上述情况为背景,在美国的倡导下,OECD 开始研究制定有关取缔贿赂外国公务员行为的国际规则,并于 1994 年公布了《关于防止国际经济活动中行贿受贿行为的建议》。然后在建议内容的基础上进行起草条约的工作,1998 年作成了《关于防止国际经济活动中贿赂外国公务员行为的条约》,简称《防止贿赂条约》,于 1999 年 2 月 15 日生效。除澳大利亚以外的所有 OECD 成员国和巴西等 33 个发展中国家签署了该条约。

《防止贿赂条约》要求缔约方承担下列义务,即制定国内法处罚在国际经济活动中为取得或维持商业利益和其他不正当利益向外国公务员提供贿赂。[1] 该条约同时规定,缔约方应对贿赂外国公务员的行为实施与对贿赂本国公务员的处罚相同的处罚,没收贿赂及通过贿赂所得利益,或实施以此利益相同价值的罚金。[2] 在国际合作方面,该条约规定贿赂外国公务员的行为属于可引渡的犯罪行为,并要求缔约方在以被引渡者是本国公民为理由拒绝引渡时,必须根据本国法律处罚被要求引渡者(或引渡或处罚原则)。[3]

批准《防止贿赂条约》的国家对国内法进行了修改,并制定了处罚贿赂外国公务员行为的规定。以日本为例,因为刑法规定的行贿罪不包括针对外国公务员的行贿(日本《刑法》第 198 条),为批准《防止贿赂条约》,产生了修改国内法的必要。因为刑法上规定的行贿罪与外国公务员行贿罪所保护的利益有所不同,日本没有修改《刑法》而是修改了《不正当竞争防止法》的规定。刑法上设立行贿罪所保护的利益在于确保公众对公务员执行职务的信赖。与此不同,打击贿赂外国公务员的犯罪行为是为维护国际经济活动的公平竞争条件。因此,1998 年 9 月 18 日,日本修改《不正当竞争防止法》(增加第 10 条第 2 款),在禁止向外国公务员提供不正当利益的同时,规定对违反者处以 3 年以下有期徒刑或 300 万日元以下罚金(第 13 条)。该处罚与刑法上的对行贿罪的处罚几乎相同。

《防止贿赂条约》的生效,为国际经济活动中禁止贿赂以保证公平竞争条件提供了法律基础。但是,《防止贿赂条约》和基于该条约的国内法,在取缔贿赂外国公务员行为方面究竟能够发挥多大的作用,还存在疑问。为实施《防止贿赂条约》,在根据国内法搜集有关贿赂外国公务员的证据,以及进行立案和起诉时,必然会遇到来自搜集受贿方证据及现场调查等方面的问题。行贿

---

[1] 《防止贿赂条约》第 1 条。
[2] 《防止贿赂条约》第 3 条。
[3] 《防止贿赂条约》第 10 条。

方侦查机关的权限原则上不能涉及受贿方所在的国家,只有通过司法协助要求受贿方国家提供必要的证据。[4] 但是考虑到受贿方国家的多数是未批准条约的发展中国家,很难保证能够得到这些国家的有效合作。今后为提高《防止贿赂条约》的实际效果,如何增加包括发展中国家在内的缔约方是必须解决的问题。

2 跨国洗钱活动的取缔

(1) 洗钱的概念

洗钱,是指隐瞒非法收益的来源和受益者,并将其伪装成合法利益的一系列活动。现在,为隐瞒贩卖毒品、走私武器、拐卖人口、金融犯罪等有组织犯罪受益的洗钱活动在大规模进行。关于跨国洗钱的数额和规模存在种种推测,据国际货币基金组织(IMF)调查显示,每年的洗钱规模将达到全世界GDP的2%至5%,这相当于5000亿美元至1.25万亿美元。

洗钱活动不一定在一国国内完成,尤其是进入20世纪80年代后,对国际金融交易的管制在全世界范围内得到缓和,其结果对金融交易的征税优惠、储户秘密的保护等为国际金融交易提供种种便利的所谓 offshore 市场在世界各地形成,这些市场开始被洗钱频繁利用。

(2) 美国的洗钱管制法规

洗钱现象很久以前就已存在,但将洗钱作为犯罪予以取缔则是最近的事情。世界上最先开始取缔洗钱的是美国,其原因在于不以现金交易为主广泛利用信用结算的美国社会的特点。在美国因为很难直接使用通过毒品交易和其他犯罪(上游犯罪行为)获得的大量现金,有组织犯罪等犯罪团伙将犯罪所获现金存入在国内金融机构开设的虚名账户(placement),然后将资金汇往外国并利用多个金融机构进行周转(layering),最后将非法资金伪装成合法资金融入到合法的金融系统中(integration)。现在甚至出现了与犯罪组织相互勾结的同时进行独立活动的专业洗钱机构。将洗钱活动作为犯罪予以取缔,彻底没收其上游犯罪受益,切断犯罪组织的资金来源,将有利于有效取缔上游犯罪并防止将犯罪收益投入到新的犯罪活动中。

作为取缔洗钱的第一步,1970 年美国根据《银行保密法》(Bank Secrecy

---

[4]《防止贿赂条约》第 9 条。

Act)要求银行报告超过 1 万美元的现金交易(包括国内业务和国际业务)。这一法律不是将洗钱本身作为犯罪来取缔,而是查处作为洗钱第一步行动的存款和汇款,以保证主管当局掌握犯罪组织的资金流动线索。该法公布后,为重视维护储户秘密,并规避报告制度所带来的负担,银行等金融机构并没有积极履行报告义务。例如,1975 年的报告件数只有 3418 件。但是 20 世纪 70 年代末以后,随着 1985 年的"波士顿银行案"等大规模洗钱案的发生,再加之毒品的蔓延所带来的社会问题的严重性,美国真正开始加大力度取缔洗钱活动。1983 年设立了关于有组织犯罪的总统委员会,1984 年该委员会公布临时报告书,提交了包括对洗钱实际状况的分析和立法建议在内的取缔洗钱的建议。在此基础上,1986 年在《药品乱用控制法》(Anti-Dgug Act of 1986)中制定洗钱管制法(Money Laundering Control Act of 1986)的内容,在该法中洗钱被规定为犯罪行为。

根据洗钱管制法的规定,洗钱罪处罚的对象是,明知来源于毒品犯罪及其他特定违法行为(specified unlawful activity)的非法受益,为实施新的特定违法行为或逃税、或为隐瞒和伪装其来源,利用非法收益进行金融交易的行为。金融交易不仅包括国内交易而且也包括国外汇款等其他国际性金融交易。[5]对被判处洗钱罪的被告处以 50 万美元以下或交易总额的 2 倍的罚金,或处以 20 年以下的自由刑,或并罚两者。此后,美国洗钱管制法经过数次修改,扩大了所要管制的洗钱行为和上游犯罪的范围。另外通过判例缓和了主观要件(对不法收益的认知),即不仅是明知事实,有意无视(willful blindness)的情况下也构成洗钱罪。

继美国取缔洗钱法律制度的发展,欧洲各国也相继将洗钱规定为国内法上的犯罪行为,例如,英国于 1986 年、法国于 1987 年、瑞士于 1990 年分别制定了取缔洗钱的法律。

(3)《新毒品公约》

在对跨国洗钱活动进行管制或取缔时,只依靠各国国内法的控制是不够的。特别是进入 20 世纪 80 年代后,利用 offshore 市场洗钱的情况大大增多,这一情况促使对跨国洗钱的国际控制有了真正的起步。

对洗钱的国际控制所采取的方法是,在条约和不具有约束力的建议中明确规定洗钱罪的构成要素,并要求各缔约方将洗钱规定为国内法上的犯罪行为并予以刑罚处罚,与此同时通过司法方面的国际合作彻底取缔洗钱活动。

---

[5] 参见《洗钱管制法》第 1956 条(a)(1)、(a)(2)。

有关取缔洗钱的最初的国际公约是 1988 年通过的《联合国禁止非法贩运麻醉药品和精神药物公约》，即所谓的《新毒品公约》。关于毒品犯罪，20 世纪初已开始国际控制方面的努力，例如，1964 年签订了《麻醉品单一公约》，1971 年签订了《精神药物公约》，这些条约专门是以控制毒品的生产和流通为主要目的而签订的。与这些条约不同，《新毒品公约》着眼于毒品犯罪的非法盈利性质，制定了以收缴非法收益为目的的反洗钱规则。

《新毒品公约》首先要求缔约方将洗钱行为确定为其国内法中的刑事犯罪。[6] 根据公约规定，各缔约方应采取必要措施将下列行为确定为其国内法中的刑事犯罪。即以隐瞒和掩饰毒品犯罪受益的来源，或以协助毒品犯罪者逃避其行为的法律后果为目的的，转换或转让犯罪收益、隐瞒或掩饰毒品犯罪受益的真实性质、来源、所在地，处置或转移等行为。公约同时要求缔约方承担以下义务，即制定和完善关于没收毒品犯罪收益的程序[7]、缔约方应协助执行其他国家对其领土内存在的毒品受益所发布的没收命令。[8] 其次公约还要求缔约方，将洗钱罪规定为缔约方之间现行的任何条约上的可引渡犯罪，并在拒绝引渡的情况下应根据本国法律追究洗钱犯罪者的刑事责任。[9] 最后，公约要求缔约方在对洗钱犯罪进行调查、起诉等司法程序中相互提供最广泛的法律协助。[10] 如上所述，《新毒品公约》为彻底取缔跨国洗钱犯罪，规定了种种方法。

（4）金融行动工作组《40 项建议》

1989 年在巴黎召开的 7 国集团首脑峰会公布的经济宣言中决定，为保证与《新毒品条约》采取协调行动，有效控制毒品犯罪受益的洗钱行为，成立新的国际组织，即金融行动特别工作组（Financial Action Task Force，FATF）。1990 年 2 月，在 FATF 召开的会议上通过了一份报告，即《关于要求毒品犯罪受益洗钱行为的犯罪化、没收以及临时措施的建议》（以下简称《40 项建议》）。

FATF，是以各国金融管理部门为主体成立的国际组织，其所规定的取缔洗钱的手段不仅限于刑事司法领域，还包括对金融机构的监督在内的广泛措施。《40 项建议》也反映了 FATF 的这一性质，《40 项建议》的内容与《新毒品

---

[6]《新毒品公约》第 3 条第 1 款(b)。
[7]《新毒品公约》第 5 条第 1 款。
[8]《新毒品公约》第 5 条第 4 款。
[9]《新毒品公约》第 6 条。
[10]《新毒品公约》第 7 条。

公约》规定的有关洗钱的部分有些重复,但其特点在于详细规定了金融机构的报告义务等内容。[11]《40项建议》首先要求各成员将洗钱规定为国内法上的刑事犯罪,然后要求金融机构确认客户的身份并保存交易记录[12],与此同时要求金融机构将可疑交易报告给主管当局。[13] 此外,《40项建议》要求,成员在非法收益的没收、司法协助及罪犯的引渡等方面促进国际合作。[14]

《40项建议》是不具有法律约束力的文件。但是,FATF建立了由成员相互评估和检查建议履行情况的相互评估制度。通过评估给成员履行建议造成政治上的压力以促使其更好地履行。

日本为在国内实施《新毒品公约》和《40项建议》,于1991年制定了《毒品特例法》,并于1992年7月1日开始实施。该法将洗钱规定为刑事犯罪并设立了不法受益隐匿罪(伪装毒品犯罪受益的取得和处分、隐匿毒品犯罪受益,伪装毒品犯罪受益的来源)。[15] 该法规定对违反行为处以5年有期徒刑或300万日元以下罚金,或同时处以两者。另外,该法规定了不法收益收受罪(明知是毒品犯罪收益而接受该受益)[16],违反该规定的处以3年以下有期徒刑,或100万日元以下罚金,或同时处以两者。后者不是积极的洗钱行为,但参与犯罪受益的处分,具有帮助洗钱的作用。

日本《毒品特例法》就毒品犯罪收益的没收、追缴及临时措施等也作出了详细的规定。[17] 与日本刑法规定的一般的没收不同,该法规定的没收对象包括除有形物以外的债权等无形物。该法进一步规定,国内相关机关应根据外国的请求,在国内执行外国法院所作出的没收、追缴洗钱犯罪收益的判决,并为没收、追缴采取临时措施。[18] 这些规定的目的在于配合《新毒品公约》第5条第4款和《40项建议》第38项要求的有关没收毒品犯罪收益的国际司法协助。

为配合《40项建议》第15项要求的建立金融机构的报告制度,《毒品特例法》设立了要求金融机构报告可疑交易的制度。银行及其他金融机构怀疑某些资金往来是毒品犯罪收益,或怀疑客户的行为是在隐瞒非法收益时,必须向

---

[11]《40项建议》第4—6项。
[12]《40项建议》第11—12项。
[13]《40项建议》第14—15项。
[14]《40项建议》第33—44项。
[15] 日本《毒品特例法》第9条。
[16] 日本《毒品特例法》第10条。
[17] 日本《毒品特例法》第11—20条。
[18] 日本《毒品特例法》第21—23条。

主管大臣报告。[19] 检察官和其他侦查机关可以查阅被提交的报告。但是金融机构并不负调查义务，也不因为违反第 5 条而受到处罚。因此可疑交易报告制度刚开始并没得到有效运作，每年报告的案件数量只有 10 件左右。其后金融主管部门强化了对金融机构的指导，再加之有关可疑交易的判断标准有了明确规定，1999 年以后案件有了急剧增加，2002 年可疑交易报告达到了 18768 件。

(5) 反洗钱的最新动向

1996 年，FATF 对《40 项建议》进行了修改，修改后的《40 项建议》被称作《新 40 项建议》。此次修改的重要内容是，将洗钱的"上游犯罪"从毒品犯罪扩大到一般重大犯罪。这一修改反映了成员国提出的将取缔对象扩大至毒品犯罪以外的走私武器、拐卖人口、金融犯罪等犯罪活动的要求。在《新 40 项建议》出台之前，一些国家在其内法中已经将上游犯罪的范围扩大到一般重大犯罪，《新 40 项建议》出台后，FATF 的多数成员根据其要求修改了国内法。日本于 2002 年 2 月 1 日施行《关于处罚有组织犯罪及犯罪收益控制的法律》，简称《有组织犯罪处罚法》[20]，将洗钱的上游犯罪扩大到一定的重大犯罪。例如，杀人等严重凶恶的犯罪、违反《卖春防止法》的行为、赌博犯罪、公务员的受贿罪、渎职罪等被列入了洗钱罪上游犯罪的范围内。

1998 年 3 月，伯明翰首脑会议决定要求各国设立一个收集、分析金融机构提交的洗钱信息的专门机构(financial intelligence unit, FIU)。实际上最初设立 FIU 的是美国，1989 年美国在财政部下设置了金融犯罪取缔机构(Financial Crime Enforcement Net-woek, FinCEN)。美国认识到，没有对金融机构所报告的庞大的信息进行分析(在美国交易额超过 1 万美元的交易原则上成为报告对象)和整理，并向侦查机构提供可靠信息的专门机构，很难有效取缔洗钱活动。伯明翰首脑会议的目的在于，将美国 FIU 制度扩大到其他发达国家。与此同时，各国的 FIU 相互提供各自所获的信息，大大强化了取缔跨国洗钱的国际合作。作为 FIU，日本于 2005 年在金融厅内部设立了特定金融信息分析室。

2000 年 11 月，《联合国打击跨国有组织犯罪公约》得到通过，并于 12 月开放给各国签署。该公约的目的是全面强化对跨国有组织犯罪的控制，并加强这一方面的国际合作。该公约继承了《新毒品公约》所规定的洗钱定义，同

---

[19] 日本《毒品特例法》第 5 条。
[20] 日本《有组织犯罪处罚法》第 3 条。

时将洗钱上游犯罪的范围扩大到实施跨国有组织犯罪的重大犯罪行为。该公约在第 7 条中要求缔约方制定有关金融机构确认可疑客户身份和报告可疑交易的国内法制度。这一规定使《40 项建议》的建议性内容转变成了条约义务。

如上所述,国际社会所采取的对洗钱进行国际控制的方法是,在条约和不具备约束力的建议中明确规定洗钱罪的构成要素,同时要求各缔约方将洗钱规定为国内法上的犯罪行为并予以刑罚处罚,与此同时通过司法方面的国际合作彻底取缔洗钱活动。其结果,条约成员国,尤其是 FATF 成员的国内法制度得到了进一步的完善。与此同时出现的另一个问题是,在只有部分国家强化对洗钱控制的情况下,非法资金将流向洗钱控制宽松的国家,造成取缔洗钱的国际合作失去实际效果。为避免反洗钱出现漏洞,通过国际合作强化洗钱控制的实际效果将成为重要问题。为此,FATF 积极倡导在亚太地区和加勒比海地区建立以地区为单位的反洗钱国际组织,并要求 FATF 成员以外国家的积极而广泛地参加。但是针对那些对反洗钱持消极态度的国家和地区,只是要求他们自愿参加国际组织将很难保证反洗钱国际合作事业的发展和扩大。为此,2000 年,FATF 公布了对反洗钱持消极态度的 15 个国家和地区的名单。FATF 在要求这些国家和地区本身强化反洗钱工作的同时,要求其成员观察这些国家和地区的情况,若发现这些国家和地区反洗钱力度没有得到改善时,促使成员采取严格审查与这些国家和地区的金融交易的对抗措施(counter-measures)。这些对抗措施对正常金融交易都会产生很大的抑制效果,对促进洗钱控制的强化将产生很大的压力。

(6)反洗钱所面临的问题

针对洗钱控制持消极态度的国家和地区,FATF 采取了公布其名单的做法。这意味着控制跨国洗钱的核心任务已经从建立国际控制体系转移到如何填补控制体系出现的漏洞以提高控制效果的阶段。但这一情况并不允许我们对跨国洗钱国际控制的将来持乐观态度。

现在对跨国洗钱案件的侦破数目很难进行准确统计,但是与推算出来的洗钱金额相比较是个微乎其微的数字。可以说洗钱的国际控制并没有取得令人满意的效果。其原因有以下几方面:

第一,世界上存在对洗钱控制持消极态度的国家和地区。第二,无法控制的交易类型和新的金融技术被洗钱所利用。例如,通过网络进行的电子汇款和信托制度的利用。第三,与跨国洗钱活动的规模与复杂性相比较,侦查机关和金融机构以及金融管理部门并没有掌握足够的资源和控制手段。尤其是发展中国家和转型经济国家即使他们根据《新毒品公约》等国际公约完善了国内法规,因为这些国家缺乏实施法律所必需的资金和人员及技术,其结果无法对洗钱进行有效控制。

为解决这些问题国际社会应该展开全力合作。前面已经介绍过针对对反洗钱持消极态度的国家和地区 FATF 所采取的应对方法。现在,为将新的金融交易类型和金融技术纳入反洗钱的控制范围,FATF 对《新 40 项建议》正在进行重新修改。此外,为增加金融机构和金融监管部门手中的资源,《联合国打击跨国有组织犯罪公约》第 14 条第 3 款建议,将所没收的犯罪收益的一部分作为联合国的信托基金进行保管,利用这些资金对发展中国家和转型经济国家提供技术援助,以及将没收的犯罪收益根据相关国家在侦破过程中所做的贡献进行适当分配的制度。

跨国洗钱是金融全球化所带来的负面产物,我们期待跨国经济活动的自由化能够增进整个国际社会的福利并为各国经济与社会的稳定发挥积极作用,但是实践证明这一期待不是自然就能够实现的。国际社会所面临的一个重要课题就是,如何处理好经济全球化的负面效应,以及怎样才能保证国际金融系统的健康发展。

日文参考文献

第 1 章　国际经济法的概念

金泽良雄:《国际经济法序说》,日本有斐阁(1979 年)。
经济产业省通商政策局编:《不公正贸易报告书 2002 年版》,经济产业调查会(2002 年)。
樱井雅夫:《国际经济法——国际投资(新版)》,日本成文堂(1979 年)。
丹宗晓信、山手治之、小原喜雄编:《新版 国际经济法》,日本青林书院(1993 年)。
松冈博编:《现代国际交易法讲义》,日本法律文化社(1996 年)。
松下满雄:《国际经济法 第 3 版》,日本有斐阁(2001 年)。
村赖信也:《国际法的经济基础》,日本有斐阁(2001 年)。
山田镣一、佐野宽:《国际交易法》,日本有斐阁(1992 年)。

第 2 章　布雷顿森林/GATT 体制的成立与发展

绘所秀纪:《发展的政治经济学》,日本评论社(1997 年)。
石见彻:《国际货币金融体制的历史 1870—1990》,日本有斐阁(1995 年)。
中川淳司:《国际开发体制与自由贸易体制的形成》,日本东京大学社会科学研究所编:《20 世纪体制的体系一:构想及其形成》,日本东京大学出版会(1998 年)。
秦忠夫、本田敬吉:《国际金融的结构 新版》,日本有斐阁(2002 年)。
罗伯特·E. 休戴克著,小森光夫编译:《GATT 与发展中国家》,日本信山社(1992 年)。

第 3 章　WTO 的结构与争端解决程序

O. 隆阁著,落合淳隆、清水章雄译:《GATT 与经济摩擦》,日本敬文堂(1989 年)。
岩泽雄司:《WTO 的争端解决程序》,日本三省堂(1995)。
清水章雄:《世界贸易组织的争端解决程序》,岛田征夫编:《土井辉先生古稀纪念——变化中的国际社会和法》,日本敬文堂(1996 年)。
日本国际经济法学会编:《争端解决程序与 WTO 体制》,载《日本国际经济法学会年报》8 号(1999 年)。
小寺彰:《WTO 体制的法律结构》,日本东京大学出版会(2000 年)。
岩泽雄司:《WTO 争端解决程序的国际法意义和特征》,载《日本与国际法的百年 第 9 卷 争端解决》,日本三省堂(2001 年)。
田村次朗:《WTO 指南》,日本弘文堂(2001 年)。

松下满雄:《国际经济法 第三版》,日本有斐阁(2001年)。

第4章 《WTO协定》的国内实施

中川淳司:《国内法院适用国际法的局限性——GATT/WTO协定的考察》,载《国际法外交杂志》100卷2号(2001年)。

平觉:《WTO相关协定的直接适用可能性——欧共体法的启示》,载《日本国际经济法学会年报》第5号(1996年)。

平觉:《国际经济关系的法律调整与私人的作用——关税与贸易总协定的直接适用可能性》,载菊本·加藤·太田编著:《国际调整的经济学》,日本实教出版(1993年)。

松下满雄:《"西阵领带案"最高法院判决》,载《法学家》956号(1990年)。

平觉:《关税与贸易总协定在日本的法律地位——关税与贸易总协定直接适用可能性问题探讨》,载《商大论集》39卷4号(1988年)。

清水章雄:《关税与贸易总协定规则对营业自由以及财产权行使自由的保障——"西阵领带案"初审判决研究》,载《国际经济摩擦与日本的产业政策》小樽商科大学经济摩擦研究会(1987年)。

第5章 WTO体制的基本原则

松下满雄:《"关税与贸易总协定"第20条(例外条款)的解释——案例研究》,载《成蹊法学》第8号(1998年)。

鹤田仁:《WTO的新一轮回合——论点与展望 第2回 关税谈判》,载《贸易与关税》(2003年2月号)。

第6章 WTO与贸易救济制度

保障措施:

柳赫秀:《"关税与贸易总协定"第19条和国际通商法的功能》,日本东京大学出版会(1994年)。

清水章雄:《国际贸易领域里的法治》,载《二十一世纪的国际法》,日本成文堂(1987年)。

松下满雄:《WTO协定保障措施条款的最新动向》,载《贸易与关税》(2000年2月)。

间宫勇:《"关税与贸易总协定"第19条与保障措施》,载《明治大学大学院纪要》24集(1)(1987年)。

间宫勇:《WTO体制下的贸易自由化与国内产业的保护》,载《国际法外交杂志》99卷6号(2001年)。

反倾销措施:

阿部克则:《"关税与贸易总协定"第6条的起源》,载《日本国际经济法学会年报》第8号(1999年)。

阿部克则:《反倾销税在关税与贸易总协定中的地位(一)、(二)、(三、完)》,载《千叶大学法学论集》53卷3号、4号,16卷1号(2001年)。

长岗贞男：《反倾销措施的动向与今后的改革》，载《贸易与关税》(1997 年 4 月号)。

福永有夏：《反倾销措施的意义 上·下》，载《贸易与关税》(2000 年 6 月号、7 月号)。

补贴与反补贴措施：

东条吉纯：《反补贴措施制度中补贴概念的范围(上)(下)》，载《立教法学》49 号(1998 年)、52 号(1999 年)。

第 7 章　WTO 体制纪律的强化与扩展

农产品贸易：

清水贞俊：《WTO 农业协定研究》，载《日本国际经济法学会年报》5 号(1996 年)。

日本农业市场学会编：《GATT 农产品自由贸易——乌拉圭回合协定与日本农业》，日本筑波书房(1995 年)。

粮食与农业政策研究中心编：《1994 年(平成 6 年)版粮食白皮书 GATT 农业协定与粮食农业问题 日本与世界的对策》，日本农山渔村文化协会(1994 年)。

TBT/SPS 协定：

内记香子：《WTO 以保护健康为目的的贸易措施——SPS 协定的解释与适用(上)(中)(下)》，载《国际商事法务》28 卷 12 号(2000 年)、29 卷 1 号、2 号(2001 年)。

薬田纯：《WTO/SPS 协定对成员卫生检疫措施的影响》，载《贸易与关税》(1999 年 2 月号)。

服务贸易：

佐佐波杨子、浦田秀次郎：《服务贸易》，日本东洋经济新报社(1990 年)。

TRIPS 协定：

WTO/TRIPS 协定学术研讨会记录：《WTO/TRIPS 协定的诸问题(1)(2)》，载《关税与贸易》(2001 年 10 月号、11 月号)。

本间忠良：《TRIPS 协定所寻求的二十一世纪世界》，载《日本国际经济法学会年报》第 5 号(1997 年)。

纹谷畅男《WTO/TRIPS 协定及其国内实施的批判研究》，载《日本国际经济法学会年报》第 5 号(1996 年)。

纹谷畅男、江口纯一：《GATT 乌拉圭回合与发展中国家——以 TRIPS 协定为中心的考察 环境与贸易》，载《日本国际经济法学会年报》第 3 号(1994 年)。

相泽英孝：《计算机软件与 WTO/TRIPS 协定第 27 条》，载《日本国际经济法学会年报》第 11 号(2002 年)。

出口耕自：《竞争法/知识产权法》，国际法学会编：《日本与国际法的百年第 7 卷国际交易法》，日本三省堂(2001 年)。

中山信弘：《专利产品平行进口问题的基本视角》，载《法学家》1094 号(1996 年)。

田村善之：《平行进口与专利权——BBS 案最高法院判决的意义研究》NBL 627 号(1997)。

小泉直树：《平行进口的国际经济法规制——国际工业产权/著作权法的视角》，载《日本国际经济法学会年报》第 6 号(1997 年)。

稗贯俊文:《平行进口的国际经济法规制——国际竞争法的视角》,载《日本国际经济法学会年报》第 6 号(1997 年)。

小原喜雄:《TRIPS 协定关于药品专利与强制实施的规定——以治疗艾滋病药品为例》。

《日本国际经济法学会年报》第 11 号(2002 年)。

政府采购:

申三澈(村上政博监修):《WTO 时代的政府采购——新政府采购协定与几个贸易大国的动向》,日本贸易振兴会(1997 年)。

碓井光明:《有关政府采购的申诉处理——加拿大与日本的比较》,载小早川光郎、高桥滋编:《行政法与法的支配》(南博方先生古稀纪念),日本有斐阁(1999 年)。

西田隆裕:《乌拉圭回合后 WTO 政府采购纪律的动态》,载《日本国际经济法学会年报》第 6 号(1997 年)。

招标制度问题研究会编(建设省建设经济局建设业课监修):《公共事业与 WTO 政府采购》,日本大成出版社(1996 年)。

第 8 章 区域主义和 WTO 体制

安藤胜美:《区域合作组织与法》,亚洲经济研究所(1994)。

尾池厚之、国松麻季:《自由贸易协定的功能与存在的问题》,载《贸易与关税》(2000 年 5 月号)。

尾池厚之:《日本新加坡经济合作协定及其运用》,载《贸易与关税》(2002 年 3 月号)。

川濑刚志:《区域经济一体化中的自由贸易与地球环境保护的法律调整 1、2、3》,载《贸易与关税》(2000 年 10 月号、12 月号、2001 年 1 月号)。

外山晴之:《NAFTA 的金融服务自由化》,载《日本国际经济法学会年报》第 3 号(1994 年)。

平觉:《北美自由贸易协定(NAFTA)的争端解决程序》,载《日本国际经济法学会年报》第 3 号(1994 年)。

平觉:《论点 20 WTO 与区域贸易协定》,载渡边惺之、野村美明编:《论点解说国际交易法》,日本法律文化社(2002 年)。

间宫勇:《区域经济一体化与 GATT——以西班牙加入欧共体为例》,载《贸易与关税》(1992 年 2 月号)。

间宫勇:《GATT 体制的区域经济一体化》,载《法律论丛》第 62 卷 4、5、6 号(1990 年)。

第 9 章 WTO 体制与发展中国家

柳赫秀:《WTO 与发展中国家——发展中国家"体制内化"的经过与意义》,载《贸易与关税》(1998 年 7 月号、10 月号,2000 年 7 月号、9 月号)。

第 10 章　WTO 体制与非贸易价值

贸易与环境:

村濑信也:《国际立法——国际法的法源论》,日本东信堂(2002 年)。

中川淳司:《GATT/WTO 的环境保护》,载水上千井、臼杵编:《国际环境法》,日本有信堂高文社(2001 年)。

松下满雄:《产品安全、食品安全与 GATT/WTO 的纪律——石棉案上诉机构报告评析》,载《日本国际经济法学会年报》10 号(2001 年)。

板仓美奈子:《木材认证标识制度——通过贸易维护"可持续发展"的尝试》,载桐山杉岛、船尾编:《石本泰雄先生古稀纪念论文集——转折期的国际法的构造与功能》,国际书院(2000 年)。

平觉:《环境价值与贸易价值的调整——根据 PPM 所采取的与贸易有关环保措施在 GATT/WTO 中的地位》,载松本西谷、佐藤编:《环境保护与法——日德学术研讨会》,日本信山社出版(1999 年)。

川濑刚志:《WTO 体制下的多边环境保护协定(MEA)与地球环境的保护——汽油案以后的关税与贸易总协定与多边环境保护协定(MEA)》,载《日本国际经济法学会年报》6 号(1997 年)。

平觉:《"墨西哥——美国海豚与金枪鱼案"1991 年 GATT 专家组报告——对贸易与环境问题所产生的意义》,载《商大论集》45 卷 3 号(1993 年)。

贸易与劳动:

吾乡真一:《国际劳动标准法——ILO 与日本、亚洲》,日本三省堂(1997 年)。

吾乡真一:《ILO 核心条约与贸易——WTO 与劳动标准》,日本社会文化协会(2001 年)。

OECD:《国际贸易与劳动标准》OECD 政策 Focus 23 号。

第 11 章　国际投资法

安腾胜美编:《国际经济新秩序与永久主权》,日本亚洲经济研究所(1979 年)。

小寺彰:《多边投资协定(MAI)——投资自由化体制的意义和课题》,载《日本国际经济法学会年报》第 7 号(1998 年)。

樱井雅夫:《新国际投资法》,日本有信堂(2001 年)。

中川淳司:《国际投资的保护与日本》,载国际法学会编:《日本与国际法的百年 第 7 卷 国际交易》,日本三省堂(2001 年)。

细野昭雄、恒川惠市:《拉丁美洲危机的构图》,日本有斐阁(1986 年)。

第 12 章　国际竞争法

小原喜雄:《国内经济法的域外适用与国际经济法》,载丹宗晓信等编:《新版 国际经济法》青林书院(1993 年)。

小原喜雄:《国际性企业活动与国家管辖权》,日本神户大学研究双书刊行会(1993年)。

外务省北美局北美第二课编:《解说 日美反垄断合作协定》,日本国际问题研究所(2000年)。

公正交易委员会秘书处编:《反倾销与竞争政策——反垄断法的域外适用》,日本大藏省印刷局(1990年)。

泷川敏明:《竞争法的国际协调》,载《公正交易》498号(1992年)。

松下满雄:《反垄断法与国际交易》,日本东京大学出版会(1970年)。

松下满雄:《美国反垄断法》,日本东京大学出版会(1982年)。

松下满雄:《经济法概论 第3版》,日本东京大学出版会(2002年)。

村上政博:《欧共体竞争法——欧共体反垄断法(第2版)》,日本弘文堂(2001年)。

第13章 国际经济刑法

井上一志:《关于反洗钱对策不合作国家名单的修订》,载《警察学论集》54卷9号(2001年)。

佐伯仁志:《有组织犯罪的实体法对策》,载《岩波讲座 现代的法6 现代社会与刑事法》,日本岩波书店(1998年)。

中川淳司:《洗钱规制的现状与课题——国际法与国际经济刑法的视角》,载《日本国际经济法学会年报》第11号(2002年)。

山本草二:《国际刑事法》,日本三省堂(1991年)。

英文参考文献

第 1 章

John H. Jackson, The World Trading System, 2nd Edition, The MIT Press, 1997.

John H. Jackson, William J. Davey & Alan O. Sykes, Jr., Legal Problems of International Economic Relations, 3rd Edition, West Publishing Co., 1995.

Asif H. Qureshi, *Internation Economic La*, Thomson Professional Publication, 1999.

Michael J. Trebilicock & Robert Howese, The Regulation of International Trade, 2nd Edition, Routledge, 1995.

第 2 章

Michael D Bordo & Barry Eichengreen eds., A Petrospective on the Bretton Woods System, National Bureau of Economic Reseach, 1993.

John H. Jackson, Restructuring the GATT System, Royal Instisue of International Affairs, 1990.

Harold James, International Monetary Cooperation since Bretton Woods, IMF/Oxford University Press, 1996.

Orin Kirshner ed., The Bretton Woods /GATT System, M. E. Sharpe, 1996.

第 4 章

Yuji Iwasawa, *Constitutional Problems Involved in Implementing the Uruguay Round in Japan*, John H. Jackson and Alan O. Sykes eds., Implementing the Uruguay Round, 1997.

Peter L. H. Van den Bossche, *The European Community and Uruguay Round Agreements*, John H. Jackson and Alan O. Sykes eds., Implementing the Uruguay Round, 1997.

David W. Leebron, *Implementation of the Uruguay round Result in the United States*, John H. Jackson and Alan O. Sykes eds., Implementing the Uruguay Round, 1997.

第 5 章

William J Davey and Joost Pauwelyn, *MFN Unconditionality: A Legal Analysis of the Concept in View of its Evolution in the GATT /WTO Jurisprudence with Particular Reference to the Issue of "Like Product"*, in Regulatory Barriers and the Principle of Non-Discrimination in World Trade

Law (Thomas Cottier and Petros C. Mavroidis, eds. ,2000).

Robert E. Hudes, Like Product: The Difference in Meaning in GATT Article I and III, in Regulatory Barriers and the Principle of Non-Discrimination in World Trade Law (Thomas Cottier and Petros C. Maroidis, eds. ,2000).

第 6 章

K. W. Abbott, *Trade Remedies and Legal Remedies: Antidumping, Safeguards, and Dispute Settlement after the Uruguay Round*, A. Panagariya, M. G. Quibria and N. Rao eds. ,The Global Trading System and Developing Asia, Oxford University Press for the Asian Development Bank,1997.

J. Bhagwati and R. Baldwin, *The Dangers of Selective Safeguards*, Bhagwati, J. ed.

A Stream of Windows: Unsettling Reflections on Trade, Immigration, and Democracy, MIT Press, 1998.

R. A. cass and R. D. Boltuck, *Antidumping and Countervailing Duty Law: The Mirage of Equitable International Competition*, J. Bhagwati and R. E. Hudec eds. , Fair Trade and Harmonization: Prerequisites for Free Trade? Vol. 2. , Legal Analysis, MIT PRESS, 1996.

B. Hockman and P. C. Mavroidis, *Dumpling, Antidumping and Antitrust*, JWT30-1,1996.

Y. S. Lee, *The WTO Agreement on Safeguards: Improvement on the GATT Article XIX?*, International Trade Journal, 14, 3, 2000.

D. Palmeter, *Trade Remedies and Legal Remedies: Antidumping, Safeguards, and Dispute Settlement after the Uruguay Round: Comments*, A. Panagariya, M. G. Quibria and N. Rao eds. , THE GLOBAL TRADING SYSTEM AND DEVELOPING ASIA, Oxford University Press for the Asian Development Bank, 1997.

第 7 章

Fabian Delcro, *The Legal Status of Agricuture in the World Trade Organization: State of Play at the Start of Negotiations*, JWT 36-2, 2002.

Joost pauwelyn, *The WTO Agreement on Sanitary and phytosanitary (SPS) Measures as Applied in the First Three SPS Disputes:EC-Hormones, Australia-Salmon and Japan-Varietals*, JIEL 2,1999.

WTO, Technical Barriers to Trade, [http://www.wto.org/English/ratop_e/tbt-e/tbt-e.htm.]

WTO, Understanding the WTO Agreement on sanitary and Phytosanitary Measures, [http://www.wto.org/English/tratop_e/sps_e/spsund_e.htm].

WTO Secretariat, Guide to the GATS: An Overview of Issues for Further Liberalization of Trade in Services, Kluwer law international, 2001.

Frederick M. Abbott, *First Report (Final) to the Committee on International Trade Law of the International Law Association on the Subject of Parallel Importation*, JIEL 1-4, 1998

Frederick M. Abbott, *The Enduring Enigma of TRIPS: A Challenge for the World Economic System*, JIEL 1-4, 2001

Marco C. E. J. Bronkers, *The Exhaustion of Patent Rights under WTO Law*, JWT 32-5, 1998

Marco C. E. J. Bronkers, *More Power to the WTO?*, JIEL 4-1, 2001

S. Templeman, *Intellectual Property*, JIEL 1-4, 1998

J. H. Grier, *Japan's Implementation of the WTO Agreement on Government Procurement*, Univ. Penn. JIEL 17, 1996.

A. Davies, *Remedies for Enforcing the WTO Agreement on Government Procurement from the Perspective of the European Community: A Critical View*, World Competition 20, 1997.

A. Reich, *The New GATT Agreement on Government Procurement: The Pitfalls of Pluriateralism & Strict Reciprocity*, JWT 31,1997.

WTO, Overview of the Agreement on Government Procurement, [http://www.wto.org/English/tratop_e/gproc_e/gproc_e.htm]

第8章

T. Akaha, *Northeast Asian Regionalism: Lessons from Europe, North America, Asia-Pacific, and Southeast Asia*, Global Economic Review 28-2, 1999.

R. E. Baldwin, *The Causes of Regionalism*, The World Economy 20-7, 1997.

E. Neumayer, Greening the WTO Agreements-Can the Treaty Establishing the European Community be of Guidance?, JWT 35-1,2001.

A. Panagariya, *The Regionalism Debate: An Overview*, The World Economy 22-4, 1999.

D. Zissimos and B. Vines, *Is the WTO's Article XXIV a Free Trade Barrier*, Coventry, UK: Center for the Study of Globalisation and Regionalisation (CSGR), University of Warwick, 2000.

第9章

Robert E. Hudec, Developing Countries in the GATT Legal System, Trade Policy Research Centre, 1987.

Anne O. Krueger, Trade Policies and Developing Nations, The Brookings Institution,1995.

Will Martin & L. Alan Winters eds., The Uruguay Round and the Developing Countries, Cambridge University Press, 1996.

WTO, Committee on Trade and Development, *Implementation of Special and Differential Treatment Provision in WYO Agreements and Decision*, Note by Secretariat, WT/COMTD/W/77, 25 October 2000.

WTO, Committee on Trade and Development, *Report on Technical Assistance* 2000, Note by the Secretariat, WT/COMTD/W/83, 2 May 2001.

第10章

John H. Jackson, *World Trade Rules and Environmental Policies: Congruence or Conflict?*

49 WASH. & LEE L. REV. 1231, 1992.

Sabrina Shaw and Risa Schwartz, *Trade and Environment in the WTO: State of Play*, JWT 36-1, 2002.

Virginia A. Leary, *Workers' Right and International Trade: The Social Clause(GATT, ILO, NAFTA, U. S. Laws)*, Jagdish N. Bhagwati & Robert E. Hudec eds., Fair Trade and Harmonization, Vol. 2, Legal Analysis, The MIT Press, 1996.

第 11 章

R. Dolzer & Margarete Steven, *Bilateral Investment Treaties*, Martinus Nijhoff Publishers, 1995.

A. A. Fatourus, Introduction: Looking for an International Legal Framework for Transnational Corporation, A. A. Fatourus ed., *Transnational Corporation: The International Legal Framework*, Routeledge, 1994.

Moshe Hirsch, *The Arbitration Mechanism of the International Center for the Settlement of Investment Disputes*, Graham & Trotman Martinus Nijhoff, 1993.

第 12 章

OECD, Trade And Competition Policies: Options for a Greater Coherence, OECD, 2001.

WTO, Working Group on the International between Trade and Competition Policy, *Communication from UNCTAD, Closer Multilateral Cooperation on Competition Policy: The Development Dimension*, WT/WGTCP/W/197, 15 August 2002.

第 13 章

OECD 网站：[http://www.oecd.org/EN/home/0,,EN-home-31-nodirectorate-no-no-31,00.html].

FATF 网站：[http://www.oecd.org/fatf/].

国际经济法术语日中对照表

あ 行

一次産品共通基金	初级产品统一基金
一括受諾方式	一揽子接受方式
一般特恵制度	普遍优惠制度
違反申立て	违反申诉
迂回防止措置	规避防止措施
疑わしい取引の届出制度	可疑交易报告制度
衛生植物検疫措置の適用に関する協定	实施卫生与植物卫生措施协定
英連邦特恵関税	英联邦特惠关税
欧州協定	欧洲协定
欧州経済領域	欧洲经济区域
欧州経済領域条約	欧洲经济区域公约
欧州司法裁判所	欧洲法院
欧州連合条約	欧洲联盟公约

か 行

会計法	会计法
外交的保護権	外交保护权
外国為替及び外国貿易法	外汇及外贸法
外国為替取引	外汇交易
外国腐敗行為防止法	外国腐败行为防止法
価格約束	价格承诺
拡大構造調整融資制度	结构调整贷款扩大制度
拡大信用供与措置	信贷提供扩大措施
閣僚会議	部长级会议
加重投票制度	加权投票制度
カナダの乳製品に関する措置事件	加拿大乳制品措施案
管轄権に関する合理の規則	关于管辖权的合理规则
韓国の乳製品に関する事件	韩国乳制品案
緩衝在庫融資制度	缓和库存贷款制度

関税化	关税化
関税協力理事会	关税合作理事会
関税交渉	关税谈判
関税譲許	关税减让
関税定率法	关税税率法
関税同盟	关税同盟
関税評価協定	海关估价协定
関税分類	关税分类
関税法	关税法
関税割当	关税配额
間接投資	间接投资
帰責理論	归责理论
偽装された貿易障壁	变相的贸易壁垒
逆特恵	反向特惠
客観的属地主義	客观属地主义
求償代位	代位赔偿请求
休戦条項	和平条款
牛肉に関する取極	关于牛肉的安排
強制規格	技术规格
行政協定	行政协定
強制実施	强制实施
強制実施権	强制实施权
強制労働に関する条約	关于强制劳动的公约
強制労働の廃止に関する条約	关于废除强制劳动的公约
共通農業政策	统一农业政策
緊急輸入制限措置	保障措施(紧急进口限制措施)
銀行秘密法	银行保密法
金融活動作業部会	金融活动特别工作组
金融サービスに係る約束に関する了解	关于金融服务承诺的谅解
金融犯罪取締りネットワーク	金融犯罪取缔网络
近隣窮乏化	以邻为壑
苦情申立手続	意见申诉程序
経過的セーフガード措置	过渡性保障措施
経済協力開発機構	经济合作发展组织
経済的、社会的及び文化的権利に関する国際規約	经济、社会与文化权利公约
結社の自由に関する条約	关于结社自由的公约
原産地規則	原产地规则
原産地規則に関する協定	原产地规则协定

原産地表示	原产地标
権利消尽	权利用尽
効果理論	效果理论
工業所有権	工业产权
工業所有権の保護に関するパリ条約	保护工业产权巴黎公约
構成価格	结构价格
構造調整貸付制度	结构调整贷款制度
構造調整融資制度	结构调整融资制度
後発途上国	最不发达国家
国際開発協会	国际开发协会
国際開発事業団	国际开发事业组织
国際技術移転	国际技术转移
国際牛肉協定	国际牛肉协定
国際金融公社	国际金融公社
国際金融取引	国际金融交易
国際経済活動	国际经济活动
国際収支委員会	国际收支委员会
国際収支擁護のための数量制限	为维护国际收支平衡的数量限制
国際収支了解	国际收支谅解
国際商品協定	国际商品协定
国際清算同盟	国际结算同盟
国際繊維貿易に関する取極	国际纺织品贸易安排
国際通貨基金設立協定	国际货币基金设立协定
国際的消尽	国际性权利用尽
国際的調和	国际协调
競争法の国際的調和	竞争法的国际协调
国際投資	国际投资
国際取引法	国际交易法
国際復興開発銀行設立協定(世界銀行協定)	世界银行协定
国際貿易機関憲章	国际贸易组织宪章
国際貿易機関中間委員会	国际贸易组织临时委员会
国際法典編纂会議	国际法典编纂会议
国際酪農品協定	国际奶制品协定
国際酪農品取極	国际奶制品安排
国際礼譲	国际礼让
国際連盟規約	国际联盟规约
国際労働機関	国际劳工组织
国際労働事務局	国际劳工秘书处

国際労働保護会議	国际劳动保护大会
国内救済原則	国内救济原则
国内助成	国内支持
国有化	国有化
国連環境開発会議	联合国环境发展会议
国連環境計画	联合国环境计划
国連経済社会理事会	联合国经济与社会理事会
国連国際組織犯罪条約	联合国有组织犯罪防止公约
国連国際法委員会	联合国国际法委员会
国連貿易開発会議	联合国贸易与发展会议
国連貿易雇用会議	联合国贸易就业会议
相互通商協定法	互惠贸易协定法
国家責任法	国家责任法
国家の経済的権利義務憲章	国际经济权利义务宪章
国家貿易	国营贸易
固定相場制	固定汇率制

さ 行

最悪の形態の児童労働に関する条約	关于最恶劣状态儿童劳动公约
最恵国待遇原則	最惠国待遇原则
最恵国待遇原則の例外	最惠国待遇原则的例外
裁判拒否	拒绝审理
暫定措置	临时措施
産品関連 PPM	与产品有关 PPM
事業記録保護法	业务记录保护法
市場攪乱	市场扰乱
市場秩序維持取極	维护市场秩序的安排
実質的損害	实质损害
実施問題	实施问题
自動執行的な条約	自动执行的条约
司法共助	司法协助
資本自由化コード	资本自由化协议
社会条項	社会条款
社会的ダンピング	社会倾销
趣意書	意向书
重大な損害	严重损害
自由貿易委員会	自由贸易委员会
自由貿易地域	自由贸易区域

収用	征用
授権条項	授权条款
譲許表	减让表
譲許率	减让率
条件付最恵国待遇	付条件最惠国待遇
状態申立	状态申诉
食料安全保障論	粮食安全保障论
食料援助	粮食援助
新興工業国	新兴工业国家
新国際経済秩序	国际经济新秩序
審査基準	审查标准
新通商政策手段	新贸易政策手段
数量制限の禁止	禁止配额
生産工程及び生産方法	生产工艺和方法
政府調達委員会	政府采购委员会
政府調達に関する協定	政府采购协定
世界銀行	世界银行
世界銀行協定	世界银行协定
積極礼譲	积极礼让
繊維及び繊維製品に関する協定	纺织品与服装协定
繊維?繊維製品監視委員会	纺织品服装监督委员会
全会一致方式	全体一致的表决方式
先進国首脳会議	发达国家首脑会议
選択的セーフガード	选择性保障措施
前提犯罪	上游犯罪
先発明主義	先发明主义
相互援助協定	互助条约
相互主義	相互主义
相互承認	互相承认
相殺関税	反补贴税
属人主義	属人主义
属地主義	属地主义
厳格な属地主義	严格属地主义
組織犯罪処罰法	有组织犯罪处罚法
卒業条項	毕业条款
祖父条項	祖父条款

た 行

第一次石油危機	第一次石油危机
対抗立法	对抗立法
大西洋憲章	大西洋宪章
対中特別セーフガード	对华特殊保障措施
多角主義	多边主义
多国間投資協定	多边投资协定
多国間投資保証期間	多边投资担保期限
多国籍企業	跨国公司
多国籍企業の行動指針	跨国公司活动指南
多国間環境保護条約	多边环境保护公约
単一欧州議定書	单一欧洲议定书
団結権及び団体交渉権に関する条約	关于团结权及集体谈判权的公约
地域経済統合	区域经济一体化
地域主義	区域主义
地域貿易協定委員会	区域贸易协定委员会
知的所有権の貿易関連の側面に関する協定	与贸易有关的知识产权协定
地方自治法	地方自治法
中核的労働基準	核心劳动标准
中間協定	临时协定
直接援助	直接援助
直接的競争産品	直接竞争产品
直接適用可能性	直接适用可能性
直接適用可能な条約	直接适用可能的条约
直接投資	直接投资
著作権	著作权
著作権の保護に関するベルヌ条約	保护文学艺术作品伯尔尼公约
著作隣接権	著作邻接权
通商航海条約	通商航海条约
通商利益保護法	贸易利益保护法
締約国団	缔约国团
適合性評価手続	合格评定程序
適正実施規準	适当实施标准
天然資源に対する恒久主権	对天然资源的永久主权
東京ラウンド	东京回合
投資紛争	投资争端
投資紛争の解決	投资争端的解决

投資紛争解決条約	关于解决投资争端的公约
投資保証	投资担保
同種の産品	同类产品
同等性原則	同等性原则
独占禁止法	反垄断法
特別かつ異なる待遇	特殊而优惠待遇
独立関税地域	独立关税领土
特許権	专利权

な 行

内国民待遇原則	国民待遇原则
南部アフリカ開発共同体	南非开发共同体
南米南部共同市場	南美南部共同市场
南北問題	南北问题
二国間投資条約	双边投资条约
西陣ネクタイ訴訟	西阵领带案
日シンガーポール経済連携協定	日本新加坡经济合作协定
日米自動車協議	日美汽车磋商
日米通商航海条約	日美通商航海条约
日米独禁協力協定	日美反垄断合作协定
日米半導体協定	日美半导体协定
日本の酒税事件	日本酒税案
日本の農産品12品目の輸入禁止事件	日本禁止进口12种农产品案
農業調整法	农业调整法
農業に関する協定	农业协定

は 行

白燐の使用禁止に関する条約	关于禁止使用白磷的公约
非違反申立	非违反申诉
比較優位	比较优势
引渡犯罪	引渡犯罪
非産品関連PPM	与产品无关PPM
標準化機構	标准化组织
武器貸与法	武器租赁法
複数国間貿易協定	诸边贸易协定
不公正貿易慣行	不公正贸易做法
婦人の夜間労働の禁止に関する条約	关于禁止妇女夜间劳动的公约
不正競争防止法	不正当竞争防止法

物品貿易理事会	货物贸易理事会
船積み前検査に関する協定	装运前检验协定
紛争解決機関	争端解决机构
紛争解決小委員会	争端解决专家组
紛争解決上級委員会	争端解决上诉机构
紛争解決に係る規則及び手続に関する了解	关于争端解决规则与程序的谅解
米英金融協定	美英金融协定
米加自由貿易協定	美加自由贸易协定
平行輸入	平行进口
米国1974年通商法	美国1974年贸易法
米国1988年包括通商競争力法	美国1988年综合竞争力法
米国関税法337条	美国关税法337条
米国通商代表	美国贸易代表
米国の小麦グルテン事件	美国小麦面筋案
米国ステンレス鋼板事件	美国不锈钢板案
米国婦人用毛皮帽子事件	美国女士用皮帽案
米国のラム肉に関する事件	美国羊肉案
米国労働総同盟	全美劳工联盟
米州自由貿易地域	美洲自由贸易区域
米州諸国会議	美洲国家会议
米墨互恵通商協定	美墨互惠贸易协定
変形説	变形理论
貿易円滑化	贸易简易化
貿易開発委員会	贸易发展委员会
貿易環境委員会	贸易与环境委员会
貿易関連環境措置	与贸易有关环境措施
貿易協力機関	贸易合作组织
貿易交渉委員会	贸易谈判委员会
貿易政策検討機関	贸易政策审议机构
貿易政策検討制度	贸易政策审议机制
貿易創出効果	贸易创出效果
貿易展開効果	贸易扩大效果
貿易に関連する投資措置に関する協定	与贸易有关投资措施协定
貿易の技術的障害に関する協定	技术性贸易壁垒协定
包括通商競争力法	综合贸易竞争力法
包括的受容説	全面接受理论
北米環境協力協定	北美环境合作协定
北米自由貿易協定	北美自由贸易协定

北米労働協力協定	北美劳动合作协定
補助金	补贴
補助金及び相殺関税に関する協定	补贴与反补贴措施协定
補助金相殺関税委員会	补贴与反补贴措施委员会
保税加工区域	保税区

ま 行

麻薬単一条約	单一毒品公约
民間航空機貿易に関する協定	民用航空器贸易协定
綿製品貿易に関する短期取極	棉纺织品贸易短期安排
綿製品貿易に関する長期取極	棉纺织品贸易长期安排

や 行

約束表	承诺表
薬物乱用規制法	毒品乱用规制法
輸出自主規制	自愿出口限制
輸出補助金	出口补贴
輸入許可手続に関する協定	进口许可程序协定
輸入信用	进口信贷
輸入代替工業戦略	进口替代工业战略
輸入貿易管理令	进口贸易管制令
予防原則	预防原则
四極通商会議	四国贸易会议

ら 行

略奪的価格設定	掠夺性价格设定
領事裁判権	领事裁判权
累積債務問題	累积债务问题
労働法国際協会	劳动法国际协会

译 后

目前，在我国已出版了不少日本学者所著民、商、刑法等领域法学著作的中文版，但遗憾的是还看不到国际经济法著作的中文版。为弥补这一空白，将东京大学中川淳司教授和其他三位日本学者合写的国际经济法一书译成中文介绍给国内读者应该是一件很有意义的事情。

看其目录，一目了然，本书的核心内容是在阐述 WTO 多边贸易体制的法律问题，但也涉及了一些其他内容，例如，第 11 章国际投资法、第 12 章国际竞争法、第 13 章国际经济刑法等。毫无疑问，本书所涉及的内容是当今该领域的核心部分。

本书作者对"国际经济法"是什么，或应该是什么等问题没有花费大量的篇幅去澄清或阐述。作者首先简要说明了其对所谓的"国际经济法"的理解，即对管理和控制国际经济活动的国家权力进行规制和约束的国际法（也称做关于经济的国际法），然后直接论述实际内容。全书的内容结构非常清晰，主要集中在关于经济的国际法（更严格地说大部分内容是关于贸易的国际法）的论述上。这一体例和国内大多数国际经济法教材的结构安排大相径庭。例如，国内很多同类教材将 WTO 的规则和国际货物买卖规则（译者称其为国际经济合同法）安排在一本书中来写，实际上这两者之间不存在任何实质性的联系，可以说，国内学者对国际经济法的理解是非常混乱和模糊的。中川淳司教授等四位日本学者所著《国际经济法》一书，不仅框架结构简单明晰，而且内容首尾一贯，这是我下决心翻译这本书的最大动力所在。在此希望该中文版能为国内读者准确领会国际经济法的实质内涵提供点滴的启发。

在本书的翻译和出版过程中受到了包括作者在内的来自各方的热情鼓舞和支持，尤其是日本有斐阁（日文版的出版社）编辑伊东晋先生和北京大学出版社编辑李燕芬女士提供了宝贵的支持和帮助，在此深表谢忱。

译 者
2007 年 11 月